외식사업 메뉴경영론

메뉴 계획부터 메뉴 인터넷 마케팅까지

MANAGE-
MENT BY
MENU
FROM CONCEPT TO MARKETING

외식사업 메뉴경영론
메뉴 계획부터 메뉴 인터넷 마케팅까지

김영갑 지음

교문사

1970년대에는 가정에서 조리하는 수준만으로도 음식점을 창업하고 유지하는 데 큰 문제가 없었다. 당시에는 배고픔을 해결해 주기만 해도 고객을 만족시킬 수 있었다. 1980년대가 되면서 음식점 업계에 약간의 변화가 나타나기 시작했다. 소비자들이 음식점에서 배고픔의 해결, 그 이상의 가치를 구하기 시작한 것이다. 맛있는 음식점을 찾기 시작한 시점이 이 즈음이었다.

1990년대에는 외국의 다양한 음식들이 본격적으로 국내에 선을 보이기 시작했다. 그동안 맛있다고 생각했던 우리의 음식보다 더 맛있게 느껴지는 세계 각국의 음식들이 나오면서 소비자들은 고민에 빠지기 시작했다. 혼란스러워 하는 소비자들에게 음식점들은 맛있는 음식을 만드는 일에 더하여 저마다 자신들의 음식점이 다양한 음식과 멋진 서비스를 제공한다고 설득하는 활동을 추가했다. 다른 산업과 마찬가지로 음식점 업계에도 치열한 경쟁이 시작되었다.

2000년대가 되면서 국민소득이 높아지고 생활의 질이 윤택해진 소비자들은 차별화된 음식과 높은 수준의 서비스를 함께 제공하는 곳을 찾기 시작했다. 이때부터 소비자들은 음식점을 선택하는 데 더 많은 요소를 고려하기에 이르렀고, 경영자들은 이러한 소비자의 욕구를 충족시키기 위하여 소비자가 원하는 것을 사전에 파악하는 마케팅 리서치를 도입했다. 이때부터 음식점은 하나의 점포라는 시각보다는 외식산업으로 바라보아야 한다는 주장이 나타났고, 전문적인 연구가 이루어졌다. 창업자와 경영자들은 경쟁력을 갖추기 위한 전략적 접근과 활발한 온·오프라인 마케팅이 필요함을 인식하게 되었다.

1인당 국민소득 3만 달러를 바라보는 시점에 다다른 국내의 외식산업은 극한 경쟁의 시대를 맞이하고 있다. 개점 후 2년을 넘기지 못하고 폐업하는 점포가 과반수를 넘어섰다. 소비자들이 음식점을 선택하기 위해서 고려해야 하는 요소가 더욱 복잡해짐에 따라 음식점의 업종과 업태가 다양해지고 있다. 메뉴계획과 개발, 분석의 중요성이 대두되기 시작했다. 단순히 조리의 대상이었던 메뉴가 이제는 경영관리의 대상이 되었다.

이제 메뉴는 매우 복잡한 과정을 거쳐서 관리되어야 하는 음식점 경영의 주요 부문으로 정착되었다. 과거처럼 일반적인 레시피에 따라 조리하여 판매하면 음식점의 경쟁력은 떨어지게 된다. 메뉴계획을 거쳐서 개발된 후, 메뉴평가라는 과정을 거쳐 소비자로부터 만점에 가까운 점수를 받아야만 메뉴북에 오르는 영광을 얻게 된다. 여기서 끝이 아니다. 한번 메뉴북에 올랐다고 영원하다는 보장은 없다. 매월 이루어지는 메뉴분석에서 나쁜 점수를 받으면 하루아침에 다른 메뉴에 자리를 내주어야 하는 신세가 되기도 한다.

창업자와 경영자는 경쟁력 있는 음식점을 창업하고 운영하기 위해서 체계적인 메뉴관리 능력을 갖추어야 한다. 메뉴의 분류를 명확히 이해하고, 메뉴계획에 의거하여 메뉴개발을 해야 한다. 개발된 메뉴는 판매 전에 반드시 메뉴평가를 거쳐야 하며, 판매된 메뉴는 메뉴분석을 통해서 피드백이 되어 새로운 메뉴개발에 적용되어야 한다. 추가적으로 메뉴를 어떻게 마케팅할 것인지에 대한 의사결정과 실행을 할 수 있어야 한다. 마지막으로 메뉴를 판매하기 위하여 어떻게 서비스를 설계해야 하는지에 대한 내용도 메뉴관리의 영역에 포함되어야 한다.

이 책은 앞서 언급한 바와 같이 외식사업을 위한 전반적이고 체계적인 메뉴관리 능력과 방법에 대한 사회적 요구에 부응하기 위하여 총 11개의 장에 걸쳐서 메뉴계획부터 메뉴마케팅에 이르기까지 메뉴관리를 위한 총체적인 내용을 담고자 노력하였다. 하지만 아직 부족한 부분이 많을 것이다. 향후 추가 연구와 독자들의 조언을 들어 지속적으로 보완해 나가야 할 과제가 많다.

많이 부족함에도 불구하고 이 책을 선택한 독자라면 '1장 메뉴의 개요'부터 '11장 메뉴 서비스'까지 순서대로 읽고 현장에 적용해 보기를 권한다. 다만, 대학이나 대학원에서 교재로 이용할 때는 한 학기에 전체 내용을 다루기 어려울 수 있으므로 '5장 메뉴 가격 결정'과 '6장 메뉴 가격 전략'을 통합하여 한 주에 학습하고, '9장 메뉴 마케팅'과 '10장 메뉴 인터넷 마케팅'을 통합하여 학습하는 형식으로 수업을 진행해도 무방하다.

책을 마무리하기까지 많은 분들의 도움을 받았다. 먼저 학문적으로 성장할 수 있게 지도해주신 은사님께 감사드린다. 세심하게 원고의 정리와 교정을 도와준 변성수 상무, 곽혜경, 박상훈, 조제도, 조성룡 연구원에게도 감사의 뜻을 전한다. 마음으로 항상 응원해주는 사랑하는 가족과 지인들이 없었다면 어려운 과정을 이겨내기 쉽지 않았을 것이다. 바쁜 일정 속에서도 많은 관심과 노력을 기울여 주신 교문사 류제동 사장님을 비롯한 임직원 여러분께도 진심으로 감사드린다.

한양사이버대학교 사이버2관 연구실에서
김영갑

차 례

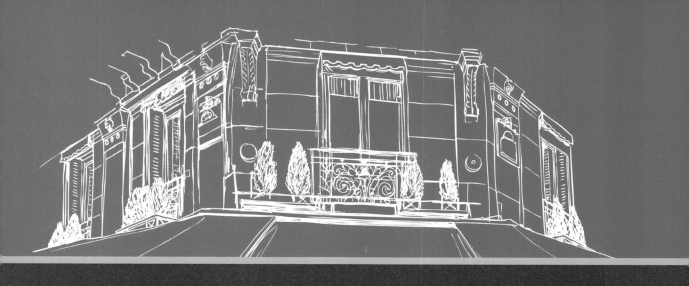

1장

메뉴의 개요

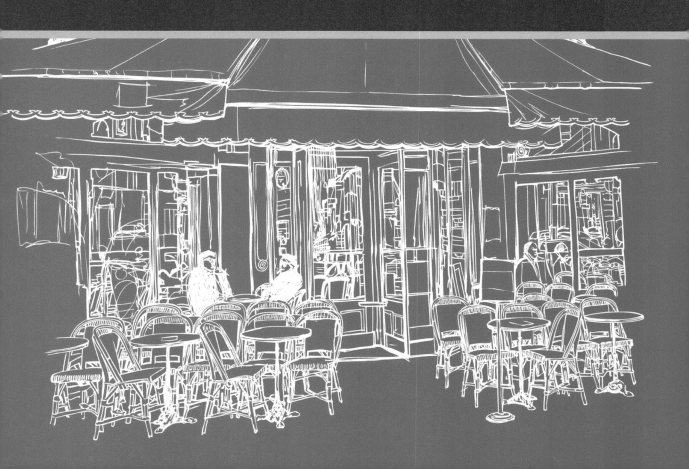

학습내용

1. 메뉴의 정의
2. 메뉴의 역할
3. 메뉴북의 역할
4. 메뉴 관리

학습목표

- 차림표를 의미하는 메뉴(menu)와 음식점에서 판매하는 상품을 뜻하는 메뉴(product)의 의미를 구분하여 설명할 수 있다.
- 소비자가 음식점을 선택할 때 가장 중요하게 작용하는 메뉴(product)의 중요성을 설명할 수 있다.
- 음식점의 메뉴(product)를 계획하는 단계부터 분석하는 단계까지 일련의 프로세스를 설명할 수 있다.

1 메뉴의 정의

영어 'menu'의 어원과 의미는 다음과 같다.

Menu의 어원과 의미

- 라틴어 'Minutus(미누투스–아주 작은, 간단한, 상세하게 기록한)'에서 유래
- 최초 기능은 외식업체나 가정에서 '오늘 제공하게 될 요리'를 간단명료하게 적어 놓은 것에서 유래
- 메뉴의 유래는 요리의 내용과 종류를 적어 요리를 즐기는 데서 유래했다는 설과 프랑스에서 이탈리아 요리의 원재료와 조리법을 기록한 메모에서 유래했다는 설 등이 있음

자료 : 네이버 지식백과 외식용어해설(2010. 11. 11)

메뉴라는 단어를 영어사전과 국어사전에서 찾아보면 〈그림 1–1〉과 같이 정의하고 있다. 우리가 일상에서 메뉴(menu)라는 용어를 두 가지 의미로 사용한다는 것을 알 수 있다. 하나는 외식업체에서 판매하는 제품(음식)의 리스트인 메뉴북을 의미하는 경우이고, 다른 하나는 외식업체에서 판매하는 제품(음식)을 의미하는 경우이다.

메뉴의 의미를 좀 더 쉽게 이해할 수 있도록 정리하면 〈그림 1–2〉와 같다. 이러한 두 가지 의미는 일상생활뿐만 아니라 일반도서와 전문서적에서도 구분 없이 사용하고 있

메뉴판
(식당, 음식점 등에서 파는
음식의 종류와 가격을 적은 판)

식사의 요리 종류

→ '식단, 차림, 차림표'로 순화
예 아주머니, 메뉴 좀 가져다주세요.

예 • 세트 메뉴, 오늘의 메뉴
• 이 집에서 잘하는 메뉴는 연어이다.

그림 1–1 **국어사전에서 메뉴의 의미**
자료 : 네이버 국어사전(2016. 3. 31)

메뉴(menu)	메뉴(product)

음식점에서 판매하는 제품의 차림표	음식점에서 판매하는 제품(음식)

그림 1-2 **메뉴의 의미**

는 실정이다. 그러다 보니 사용자나 독자 모두 혼동하는 경우가 있다.

일반적으로 메뉴라는 단어가 국내와 국외에서 어떻게 사용되고 있는지 알아보기 위하여 인스타그램과 핀터레스트에서 각각 검색한 결과는 〈그림 1-3, 4〉와 같다. 인스타그램에서 한글로 '메뉴'를 검색한 이미지를 보면, 대부분 음식을 뜻하는 단어로 활용되

그림 1-3 **인스타그램에서 '메뉴' 검색 결과**
자료 : 인스타그램

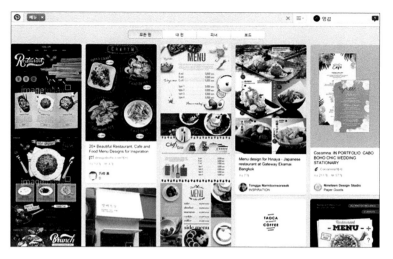

그림 1-4 핀터레스트에서 'menu' 검색 결과

자료 : 핀터레스트

고 있음을 알 수 있다.

그런데 핀터레스트에서 영어 'menu'로 검색한 결과를 보면, 대부분의 이미지가 메뉴 북인 것을 확인할 수 있다.

이와 같이 메뉴는 우리 생활 속에서 두 가지 의미로 사용되고 있으므로, 본서에서는 가능하면 '메뉴(menu)'라는 표현은 음식 자체를 지칭할 때 사용하고, 외식업체에서 판매하는 음식의 리스트는 '메뉴북(menu book)'으로 구분하여 표기할 예정이다. 다만, 상

메뉴

본서에서 메뉴의 의미는?
- 음식점에서 판매하는 제품(food & beverage, product)에 한정함
- 음식점에서 판매하는 음식 리스트는 메뉴북(menu book) 또는 메뉴판으로 구분하여 표기함

상황에 맞춰 혼용될 수 있으므로 음식 자체를 의미하는 것과 메뉴북을 의미하는 것 중 어떤 것이 맞는지 문맥에 유의하여 보아야 함

그림 1-5 본서에서 메뉴의 표기에 대한 안내

황에 따라 혼용될 수 있으므로 문맥이나 쓰임에 따라서 독자는 스스로 메뉴가 음식 자체를 의미하는 것인지, 아니면 메뉴북을 의미하는 것인지 구분해서 이해해야 한다.

2 메뉴(음식, 제품)의 역할

음식을 판매하는 외식업체를 구성하는 요인은 〈그림 1-6〉과 같이 매우 다양하지만 소비자들이 외식업체를 선택할 때 가장 중요하게 고려하는 요인은 〈표 1-1〉에서 보는 바와 같이 그곳에서 판매하는 음식인 경우가 많다.

따라서 예비창업자가 외식업체를 창업할 때, 가장 우선적으로 고려하게 되는 항목이

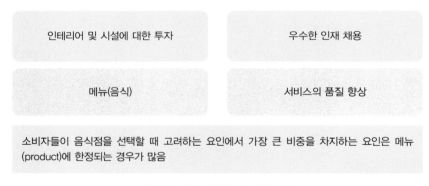

그림 1-6 **외식업체를 구성하는 요소**

표 1-1 **외식업체를 선택할 때 고려하는 요소의 중요도**

평가 영역	음식	메뉴	장소/분위기	서비스	가격	위생/청결
상대적 중요도	**0.274**	0.173	0.158	0.144	0.131	0.120
우선순위	1	2	3	4	5	6

자료 : 이정실(2006). AHP를 이용한 호텔 레스토랑 선택속성의 우선순위 분석. 관광연구, 21(3), 81-95.

바로 메뉴가 될 것이며, 이미 창업하여 경영하고 있는 외식업체도 크게 다르지 않다. 이와 같이 메뉴가 사업자에게 중요하게 인식되는 이유는 다음과 같은 메뉴의 역할 때문이라 볼 수 있다.

- 고객이 외식업체를 선택하는 근본적인 이유는 메뉴 때문일 가능성이 크다.
- 외식업체 창업 시 창업가들은 메뉴를 먼저 선택하는 경우가 많다.
- 메뉴는 외식업체의 핵심상품으로서 외식업체를 대표하는 얼굴과 같다.
- 외식업체를 구성하는 콘셉트의 개발은 일반적으로 메뉴로부터 시작된다.
- 외식업체가 메뉴를 선택하는 것은 목표고객과 수익성을 선택하는 것과 같다.

3 메뉴북의 역할

메뉴북은 자칫 외식업체에서 단순한 차림표의 역할을 한다고 생각하기 쉽다. 하지만 실제로 메뉴북은 외식업체에서 다양한 역할을 수행하고 있으며, 그 중요성이 지속적으로 증가하고 있다. 대표적으로 메뉴북은 외식업체에서 직원이 할 수 없는 역할을 대신

그림 1-7 **메뉴북 사례**
자료 : 핀터레스트

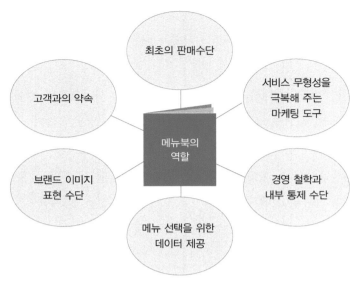

그림 1-8 **메뉴북의 역할**

하는 경우가 많다. 외식업체에서 최초의 판매수단으로서의 역할을 수행함으로써 고객들이 음식을 선택할 때 부딪히게 되는 고민을 해결해 준다.

메뉴북의 역할을 정리하면 〈그림 1-8〉과 같다. 메뉴북의 역할에 대한 세부적인 내용은 본서의 '8장 메뉴북의 역할과 디자인'에서 구체적으로 다룬다.

4 메뉴 관리

메뉴 관리는 음식으로서의 메뉴를 관리하는 부분과 메뉴북의 관리로 나눌 수 있다. 다만 메뉴북은 관리 측면보다는 디자인 측면이 더 중요하다고 판단되어 본서의 후반부에서 디자인을 중심으로 다룰 예정이다.

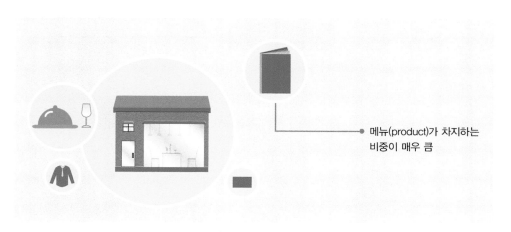

메뉴(product)가 차지하는
비중이 매우 큼

그림 1-9 **외식업체를 구성하는 다양한 요소**

외식업체를 구성하는 다양한 요소 중 메뉴(음식)가 차지하는 비중이 매우 크다는 점을 감안할 때, 경영자 입장에서는 메뉴만을 별도로 관리해야 하는 필요성이 커지고 있다. 따라서, 외식업체의 경영자는 메뉴 경영 또는 메뉴 관리의 순환과정을 이해하고, 창업 시는 물론이고 창업 이후에도 외식업체의 경쟁력을 유지하기 위하여 지속적인 메뉴 관리를 해야 한다.

메뉴 관리는 메뉴의 계획과 개발을 시작으로 메뉴 평가, 식재료 관리, 조리, 메뉴 제공, 메뉴 분석, 신메뉴 개발까지의 순환과정을 의미한다. 이러한 순환과정을 경영학의 PDS(계획–실행–통제) 순환과정에 대입하여 보면, 메뉴 계획과 개발과정 그리고 메뉴 평가과정을 '계획(plan)' 단계로 볼 수 있으며, 식재료 관리, 조리, 메뉴 제공과정은 '실행(do)' 단계에 해당된다고 할 수 있다. 이어서 메뉴 분석 단계는 '통제 및 피드백(see)' 단계로 정리할 수 있다.

이외에도 메뉴 관리의 순환과정에서 메뉴 평가와 식재료 관리 사이에 메뉴북 디자인 단계가 필요하며, 메뉴 제공과 메뉴 분석 사이에 고객을 대상으로 한 메뉴만족도 조사 등이 추가될 수 있다. 이를 구체적으로 도식화하면 〈그림 1-10〉과 같다.

외식업체를 경영하면서 이루어지는 메뉴 관리는 '고객 만족을 통한 이익의 극대화'에 목적을 두어야 한다. 즉, 외식업체 경영자는 메뉴 관리를 단순히 최소의 비용으로 최대

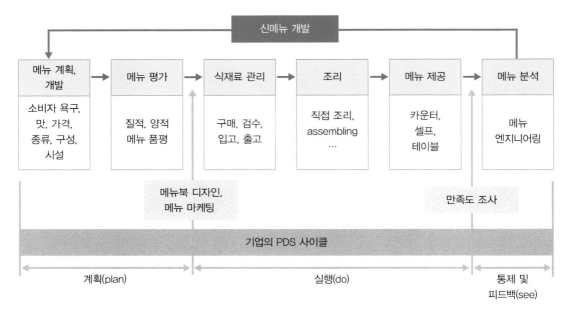

그림 1-10 **메뉴 관리의 순환과정**

의 이익을 얻기 위한 과정으로 이해해서는 곤란하다. 메뉴 관리는 내부고객인 직원과 외부고객인 소비자를 만족시키면서 경영자도 만족할 수 있게 만드는 메뉴와 관련된 총체적 과정으로 이해해야 한다.

> **POINT** 메뉴 관리의 궁극적 목적
> 직원 만족과 고객 만족을 통한 이익의 극대화

학습요약

① 메뉴(menu)

음식점이나 가정에서 '오늘 제공하게 될 요리'를 간단명료하게 적은 리스트를 의미하는 경우와 음식점에서 판매하는 제품(product), 즉 음식(food & beverage)을 의미하는 경우가 있어서 메뉴는 두 가지 의미로 쓰인다.

② 메뉴(product)의 역할

음식점을 구성하는 모든 요소 중에서 중요성이 가장 크며, 예비창업자가 음식점 창업 시 가장 우선적으로 고려하는 항목이다.

③ 메뉴북(menu book)의 역할

메뉴는 단순한 차림표의 역할을 한다고 생각하기 쉬우나 실제적으로는 다음과 같은 다양한 역할을 하는 도구이다.

- 최초의 판매수단
- 서비스 무형성을 극복해 주는 마케팅 도구
- 고객과의 약속
- 경영 철학과 내부 통제 수단
- 브랜드 이미지 표현
- 메뉴 선택을 위한 데이터 제공

④ 메뉴 관리(menu management)

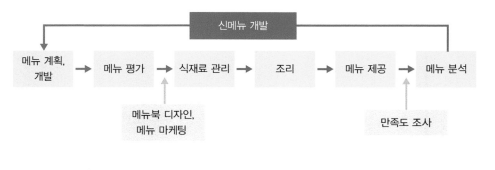

연습문제

1 메뉴의 의미를 정리해 보고 현장 및 각종 서적에서의 쓰임새를 점검하여 보기 바랍니다.

2 메뉴의 역할을 생각해 보고 메뉴가 사업자에게 중요하게 인식되는 이유를 정리하여 보기 바랍니다.

3 본서에서 정의한 메뉴 관리를 정리하고, 추가할 내용이나 제외시킬 내용이 있는지 확인하여 보기 바랍니다.

4 평소에 이용하는 외식업체의 메뉴북을 사진으로 찍은 후 자세히 살펴보고, 메뉴북의 역할 중 어떤 부분이 강점이고 어떤 부분이 약점인지 검토하여 보기 바랍니다.

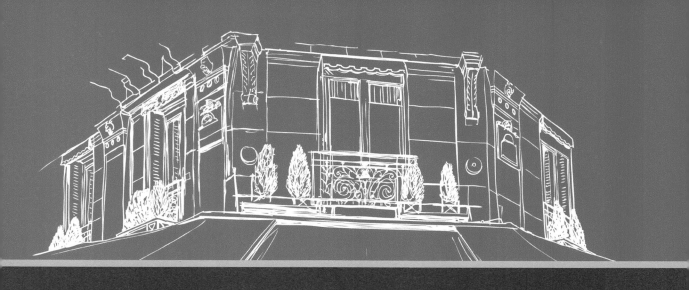

2장

메뉴 계획

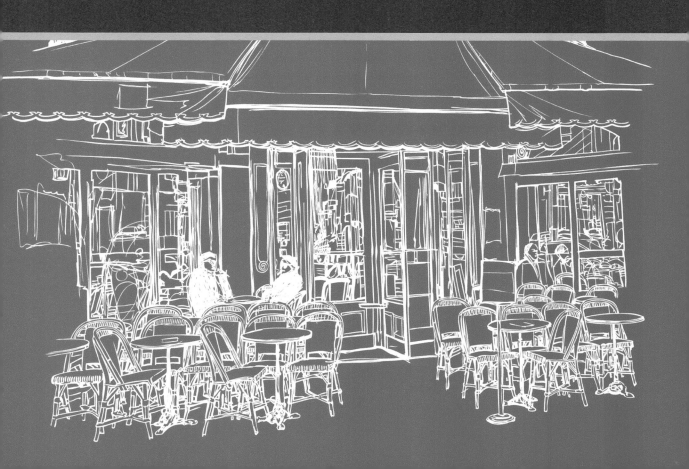

학습내용

1. 메뉴 계획의 정의
2. 메뉴 계획 모형
3. 수익률 유지 전략
4. 메뉴의 분류
5. 메뉴의 구성

학습목표

- 외식업체의 메뉴를 계획하는 과정을 이해하고 현장 중심적인 메뉴 계획 과정을 설명할 수 있다.
- 외식업체의 적절한 메뉴 분류 기준과 내용을 이해하고 실무에서 활용 가능하도록 설명할 수 있다.
- 외식업체의 체계적인 메뉴 구성을 위해 대표성과 수익성 등을 고려하여 메뉴를 기획하고 설명할 수 있다.

앞서 살펴보았던 메뉴 관리의 순환과정에서 외식업체 경영자가 가장 먼저 수행해야 할 업무는 메뉴 계획이다. 메뉴 계획이란 '고객의 니즈를 만족시킴과 동시에 외식업체의 목표를 달성할 수 있도록 가장 이상적인 메뉴를 구성하는 과정'을 의미한다. 즉 일관된 원칙을 가지고 음식을 어디서, 누구에게, 얼마나 다양하게, 언제, 얼마에, 어떻게 제공할지 계획하는 활동이라고 할 수 있다.

1 메뉴 계획의 정의

메뉴 계획은 '외식업체의 이익극대화가 가능하도록 목표고객에게 제공할 메뉴를 종합적으로 검토하는 과정'을 의미한다.

메뉴 계획 외식업체의 이익극대화가 가능하도록 목표고객에게 제공할 메뉴를 종합적으로 검토하는 과정

다만 고객이 많은 외식업체가 취급하는 메뉴라든지 유행처럼 인기를 얻는 메뉴 등에 현혹되어 단순하게 결정을 내리는 오류를 범하지 않기 위해서 메뉴 계획은 매우 신중하게 이루어져야 한다. 메뉴 계획은 목표고객이 원하고 만족할 수 있으며, 업체는 생산 가능하고 높은 수익을 달성할 수 있는 메뉴를 찾기 위한 과정으로 직원에 대한 배려도 포함되어야 한다. 직원이 즐겁게 음식을 제공할 수 없다면 어떤 메뉴를 개발하더라도 실패할 가능성이 높기 때문이다.

메뉴 관리의 첫 번째 단계인 메뉴 계획은 외식업체의 콘셉트를 구체적으로 표현한 결과물이자 고객 만족을 위한 마케팅의 출발점이다. 따라서 메뉴 계획은 벤치마킹을 통한 차별화가 필수이다. 다만 기존의 외식업체에서 인기를 얻고 있는 메뉴를 벤치마킹하

그림 2-1 **메뉴 계획의 목표**

는 것으로 메뉴 계획을 시작할 수는 있지만 거의 동일한 수준으로 메뉴를 카피하는 것은 매우 위험하다. 메뉴 계획은 창조와 혁신을 통해 차별성을 찾아내야 한다.

결과적으로 외식업체 경영자는 성공적인 메뉴 계획을 위하여 '차별화된 메뉴, 창조적인 메뉴, 품질은 대동소이하면서 경쟁자보다 낮은 원가를 실현한 메뉴, 트렌드에 적합한 메뉴' 등을 개발해야 한다. 한마디로 성공적인 메뉴 계획은 외부고객, 내부고객, 경영자를 고려하면서 차별화되고 창조적이며 원가우위를 달성하고 트렌드까지 고려한 결과물을 만들어내는 것이라고 할 수 있다.

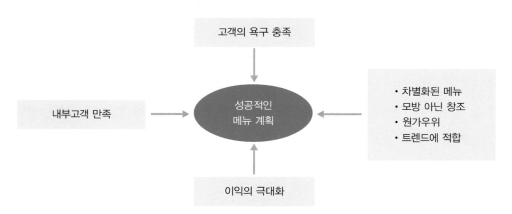

그림 2-2 **성공적인 메뉴 계획**

2 메뉴 계획 모형

외식업체의 메뉴는 계획과 개발과정을 거쳐서 탄생한다. 그리고 메뉴 계획은 고객 만족뿐만 아니라 경영자의 수익성도 보장할 수 있어야 한다. 따라서 이와 같은 메뉴 계획을 위해서는 메뉴 계획 모형에 근거한 환경 분석이 이루어져야 한다. 외식업체에서 메뉴 계획을 위하여 가장 일반적으로 활용 가능한 나인메이어(Ninemeier)의 메뉴 계획 모형을 이용하여 어떤 항목에 대한 분석이 이루어져야 하는지 구체적으로 살펴본다.

첫째, 메뉴 계획자는 메뉴를 계획하기 위하여 고객의 관점에서 고객의 욕구와 필요,

그림 2-3 **나인메이어의 메뉴 계획 모형**

자료 : Jack D. Ninemeier(1984), Principles of Food and Beverage Operations, AH & MA, p.115., Idem(1986), F & B Control, AH & MA, p.91., Anthony M. Rey and Ferdinand Wieland(1985), Managing Service in Food and Beverage Operations, AH & MA, p.44.

고객 관점		경영자 관점
욕구와 필요	VS.	조직의 목표
영양 및 위생		식재료 공급 여건, 저장
방문 목적(상황)		원가 및 수익성
메뉴의 질(오감 만족)		시설과 장비
고객 수, 가격, 객단가		종사원의 능력

직원 관점

| 음식에 대한 자부심 | 적절한 업무량 | 제공 및 설명의 용이성 |

그림 2-4 **내부고객을 포함한 메뉴 계획 모형**

인종이나 종교적 요인, 인구통계학적 요인, 사회·경제적 요인, 고객이 추구하는 가치, 방문 목적과 구매 동기, 절대가치와 같은 8가지 항목을 고려해야 한다. 둘째, 메뉴 계획자는 메뉴의 품질 관점에서 시각 요인, 향기 요인, 영양가·위생 요인, 맛, 온도, 농도, 구성·형태·종류 등과 같은 8가지 항목을 고려해야 한다. 셋째, 메뉴 계획자는 고객 관점과 메뉴 품질 관점 외에도 메뉴를 생산하기 위한 관점에서 원가, 적용 가능성, 생산과 운영, 배치, 기구와 설비 등의 항목을 함께 고려해야 한다.

　나인메이어의 메뉴 계획 모형은 이전의 모형에 비하여 마케팅 측면을 더욱 구체화한 것으로 평가할 수 있다. 즉, 외식업체의 메뉴 계획이 성공하기 위해서는 메뉴의 품질과 공급자의 능력도 중요하지만 소비자의 욕구를 충족시키기 위한 다양한 조사와 분석이 필요하다는 점을 반영하고 있다. 다만, 내부고객의 중요성이 갈수록 증대되는 최근의 상황을 고려할 때, 메뉴 계획은 〈그림 2-4〉와 같이 외부고객뿐만 아니라 내부고객과 경영자 모두를 충족시킬 수 있는 구조로 이루어져야 한다.

　메뉴 계획이 고객의 관점뿐만 아니라 경영자와 직원의 관점을 종합적으로 고려하기 위해서 어떤 내용을 집중적으로 검토해야 하는지 살펴보면 다음과 같다.

첫째, 외식업체의 경영자는 고객의 관점에서 '고객의 욕구'를 가장 우선적으로 고려해야 한다. 아무리 좋은 메뉴라 하더라도 목표고객의 욕구에 부합하지 못한다면 아무 소용이 없으며, 포괄적인 관점에서의 욕구는 세부적으로 '영양과 위생, 방문 목적, 음식의 품질, 가격'과 같은 항목으로 구성된다.

둘째, 고객을 만족시키는 메뉴가 탄생하였다 하더라도 경영자가 수익을 얻을 수 없다면 외식업체는 유지할 수 없게 된다. 즉 외식업체가 수익을 달성할 수 있다는 전제조건 하에서 고객이 만족할 수 있는 메뉴 계획이 이루어져야 한다. 이와 같은 목적을 달성하기 위하여 외식업체의 메뉴 계획은 '조직의 목표, 식재료의 안정적 공급, 원가와 이익, 시설과 장비, 직원의 능력, 서비스 시스템, 메뉴의 수명 주기' 등을 고려해야 한다.

셋째, 그동안 외식업체에서 근무하는 직원은 메뉴 계획에서 소외되어 온 것이 사실이다. 어쩌면 외부고객과 경영자와 비교할 때 고객 만족 측면에서 가장 큰 역할을 하면서도 현실적으로 중요성을 인정받지 못했다. 내부고객이라 불리는 직원은 외부고객인 손님과 가장 많은 소통을 하는 존재이다. 따라서 메뉴 계획에서 직원의 '음식에 대한 자부심, 설명과 제공의 용이성' 등이 고려되지 않는다면 아무리 좋은 음식이 탄생하더라도 실질적인 가치를 인정받기 힘들다는 점을 반드시 고려해야 한다.

이상의 내용 이외에도 최근 외식업체의 경영자들이 메뉴 계획을 하면서 식재료의 선택에서 조미료의 사용 여부에 대한 고민이 큰 것으로 알려져 있다. MSG로 널리 알려진 조미료를 사용해야 할지, 아니면 과감하게 포기해야 할지에 대한 고민은 '외식 소비자의 MSG 허용범위와 사용량 인식이 구매의도에 미치는 영향'과 같은 연구를 참조할 필요가 있다.

지금까지 살펴본 조건을 충족시키기 위하여 메뉴 계획은 마케팅 리서치, 상권분석, 외식산업에서의 풍부한 경험, 조리 및 식재료에 대한 지식, 원가 관리 능력을 갖춘 전문가 집단이 공동으로 담당해야 한다. 일반적으로 누구나 쉽게 외식창업을 하게 되는 상황에서는 가정에서 맛있게 음식을 조리하였던 경험을 바탕으로 메뉴를 계획하거나 주변에서 성공하였다고 알려진 메뉴를 참고하여 메뉴 계획을 하는 경우가 많다. 하지만

외식 소비자의 MSG 허용범위와 사용량 인식이 구매의도에 미치는 영향
– 소비자물가지수에 포함된 외식 메뉴를 중심으로 –

한양사이버대학교 호텔관광외식경영학과 교수 김영갑

MSG는 사람의 몸을 구성하는 아미노산의 한 종류인 글루타민산 88%에 나트륨 12%가 결합된 물질로 제5의 맛이라는 감칠맛을 내는 향미증진제이다. 전통적으로 맛은 단맛, 짠맛, 신맛, 쓴맛이 주로 알려져 왔었지만, 1907년 키쿠나에 이케다 일본 도쿄대 물리화학과 교수에 의하여 감칠맛이 발견되었으며, Nagodawithana(1994)는 MSG를 느끼는 세포가 혀에 있어서 기본 맛에 포함되어야 한다고 주장하였다. 키쿠나에 이케다 교수는 다시마 국물과 고기에서 나는 특유의 맛에 우마미라는 호칭을 붙이고 이 맛을 내는 글루타민산을 분리하는 데 성공하였다(임번삼, 1987; 임재각 외, 2004).

MSG의 주원료인 글루타민산은 자연계에 흔한 물질로 모유, 다시마 국물, 토마토, 간장, 파마산 치즈, 콩 등에 다량 함유되어 있어서 인간에게 친숙한 맛이다. 특히 저렴한 가격으로 뛰어난 감칠맛을 낼 수 있다는 점에서 다양한 음식의 향미증진제로 널리 사용되고 있으나 최근 국내의 TV프로그램에서 인공조미료의 과다사용에 대한 문제가 제기되면서 MSG의 유해성에 대한 이슈가 다시 확산되고 있다(동아일보, 2013). MSG의 안전성에 대한 의문은 1968년 중국계 미국인 의사 Kwok(1968)의 '중화요리 증후군(Chinese Restaurant Syndrome)'을 기점으로 지속적으로 제기되고 있다(장경자·차원, 2000). 하지만 현재까지도 인공조미료의 주재료인 MSG가 인체에 해롭다는 과학적인 증거는 밝혀지지 않았다. 1980년대 초 미국 식품의약국(FDA)를 비롯하여 1987년에는 식품첨가물전문가위원회(JECFA), 국제연합식량농업기구(FAO), 세계보건기구(WHO), 미국 연방실험생물학회(FASEB)에서도 안정성에 문제가 없는 안전한 물질로 제시되었다. 국내에서는 2010년 (사)한국식품안전연구원의 워크숍을 포함하여 식품의약품안전청에서도 MSG는 안전하며 사용량을 규제하지 않는 첨가물(GRAS)로 인정하였다(이투데이, 2012).

MSG는 과학적으로 유해하지 않다는 다양한 연구결과에도 불구하고 소비자들의 부정적인 인식은 계속 확산되고 있으며, 가능하면 기피하려는 경향도 점차 강해지고 있다. 이러한 추세가 반영되어 가정 내에서의 MSG 사용량은 지속적으로 감소하고 있는 반면에 외식업체들의 MSG 사용량은 증가하고 있다. 특히 외식업체에서의 MSG 사용을 소비자가 직접 통제할 수 없다는 점에서 의구심이 커지고 있다.

본연구는 국내의 주요 외식 메뉴를 선정하여 외식업체를 이용하는 소비자를 대상으로 각 메뉴별 MSG의 허용수준과 사용량 인식, 구매의도를 조사하는 데 목적이 있다. MSG에 대한 부정적 인식과 기피성향이 증대되는 시점에서 외식업체를 이용하는 소비자들의 MSG에 대한 세분화된 인식과 구매의도에 대한 연구는 반드시 필요하다. 이와 같은 연구결과는 소비자는 물론이고 MSG를 직접적으로 사용하는 외식사업자에게 적절한 사용을 유도하는 데 도움이 될 것이다. 특히 MSG로 인한 소비자의 불만요소를 감소시키고, 소비자만족을 높이는 데 필요한 마케팅 전략 수립에 유의미한 정보를 제공할 수 있을 것으로 판단된다.

본연구의 결과를 토대로 실무적 시사점을 정리하면 다음과 같다.

첫째, 소비자들은 MSG의 사용에 대하여 다차원적인 생각을 한다. 즉 각 메뉴의 특성에 따라서 허용수준과 사용량에 대한 인식에 차이가 있다. 소비자들은 가격이 낮은 메뉴에서는 MSG 사용에 관대하고 높은 가격의 메뉴에서는 MSG가 적게 사용되었을 것으로 기대한다. 따라서 외식사업자들은 고가격의 메뉴일수록 MSG 사용을 억제해야 한다. 다만 단체급식의 경우 가격과 관계없이 소비자들이 MSG 사용에 엄격한 기준을 가지고 있다.

둘째, 모든 외식 메뉴의 MSG 사용량 인식은 구매의도에 영향을 미치지 않는다. 이러한 결과는 구매의도를 높이기 위하여 MSG를 전혀 사용하지 않는다고 주장하는 것이 실질적인 도움이 되지 않음을 보여준다. MSG나 식품첨가물을 전혀 넣지 않는다는 점을 중점적으로 강조하는 외식업체가 경쟁업체보다 좋은 판매성과를 내지 못하는 경우가 이러한 이유 때문이다.

셋째, 모든 외식 메뉴의 구매의도에 영향을 미치는 변수는 MSG 사용량에 대한 인식이 아니라 소비자의 MSG 허용수준이다. 따라서 외식사업자는 MSG의 사용량 인식을 관리하기보다는 허용수준을 높이려는 노력을 기울여야 한다. 다만 이러한 노력은 개별 외식사업자보다는 사업자단체나 제조업체가 수행해야 하며, 주요 내용은 과학적으로 무해하다는 정보, 천연재료 성분과 동일하다는 점, 가격대비 효용성 등을 적극적으로 홍보해야 한다.

넷째, 외식사업자가 소비자의 MSG 허용수준을 관리하지는 못하지만 마케팅적 측면에서 목표고객의 허용수준을 파악하여 대응하는 노력은 필요하다. 소비자들이 외식 메뉴에서 MSG가 가능한 적게 사용되기를 바라는 마음은 모든 메뉴에서의 허용수준이 평균값(3)보다 낮은 데서 확인할 수 있다. 다만, '돈가스 및 중식류'에서 남성이 여성에 비하여 허용수준이 높다든지, '패스트푸드류, 돈가스 및 중식류, 단체급식'에서 나이가 젊을수록 허용수준이 높은 점, 그리고 '패스트푸드류'에서 소득이 낮은 층에서 허용수준이 높은 점 등을 고려하여 외식업체의 상황에 맞는 메뉴 개발 전략을 고려해 볼 수 있다.

자료 : 한국외식경영학회 외식경영연구(2013) 16권 1호에 게재된 논문 요약

이렇게 창업한 외식업체가 장기간 안정적인 수익을 확보하기는 어렵다. 단기적으로는 성공할 수 있더라도 장기적으로 변화하는 고객의 취향과 트렌드에 맞는 메뉴 계획과 개발을 할 수 없기 때문이다.

3 수익률 유지 전략

메뉴 계획 모형에서 다루지는 않았지만 메뉴 계획을 하면서 반드시 고려해야 할 변수로 수익률이 있다. 모든 외식업체는 매출 증대를 통하여 더 많은 수익을 얻으려고 한다. 하지만 치열한 경쟁으로 인하여 수명이 매우 짧은 외식사업에서는 수익을 높이려는 노력보다는 오히려 수익을 유지하는 전략이 더 효과적일지 모른다. 그런 차원에서 기존의 고정관념을 깨는 수익률 유지 전략을 메뉴 계획 단계부터 고려한다면 경쟁력 있는 메뉴를 개발하는 데 큰 도움이 될 수 있다.

성공하는 외식업체들 중에는 목표이익률을 정해 놓고 이익이 그 수준을 넘으면 가격을 내리거나 식재료 품질을 높이는 등의 방법을 쓰는 곳이 있다. 예를 들면 매월 세전 목표 이익률을 15%로 정하고 매월 결산 후 이익률이 15%를 넘으면 메뉴의 양이나 질을 검토하여 상당한 수준으로 품질을 높이는 등의 방법을 사용하는 것이다. 수익률을 높이려고 노력하는 업체와 경쟁하기 위한 일종의 역발상이라 할 수 있다. 외식업체가 이와 같은 전략을 쓰기 위해서는 메뉴 계획과 개발 시 다음과 같이 할 수 있다.

첫째, 자신이 창업을 하려는 상권 내 모든 외식업체들의 메뉴의 양과 가격, 맛을 점검한다.

둘째, 자신이 개발할 수 있고, 가장 경쟁력 있는 상품화가 가능한 메뉴를 선택한다.

셋째, 자신의 투자금액 대비 얻고자 하는 최소한의 수익금액을 목표로 설정한다.

넷째, 목표수익률을 달성할 수 있으면서 최고의 맛과 최고의 양, 최저의 가격으로 제공 가능한 메뉴 개발을 시도한다.

다섯째, 원하는 수준의 메뉴가 개발되면 소비자 조사를 거쳐서 만족도와 경쟁력을 검증한다.

여섯째, 매월 수익률 결산을 통해 목표 수익률을 유지하며 메뉴의 질을 계속 증가시킨다.

4 메뉴의 분류

메뉴를 계획하고 개발하는 전문가는 메뉴 분류에 대한 지식을 가지고 있어야 한다. 전 세계에 다양하게 존재하는 모든 메뉴를 하나씩 파악한다는 것은 불가능하므로 메뉴를 특정한 기준으로 비슷한 유형끼리 묶어서 파악할 수 있어야 하기 때문이다. 메뉴는 제 공기간에 따라서, 식사 가격 및 내용에 따라서 분류하며, 그 외에도 다양한 기준에 따라 분류할 수 있는데 이를 구체적으로 살펴보면 다음과 같다.

1) 제공기간에 따른 분류

메뉴를 제공기간에 따라 분류하면, '고정 메뉴, 순환 메뉴, 단기 메뉴'로 구분할 수 있다. 외식업체에서 고정 메뉴(fixed menu)는 장기간 바뀌지 않고 지속적으로 유지되는 메뉴 이다. 외식업체의 대부분이 이런 유형의 메뉴를 판매하고 있다. 즉 외식업체는 전문화 된 고정 메뉴를 중심으로 사업을 영위하는 것이 경쟁력이 있다고 믿는다.

어떤 외식업체는 순환 메뉴(cycle menu)를 가지고 사업을 한다. 순환 메뉴란 일정기 간의 간격을 두고 순환되는 메뉴로, 주로 단체급식 업체들이 제공하는 메뉴가 여기에 속한다. 단체급식 업체들은 일정한 기간을 주기로 매일 다른 유형의 메뉴를 제공한다.

표 2-1 **메뉴 분류와 선택의 폭에 따른 외식업체의 유형**

구분	선택의 폭 없음	선택의 폭 좁음	선택의 폭 넓음
고정 메뉴	단일 메뉴를 판매하는 외식업체	패스트푸드를 판매하는 외식업체	정식 메뉴를 판매하는 외식업체
순환 메뉴	병원 급식, 기내식	학교 급식	대기업 급식, 카페테리아
단기 메뉴	연회	고급 외식업체 오늘의 메뉴	뷔페

그 외에도 제공기간에 따른 메뉴의 분류로서 단기 메뉴(market menu)가 있다. 이는 외식업체에서 짧은 기간만 존재하는 메뉴로 '특별 메뉴, 오늘의 메뉴' 등이 여기에 속한다. 외식업체에서 활용되는 메뉴의 유형과 메뉴 선택의 폭을 기준으로 외식업체의 유형을 분류하면 〈표 2-1〉과 같다.

외식업체는 메뉴를 계획할 때, 점포의 콘셉트에 부합할 수 있도록 고정 메뉴, 순환 메뉴, 단기 메뉴 등을 적절하게 조합하여 메뉴를 구성해야 한다.

2) 식사 가격 및 내용에 의한 분류

외식업체에서 판매되는 메뉴를 가격과 음식의 내용에 따라 정식 메뉴, 일품 메뉴, 결합 메뉴로 나눌 수 있는데, 이를 구체적으로 살펴보면 〈표 2-2〉와 같다.

정식 메뉴는 '주인의 식탁'이란 뜻의 타블 도트(table d'hote)를 의미한다. 프랑스식 정식 코스 요리의 종류와 순서가 미리 결정되어 있는 메뉴를 부르는 한국식 표현이다. 정식 메뉴는 각각의 음식마다 가격이 별도로 정해져 있지 않고 코스로 제공되는 완전한 한 끼 식사로 가격이 정해진다. 코스란 '애피타이저, 수프, 샐러드, 생선, 주요리, 후식, 차' 등의 순서로 음식이 제공되는 것을 의미한다.

정식 메뉴는 외식업체 입장에서는 조리과정이 일정하여 인력을 절감하고 능률적인 서비스가 가능하다는 장점이 있다. 고객의 입장에서는 모든 메뉴를 일일이 선택할 필요가 없고 단일 메뉴로 여러 가지 메뉴를 주문하는 경우보다 메뉴를 선택하기가 용이

표 2-2 식사 가격 및 내용에 의한 메뉴의 분류

구분	내용
정식 메뉴 (타블 도트 메뉴)	• 코스로 제공되는 메뉴 • 애피타이저, 수프, 생선, 주요리, 샐러드, 후식, 차 등의 순서로 구성 • 고객 입장에서 선택이 용이함 • 조리과정이 일정하여 인력이 절감되며 능률적 서비스 가능
일품 메뉴 (알라카르트 메뉴)	• 품목별로 가격이 정해져 제공되는 메뉴 • 고객의 입장에서 선택이 어려움 • 수급 예측이 어려워 식재료의 낭비가 심함
결합 메뉴 (콤비네이션 메뉴)	• 정식 메뉴와 일품 메뉴가 결합된 형태 • 연회 시에 많이 이용

하고 저렴하다는 장점이 있는 반면, 코스만 선택할 수 있을 뿐 세부적인 메뉴의 선택권이 없다는 단점이 있다.

정식 메뉴를 메뉴 개발자의 입장에서 바라보면, 가격에 민감한 고객을 대상으로 다양하게 구성된 메뉴를 일정한 패턴으로 능률적으로 생산, 제공이 가능하므로 저렴하게 판매할 수 있다는 장점이 있다. 다만 정식 메뉴는 한정된 코스 메뉴만을 다루어야 하기 때문에 다양한 소비자의 취향을 맞추는 데 한계가 있다.

일품 메뉴는 프랑스어로 알라카르트(A La Carte)라고 하며 정식 메뉴와는 달리 고객이 좋아하는 음식만을 주문하는 형식의 메뉴를 의미한다. 품목별로 가격이 정해져 제공되는 특징이 있으며, 고객의 입장에서 원하는 메뉴를 선택할 수 있는 장점에 비하여 선택이 어렵다는 단점이 있다. 외식업체 입장에서는 수급 예측이 어려워 식재료의 낭비가 생길 수 있다.

고객의 입장에서 일품 메뉴는 애피타이저, 샐러드, 메인메뉴, 디저트 등 모든 메뉴를 고객이 한 가지씩 선택해야 하므로 메뉴에 대한 지식이 충분하지 않은 경우 선택이 어렵고 가격도 고가인 단점이 있다. 그럼에도 불구하고 자신의 취향에 맞는 메뉴만을 선택할 수 있다는 장점 때문에 고급 외식업체에서 선호하는 메뉴의 형태이다. 다만 국내의 경우 단품 위주의 저가 외식업체도 일품 메뉴의 형식을 가지고 있어서 반드시 비싼 메뉴의 분류라고 할 수는 없다.

일품 메뉴는 사업자 입장에서 메뉴의 수가 많은 경우 식재료의 관리가 어려워 낭비 요소가 많다. 특히 메뉴의 수가 늘어날수록 어려움은 더욱 가중될 수 있다. 따라서 일품 메뉴를 전문으로 하는 외식업체의 경우라도 특정한 메뉴를 정식 메뉴로 제공함으로써 이러한 단점을 극복할 수 있는데, 이런 경우 정식 메뉴와 일품 메뉴를 적절하게 결합하였다는 의미에서 결합 메뉴라는 분류가 가능하다.

이상의 식사 가격 및 메뉴에 의한 분류는 외식업체가 메뉴 계획을 하기 전에 목표고객에게 적합한 메뉴를 선정하는 데 있어서 많은 시사점을 제공해 준다. 예를 들면 직장인이 주 고객인 상권에서 메뉴 계획을 하는 경우 경영자는 정식 메뉴보다는 일품 메뉴를 고려하는 것이 유리하다. 직장인들은 주로 점심식사를 위해 외식업체를 이용하므로 빠르게 식사할 수 있는 외식업체를 선호할 가능성이 높기 때문이다.

3) 업종과 업태에 의한 분류

업종과 업태는 메뉴의 분류 기준이라기보다는 외식업체의 분류 기준이라 할 수 있지만 메뉴 계획을 함에 있어 메뉴 분류의 기준으로 참고할 수 있다. 업종(type of business)이란 사업의 형태를 의미하는 용어이지만 외식사업에서는 주로 음식의 국적에 따른 분류로 활용하고 있으며, 판매하는 제품에 따른 분류라고 할 수도 있다. 국내에서 외식사업을 업종에 따라 분류하면, 주로 한식, 양식, 중식, 일식, 에스닉 푸드 등이다. 업종에

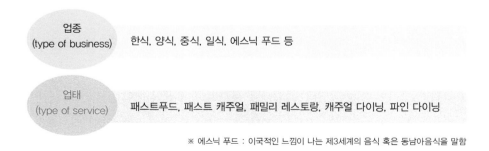

업종
(type of business) 한식, 양식, 중식, 일식, 에스닉 푸드 등

업태
(type of service) 패스트푸드, 패스트 캐주얼, 패밀리 레스토랑, 캐주얼 다이닝, 파인 다이닝

※ 에스닉 푸드 : 이국적인 느낌이 나는 제3세계의 음식 혹은 동남아음식을 말함

그림 2-5 **업종 및 업태에 따른 분류**

따른 분류는 가장 전통적인 방식이다.

업태(type of service)란 영업 전략에 따라 분류하는 방법이다. 다만 외형상으로는 고객에게 제공하는 서비스 수준을 기준으로 분류하는 것처럼 보일 수 있다. 주로 미국 등의 외식산업 선진국에서 활용되는 분류 방법이고 패스트푸드, 패스트 캐주얼, 패밀리 레스토랑, 캐주얼 다이닝, 파인 다이닝 등으로 구분한다. 향후 서비스 수준 및 외식업체

표 2-3 업종과 업태의 관점 및 분류 기준

구분	관점	분류 기준	점포 크기	분류 사례	장점
업종	외식업체	음식	소형	김밥 전문점	외식업체의 관리 용이
업태	소비자	마케팅 믹스	대형	패스트푸드	소비자 효익 증대

표 2-4 미국레스토랑협회(NRA)의 레스토랑 분류

분류 기준	분류	특징
• 음식의 특성 • 서비스 • 메뉴 품목 수 • 객단가 • 알코올 판매 여부 • 복장 • 결제방법	퀵 서비스 레스토랑 (quick service restaurant)	• 패스트푸드(fast food), 한정된 서비스 • 특정화된 메뉴 품목, 알코올 판매하지 않음 • 낮은 객단가($5) • 크레딧카드 결제가 거의 안 됨
	중간급/패밀리 레스토랑 (midscale/family restaurant)	• 완전히 패스트푸드가 아닌 음식 • 테이블 또는 카운터 서비스 　– 퀵 서비스보다 넓은 메뉴 품목 　– 한정된 알코올 혹은 제공하지 않음 　– 중간 정도의 저녁식사 객단가($3~7) 　– 크레딧카드 결제가 거의 안 됨
	캐주얼/중상급 레스토랑 (casual dinner/moderate upscale)	• 풀 서비스, 테이블 서비스 • 편안한 분위기와 복장 • 다양한 메뉴, 폭넓은 알코올 서비스 • 중상 정도의 저녁식사 객단가($16 이하) • 통상적으로 크레딧카드 결제 가능
	고급 레스토랑 (fine dining/higher check upscale)	• 일품요리 및 정찬(full course) • 극진한 서비스, 정장이 요구되기도 함 • 정성스런 식사 준비, 스페셜 메뉴 • 맥주, 와인 서비스 • 높은 저녁식사 객단가($16 이상) • 크레딧카드 결제 가능

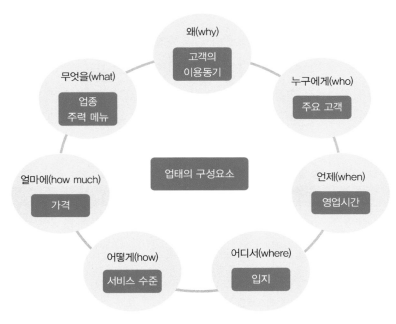

그림 2-6 **업태의 구성요소**

의 마케팅 믹스 요소가 지속적으로 변화함에 따라 업태에 따른 외식사업의 분류는 새롭게 생성되고 소멸되는 과정을 겪을 것으로 예상된다. 업종과 업태의 관점 및 분류 기준을 정리하면 〈표 2-3〉과 같다.

업태를 구성하는 핵심요소는 메뉴, 이용동기, 주 고객층, 영업시간, 입지, 서비스 수준, 가격 등이 있으며, 외식업체는 목표시장에 적합한 업태의 수준을 결정하고 차별화시켜 경쟁력을 갖추어야 한다.

글로벌 관점에서 외식산업의 역사를 살펴보면, 초기에 업종을 중심으로 성장하다가 그 업종 내의 경쟁이 치열해지는 성숙단계에 이르면 새로운 업태로 세분화되어 발전하게 된다. 미국의 사례를 이용해서 업태의 변화 과정을 살펴보면 〈표 2-5〉와 같이 업종에서 업태로 변화하고 업태의 수준도 갈수록 세분화되는 것을 알 수 있다. 즉 메뉴가 융복합화됨에 따라 메뉴 자체를 이용하여 분류하는 기준은 점점 사라지고 외식업체를 구성하는 다양한 요소에 의해 메뉴의 분류도 이루어진다고 볼 수 있다.

표 2-5 **미국 외식산업의 업태 변화**

1940년대 이전	1940년대 이후	1980년대	2000년대
5대 업종	3대 업태	5대 업태	6대 업태
• 아메리칸 • 콘티넨탈 • 오리엔탈 • 에스닉 • 차, 디저트	• 패스트푸드 레스토랑 • 패밀리 레스토랑 • 파인 다이닝	• 패스트푸드 레스토랑 • 패밀리 레스토랑 • 카페테리아 • 캐주얼 다이닝 • 파인 다이닝	• 패스트푸드 레스토랑 • 패스트 캐주얼 레스토랑 • 패밀리 레스토랑 • 카페테리아 • 캐주얼 다이닝 • 파인 다이닝

자료 : 박기용(2009). 21세기 글로벌경쟁시대의 외식산업경영학(3판). 대왕사

업태의 분류와 특징을 규정하는 가장 큰 요인인 업태별 메뉴의 특징을 살펴보면 〈표 2-6)과 같이 정리할 수 있다. 다만 이와 같은 특징을 표준화된 것으로 받아들일 필요는 없다. 향후 업태별 메뉴의 특징은 시대적 흐름과 경제 발전에 따라서 더욱 세분화되고 다양화될 수 있기 때문이다.

표 2-6 **외식업체 업태별 메뉴의 특징**

구분	특징	메뉴 수	추정 평균 객단가
테이크아웃 및 패스트푸드	• 저렴한 가격, 포장의 편의성, 신속한 제공, 이용의 편리성(24시 영업) • 한정된 메뉴(확대되는 추세임) • CK를 통한 조리의 단순화	15~40	3,000~ 10,000원
패밀리 레스토랑	• 다양한 메뉴와 가격대 • 점심과 저녁이 중심이며 스낵류도 필요 • 수요 확대를 위한 저렴한 가격대 추구 필요	80~150	15,000~ 20,000원
업스케일 레스토랑	• 파인 다이닝과 캐주얼 레스토랑의 중간적인 레스토랑 유형 • 형식의 구애를 받지 않고 간편한 복장으로 와서 즐길 수 있음 • 미국, 일본 등 1인당 GDP가 4만 달러를 육박하는 선진국의 경우 업스케일 레스토랑들이 큰 트렌드로 자리매김 • 매드포갈릭, 스칼렛 등	50~80	20,000~ 30,000원
파인 다이닝	• 적은 테이블 수, 수준급 셰프, 테이블 매니저 • 콘셉트에 맞는 공간 구성, 명품 식기 • 높은 수준의 일관된 품질과 맛	25~50	30,000원 이상

4) 기타 분류

메뉴는 앞서 살펴본 업종과 같이 국적에 따라 한식, 양식, 일식, 중식, 이탈리아식과 같이 분류하기도 하며, 식사 시간에 따라서 조식, 브런치, 중식, 석식으로 분류하기도 한다. 그 외에도 다양한 분류가 외식업체에서 취급하는 메뉴를 대상으로 이루어지고 있지만, 한식의 분류가 표준화되지 않은 것은 매우 아쉽다. 한식 전문점이 높은 부가가치를 달성하고 세계적인 외식업체로 발전하기 위해서는 한식을 취급하는 외식업체를 위한 체계적인 분류가 반드시 필요하다.

표 2-7 **메뉴의 기타 분류**

구분	내용
국적	한식, 미국식, 일식, 중식, 프랑스식, 이탈리아식, 멕시코식, 베트남식, 인도식 등
식사 시간	조식, 브런치, 중식, 애프터눈티, 석식, 서퍼(가벼운 야식)

최근 한식의 세계화가 화두이고 국가적 차원에서도 많은 관심과 지원이 이어지고 있다. 한 국가의 음식문화가 발전하고 이러한 문화가 국제화되기 위해서는 자국의 음식에 대한 분류가 명확하게 이루어질 필요가 있다. 만약 분류 자체가 불명확하다면 조리교육 및 국내에서의 발전과 외국으로 외식업체가 진출하는 데 있어서도 많은 제약을 받는다. 따라서 다양한 연구, 한식 국가검정이나 기타 전문서적, 전화번호부의 외식업체 안내 등에서 이루어지고 있는 한식의 분류를 표준화하려는 노력이 필요하다. 또한 이를 기준으로 한식 전문점의 현황 파악 등이 체계적으로 이루어지고 국가적 차원에서 지원이 될 때 한식의 세계화가 가능하다. 특히 한식의 표준화된 체계적 분류는 소비자들이 한식 전문점을 선택함에 있어서도 전문성에 대한 인식을 높이는 데 일조할 것이다.

표 2-8 **한식의 분류 사례**

구분	내용
한식	밥류, 죽류, 국수와 만두류, 국과 탕류, 전골과 찌개류, 찜과 선류, 생채류, 숙채류, 구이와 적류, 전류, 조림과 초류, 볶음류, 회류, 마른찬류, 장아찌류, 김치류, 떡·다과류
표준산업분류	한식일반음식점업, 한식면요리 전문점, 한식육류요리 전문점, 한식해산물요리 전문점

5 메뉴의 구성

외식업체에서 메뉴를 계획하는 데 있어서 반드시 고려해야 할 내용 중 하나가 메뉴의 구성이다. 외식업체는 성공적인 경영을 위하여 체계적인 메뉴 구성을 통해 목표고객에 집중하면서 목표고객 이외의 다양한 고객층도 유인하고 만족시킬 수 있어야 한다.

1) 체계적 구성

외식업체에서 메뉴를 구성할 때는 가능하면 '대표 메뉴, 주력 메뉴, 임시 메뉴, 보조 메뉴, 유인 메뉴' 등의 체계를 갖춤으로써 목표고객 외에도 목표고객과 함께 방문할 가능성이 높거나 목표고객의 의사결정에 영향을 미칠 수 있는 소비자도 방문 의지를 가질 수 있도록 만들어야 한다. 외식업체의 체계적인 메뉴 구성을 위한 세부적인 내용을 살펴보면 다음과 같다.

첫째, 대표 메뉴는 외식업체나 브랜드를 대표하는 메뉴를 의미한다. 예를 들면 맥도날드는 빅맥이 대표 메뉴이고, 버거킹은 와퍼가 대표 메뉴이다.

둘째, 주력 메뉴는 외식업체의 중점 메뉴라고도 하며 수익성과 판매효율을 높이고 싶은 메뉴이다. 일반적으로 런치 메뉴와 오늘의 메뉴 등이 대표적인 주력 메뉴 중 하나이다.

셋째, 임시 메뉴는 메뉴의 활성화를 꾀하고 고객들의 이용기회를 자극하기 위한 메뉴이다. 외식업체에서 활발하게 도입하는 이벤트 메뉴가 대표적인 사례라 할 수 있다.

넷째, 보조 메뉴는 외식업체의 전체 판매량에서 차지하는 비중은 적지만 외식업체의 성격을 명확하게 하기 위한 보완 메뉴나 목표고객과 동반하는 고객을 고려하여 개발하는 메뉴를 의미한다. 예를 들면, 세트 메뉴와 어린이 메뉴 등이 여기에 속한다.

다섯째, 외식업체에서 없어서는 안 되는 메뉴의 구성 중 하나로 유인 메뉴를 들 수 있다. 유인 메뉴는 저렴한 가격을 선호하는 고객층을 유인하기 위한 천 원 햄버거, 심심풀이로 이용하면서 방문을 습관화시키기 위한 500원짜리 아이스크림 등이 있다.

이와 같이 메뉴의 구성은 개별적인 역할은 물론이고 복합적인 역할을 충분히 고려하여 메뉴 계획에 활용된다. 예를 들면 감자탕을 대표 메뉴로 하는 외식업체의 경우 감자탕을 선호하는 어른이 어린이 고객과 동반할 때, 어린이 고객이 먹을 음식에 대한 고민에 대처하기 위하여 어린이를 위한 돈가스 메뉴 등을 보조 메뉴로 활용한다. 이외에도 햄버거 전문 패스트푸드점들이 500원 또는 700원 등의 저가 아이스크림을 판매하는 것은 소비자를 유인하기 위한 전략으로 볼 수 있다. 즉 저렴한 아이스크림을 유인 메뉴로 활용하여 대표 메뉴와 주력 메뉴의 매출액을 더욱 높이는 효과를 얻을 수 있기 때문이다.

유인 메뉴에 더하여 외식업체에서 임시 메뉴의 적극적인 활용은 매우 중요한 마케팅 수단이 될 수 있다. 특히 고정 메뉴 중심의 외식업체의 경우 정기적인 이벤트성 메뉴인 임시 메뉴를 적극 활용할 필요가 있다. 아무리 맛있고 훌륭한 음식이라도 반복하여 구매하는 경우 싫증을 느끼는 것은 자연스러운 현상이다. 이와 같은 체계적인 메뉴 구성은 단골고객들의 구매 욕구를 더욱 강화시키는 데 일조할 뿐만 아니라 해당 외식업체에 관심이 없던 고객집단을 유인하는 데도 많은 도움이 된다.

외식시장에서 성공하는 브랜드들의 메뉴 구성을 살펴보는 것은 메뉴 계획을 위해서 매우 유용하다. 예를 들면, 〈그림 2-7〉과 같은 맥도날드의 체계적인 메뉴 구성이 대표적인 사례라 할 수 있다.

표 2-9 **메뉴의 체계적 구성 사례**

구분	내용
대표 메뉴	외식업체를 대표하는 메뉴(쇠고기 전문점-쇠고기)
주력 메뉴	중점 메뉴라고도 하며 수익성과 판매효율을 높이고 싶은 메뉴(런치 특선)
임시 메뉴	메뉴의 활성화를 꾀하고 이용기회를 자극하기 위한 메뉴(이벤트 메뉴)
보조 메뉴	판매량은 적지만 외식업체의 성격을 명확하게 하기 위한 보완 메뉴(세트 메뉴, 어린이 메뉴)
유인 메뉴	저렴한 가격을 선호하는 고객층을 유인하기 위한 메뉴(천 원 햄버거)

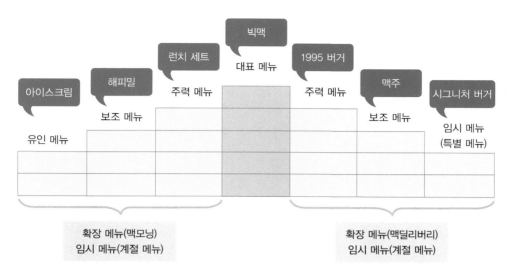

그림 2-7 **메뉴의 체계적 구성 사례**

자료 : 맥도날드 홈페이지 재구성

유인 메뉴 (임시 메뉴)	보조 메뉴	주력 메뉴 (확장 메뉴)	대표 메뉴	주력 메뉴 (확장 메뉴)	보조 메뉴	유인 메뉴 (임시 메뉴)
최저 가격 (4,000원)	Price Line (5,000원)	Price Line (7,000원)	목표객단가 고객 만족 가격 (8,000원)	Price Line (10,000원)	Price Line (11,000원)	최고 가격 (25,000원)
			떡만두설농탕 8,000원	신선별미 김치전 9,000원	백세설농탕 11,000원	
		신선찐만두 6,000원	만두설농탕 8,000원	명품 두부구이 9,000원	순사골국(대) 11,000원	
레몬에이드 2,000원	어린이용 순사골국 5,500원	설농탕 7,000원	순사골국 8,000원	마늘설농탕 10,000원	고기듬뿍 설농탕 13,000원	모듬수육 25,000원
신선찐만두 4,000원	어린이 설농탕 5,000원	떡국설농탕 7,500원	두부야채설농탕 8,000원	설농탕(대) 10,000원	도가니탕 15,000원	도가니수육 28,000원

그림 2-8 **메뉴의 체계적 구성 사례**

자료 : 신선설농탕 홈페이지 재구성

무엇보다도 맥도날드는 이러한 메뉴 구성을 경기상황이나 해당 국가의 문화적 특성을 고려하여 적절하게 대응하면서 지속적으로 발전시키는 대표적인 사례라 할 수 있다.

맥도날드에 이어서 국내 한식 전문점의 대표 브랜드라 할 수 있는 신선설농탕도 메뉴의 구성에서 매우 성공적인 사례라 할 수 있다. 총 13가지의 다양한 설렁탕을 이용하여 각각의 설렁탕이 목표고객과 동반고객을 위해 적절한 역할을 할 수 있도록 배치한 것을 〈그림 2-8〉에서 확인할 수 있다.

2) 메뉴의 조화

메뉴의 조화란 음식의 포트폴리오를 의미한다. 어떻게 판매할 메뉴를 구성하느냐에 따라서 조화가 잘 이루어지기도, 조화가 이루어지지 않기도 하므로 외식업체의 메뉴 구성은 적절한 포트폴리오를 만들어 내는 데 집중해야 한다. 즉 메뉴 계획자는 앞서 살펴보았던 메뉴 구성이 적절한 조화를 이룰 수 있게 만들어야 한다.

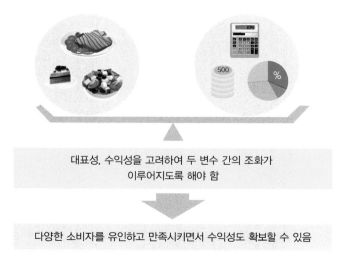

대표성, 수익성을 고려하여 두 변수 간의 조화가
이루어지도록 해야 함

다양한 소비자를 유인하고 만족시키면서 수익성도 확보할 수 있음

그림 2-9 **메뉴 구성 시 유의사항**

메뉴의 조화는 대표성과 수익성을 조합하는 작업이라 할 수 있다. 갈수록 경쟁이 치열해지는 외식시장에서 좁은 범위의 목표고객층뿐만 아니라 넓은 범위의 다양한 소비자를 유인하면서 만족시켜야 외식업체가 목표로 하는 수익성을 달성할 수 있다.

맥도날드가 탄생한 이후, 50년이 넘는 시간 동안 소비자들에게 사랑을 받을 수 있었던 가장 큰 이유는 바로 최적의 메뉴 포트폴리오 때문이라고 할 수 있다. 그들은 목표고객에게 매력적인 유인 메뉴는 물론이고 충분한 수익성을 달성하는 메뉴와 정크푸드라는 인식을 개선하기 위한 메뉴 등의 조화를 통하여 지금에 이르렀다. 특히 최근에는 다양한 국가의 상권에서 소비자의 욕구에 적합한 전략적인 메뉴를 지속적으로 출시함으로써 성공적인 성과를 보이고 있다. 대표적인 사례로 아침시장을 공략하기 위한 맥모닝, 음료시장을 공략하기 위한 맥카페, 배달시장을 공략하기 위한 맥딜리버리, 자동차를 이용하여 이동하는 고객을 위한 맥드라이브 등을 들 수 있다.

이 외에도 맥도날드가 오랜 시간 고객들로부터 사랑을 받을 수 있었던 메뉴 구성 전

최적의 구성을 이룬 메뉴 포트폴리오

목표고객에게 매력적인 유인 메뉴	충분한 수익성을 달성할 수 있는 제품	정크푸드라는 부정적인 인식을 개선하기 위한 구색용 제품

최근에는 다양한 상권과 소비자의 특성에 맞추기 위한 전략적인 메뉴를 지속적으로 개발하여 시장에서 성공적인 성과를 올리고 있음

아침용 맥모닝

커피를 판매하는 맥카페

배달을 위한 맥딜리버리

자동차에서 즉시 구매가 가능한 맥드라이브

그림 2-10 맥도날드의 메뉴 포트폴리오 사례 1

구분		수익성	
		높음	낮음
대표성	높음	판매용(프렌치프라이)	홍보용(햄버거, 아이스크림)
	낮음	수익용(음료수)	구색용(샐러드)

그림 2-11 **맥도날드의 메뉴 포트폴리오 사례 2**
자료 : 홍성태(2012). 모든 비즈니스는 브랜딩이다. 쌤앤파커스

략은 대표성과 수익성을 고려한 적절한 포트폴리오에서 찾을 수 있다. 〈그림 2-11〉에서 보는 바와 같이 맥도날드는 대표성이 높으면서 수익성도 높은 메뉴를 비롯하여 대표성은 높지만 수익성이 낮은 홍보용 메뉴도 가지고 있다. 또한 대표성은 낮으면서 수익성이 높은 수익용 메뉴는 물론이고 대표성과 수익성 모두 낮지만 구색을 맞추어 고객들의 인식에 좋은 영향을 미치는 전략도 적절하게 활용하고 있다.

3) 메뉴의 전문성과 다양성

외식업체의 메뉴 계획에서 고려해야 할 주요한 요소로 전문성이 있다. 소비자들은 다양한 메뉴를 취급하는 외식업체보다는 전문성이 높아 보이는 외식업체를 선호하고 신뢰한다. 다만 전문화된 외식업체는 목표고객의 수가 적어서 충분한 매출을 일으키는 데 많은 시간이 소요되거나 매출액의 한계로 성장에 제한을 받을 가능성이 크다. 이러한 전문점의 단점을 극복하기 위하여 외식업체들은 전문점의 외형을 유지하면서 실질적으로는 메뉴의 다양성을 넓히고 있다. 예를 들면 스파게티 전문점은 스파게티라는 하나의 메뉴를 주로 판매하지만 소스와 토핑재료를 다양화함으로써 많은 고객들의 취

메뉴의 다양성				
부대찌개	해군부대찌개	육군부대찌개	공군부대찌개	
설렁탕	특설농탕	박세설농탕	만두설농탕	
야채김밥	멸치김밥	모듬김밥	치즈김밥	쇠고기김밥
해물칼국수	김치칼국수	바지락칼국수	닭칼국수	팥칼국수
김치찌개	참치김치찌개	돼지김치찌개	7분김치찌개	꽁치김치찌개
해물스파게티	카르보나라	미트소스스파게티	알리오 올리오	봉골레

그림 2-12 **메뉴의 전문성과 다양성**

향을 맞추고, 오므라이스 전문점도 마찬가지 형태로 경쟁하고 있다. 이외에도 카레 전문점 등이 비슷한 형태로 전문점의 성격과 다양성을 동시에 추구하여 성공적인 경영을 하고 있다.

이러한 전략을 좀 더 체계적으로 정리하면 다음과 같다.

- 메뉴의 수를 늘리는 경우 발생하는 부정적인 효과를 최소화하는 방법으로 고객이 만족할 수 있는 효과적인 메뉴 구성 전략을 찾아야 한다.
- 효과적인 메뉴 구성 방법으로는 메뉴의 수를 늘리기 위해 추가적으로 발생하는 비용을 줄이는 전략을 이용하는 것이 좋다.
- 메뉴의 다양성을 활용하며 메뉴의 수를 늘리게 되면 보다 적은 비용으로 메뉴의 수를 늘리는 효과를 얻을 수 있다.

메뉴는 전문성과 다양성이 적절한 조화를 이루어야 고객 만족과 수익성을 동시에 달성할 수 있음

전문성을 유지하면서 다양성을 강화하는 전략은 메뉴의 가격에도 큰 영향을 미친다. 예를 들어 〈그림 2-13〉과 같이 칼국수 전문점부터 스파게티 전문점까지 주로 국수류를 판매하는 점포를 조사해 보면, 다양성이 가격에 미치는 영향을 확인할 수 있다.

메뉴의 전문성과 다양성이 가격에 미치는 영향

칼국수 전문점

우동 전문점

베트남 쌀국수 전문점

스파게티 전문점

국수라고 다 같은 국수일까요?

그림 2-13 **메뉴의 다양성이 가격에 미치는 영향 사례**

〈그림 2-14〉는 '전국맛집 TOP 1000' 앱에서 유명 칼국수 전문점을 검색한 결과이다. 칼국수 전문점은 3가지의 칼국수 메뉴가 있으며, 가격은 7,000원부터 8,000원까지의 범위를 가지고 있다.

칼국수 전문점에 이어서 우동 전문점을 검색한 결과는 〈그림 2-15〉와 같다. 우동 메뉴는 냉우동 카테고리에만 13가지가 있다. 가격은 7,000원부터 12,000원까지로 칼국수

- 칼국수 메뉴 : 3가지
- 가격 : 7,000~8,000원

- 우동 메뉴 : 냉우동만 13가지
- 가격 : 7,000~12,000원

그림 2-14 **칼국수 전문점의 가격 수준 사례**
자료 : 전국맛집 TOP 1000(http://mtop1000.com)

그림 2-15 **우동 전문점의 가격 수준 사례**
자료 : 전국맛집 TOP 1000(http://mtop1000.com)

- 쌀국수 메뉴 : 12가지
- 가격 : 9,000~13,500원

- 스파게티 메뉴 : 14가지
- 가격 : 8,500~15,500원

그림 2-16 쌀국수 전문점의 가격 수준 사례

자료 : 전국맛집 TOP 1000(http://mtop1000.com)

그림 2-17 스파게티 전문점의 가격 수준 사례

자료 : 전국맛집 TOP 1000(http://mtop1000.com)

전문점에 비하여 메뉴의 다양성과 가격의 범위가 넓게 나타났다.

쌀국수 전문점을 검색한 결과는 〈그림 2-16〉과 같다. 쌀국수 메뉴가 12가지이며, 가격은 9,000원부터 13,500원까지 있다.

마지막으로 스파게티 전문점의 메뉴를 살펴보자. 14가지의 스파게티 메뉴는 국수 전문점 중에서 가장 다양함을 알 수 있다. 가격의 폭도 8,500원부터 15,500원까지 가장 넓게 분포되어 있다.

전문성을 가진 외식업체 메뉴의 다양성은 고객들에게 어떤 인식을 줄 수 있을까? 국수류를 판매하는 일부 외식업체의 현황만으로 메뉴의 전문성과 다양성이 보여주는 결과를 단정짓기는 어렵다. 그럼에도 불구하고 메뉴의 전문성과 다양성이 우리에게 어떤 시사점을 던져 줄 수 있는지에 대해서는 확인할 수 있다.

학습요약

➊ 메뉴 계획

외식업체의 이익극대화가 가능하도록 목표고객에게 제공할 메뉴를 종합적으로 검토하는 과정이다.
- 목표고객 : 고객의 니즈(needs)를 충족시킬 수 있어야 한다.
- 업체 : 생산 가능하고 높은 수익성을 달성할 수 있어야 한다.
- 직원 : 음식을 고객에게 즐겁게 제공할 수 있어야 한다.

➋ 메뉴 분류
- 제공기간에 따른 구분 : 고정 메뉴, 순환 메뉴, 임시 메뉴
- 가격과 내용에 따른 구분 : 정식 메뉴, 일품 메뉴, 결합 메뉴
- 기타 분류 : 국적에 의한 분류, 식사 시간에 따른 분류, 한식을 위한 분류 등
- 메뉴는 외식업체의 업태별로 다양한 특징을 가진다.

➌ 메뉴 구성
- 대표 메뉴부터 보조 메뉴, 주력 메뉴, 유인 메뉴, 임시 메뉴까지 체계적인 구성을 갖추어야 경쟁력을 가진다.
- 대표성, 수익성을 고려하여 두 변수 간의 조화가 이루어지도록 해야 다양한 소비자를 유인하고 만족시키면서 수익성도 확보할 수 있다.
- 전문성과 다양성이 적절한 조화를 이루어야 고객 만족과 수익성을 동시에 달성할 수 있다.

연습문제

1 자신이 자주 가는 외식업체 중 3곳의 메뉴북(menu book)을 조사한 후(사진 촬영), 각각의 메뉴들을 고정 메뉴, 순환 메뉴, 임시 메뉴로 구분하고 비교·평가해 보기 바랍니다.

2 위에서 조사한 점포의 메뉴가 체계적으로 구성되어 있는지 대표 메뉴, 주력 메뉴, 보조 메뉴, 임시 메뉴, 유인 메뉴 등을 도표화하고 비교·평가해 보기 바랍니다.

3 그 외에 대표성과 수익성의 조화, 전문성과 다양성의 조화를 비교·평가해 보기 바랍니다.

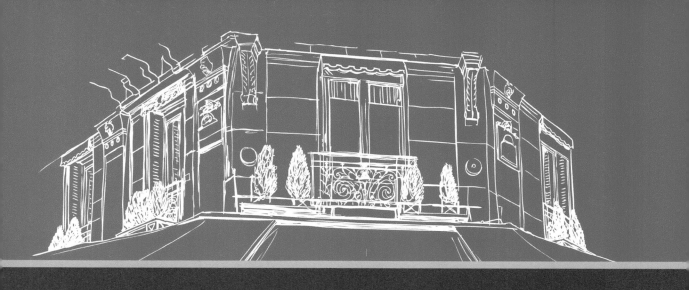

3장

메뉴 개발 및 개선

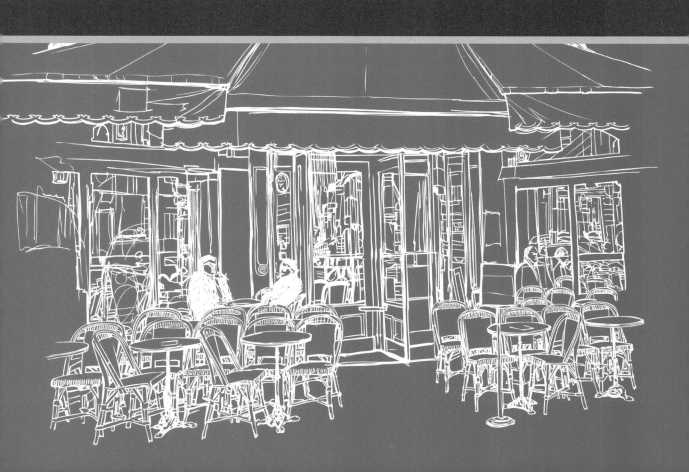

메뉴 계획 과정이 국내외 외식 메뉴를 전반적으로 검토하고 환경 분석과 외부고객 (소비자) 관점 분석, 내부고객(직원) 관점 분석, 경영자 관점 분석을 통하여 성공 가능한 메뉴가 갖추어야 할 속성을 정리하는 산업 중심의 작업이었다면, 메뉴 개발 및 개선 단계는 외식업체의 경영자가 메뉴 계획을 근거로 실제 자신의 점포에서 판매 가능한 메뉴를 개발하거나 기존의 메뉴를 개선하는 점포 중심의 작업이다. 그리고 메뉴 개발과 개선 작업은 창업 초기뿐만 아니라 점포의 운영과정에서도 지속적으로 이루어져야 한다.

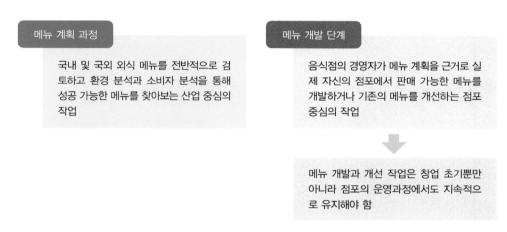

그림 3-1 **메뉴 계획과 메뉴 개발의 차이점**

메뉴 개발은 메뉴 콘셉트 설정과 개발전략 수립을 통해 메뉴 카테고리와 메뉴 수를 결정하고 메뉴의 차별성과 대중성을 확보하는 순서로 이루어지는 것이 일반적이다. 이에 대한 구체적 순서와 내용을 살펴보기로 한다.

그림 3-2 **메뉴 개발 프로세스**

1 메뉴 콘셉트 설정

프랜차이즈 창업이 아닌 독립 창업의 경우 메뉴 개발은 성공을 좌우하는 매우 중요한 단계이다. 자신이 창업하여 경영하는 음식점에서 어떤 음식을 어떻게 판매할지 결정하는 일은 생각처럼 쉽지 않다. 설렁탕 전문점과 같이 단일품목의 메뉴만을 제공하는 경우가 아니라면 메뉴 결정을 단순하게 생각해서는 곤란하다. 메뉴 콘셉트의 설정부터 메뉴의 구성, 가격 결정, 식재료 구입에 이르기까지 메뉴 개발은 매우 포괄적인 작업이다.

그림 3-3 **메뉴 콘셉트의 중요도 차이**

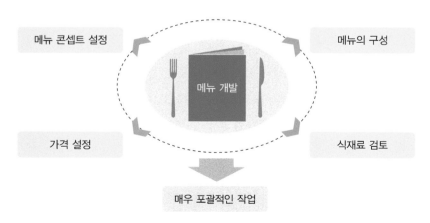

그림 3-4 **포괄적인 메뉴 개발 작업**

1) 메뉴 콘셉트의 정의

외식업체 창업을 위해 경영자가 가장 먼저 해야 할 일은 점포의 콘셉트를 정하는 단계이다. 메뉴의 콘셉트는 점포의 콘셉트와 조화를 이루어야 하므로 메뉴를 개발하기 위한 선행단계로써 점포의 콘셉트가 명확하게 설정되어야 한다.

메뉴 콘셉트란 자신의 음식점에서 목표고객에게 '어떤 음식과 음료를 어떠한 스타일로 제공할 것인가를 결정하는 일'이다. 따라서 음식점의 메뉴를 정하기 위해서는 먼저 메뉴 콘셉트를 결정하는 것이 필요하다. 메뉴 콘셉트라는 것은 점포의 콘셉트와 관련하여 '메뉴 전체의 방침과 범위를 명확하게 정하기 위한 과정'이다.

- 어떤 메뉴를 어떻게 개발할지에 대한 방향성
- 목표고객에게 음식과 음료를 어떠한 스타일로 제공할 것인지를 결정하는 일
- 메뉴 전체의 방침과 범위를 명확하게 하기 위한 과정

그림 3-5 **메뉴 콘셉트의 정의**

결과적으로 메뉴 콘셉트는 상권에 존재하는 목표고객에게 어떤 음식을 판매할지를 결정하는 일로써 단일 메뉴로 승부할지 또는 다양한 메뉴로 승부할지를 결정하는 것을 포함한다.

예를 들면 어떤 음식점의 점포 콘셉트가 20대의 젊은 층이 동료, 선후배 또는 연인

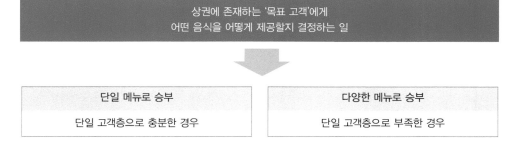

상권에 존재하는 '목표 고객'에게
어떤 음식을 어떻게 제공할지 결정하는 일

단일 메뉴로 승부	다양한 메뉴로 승부
단일 고객층으로 충분한 경우	단일 고객층으로 부족한 경우

그림 3-6 **메뉴 콘셉트의 확장**

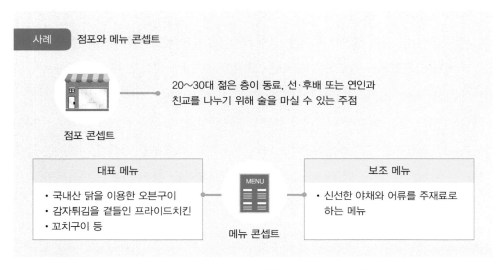

그림 3-7 **점포 콘셉트에 부합하는 메뉴 콘셉트 사례**

과 친교를 나누기 위해 술을 마실 수 있는 주점이라면 메뉴를 국내산 닭을 이용한 오븐구이치킨으로 단일화하는 것을 생각할 수 있다. 다만 고객층이 좀 더 다양해야 충분한 매출이 가능하다고 판단되면, 신선한 채소 샐러드와 감자튀김을 곁들인 프라이드치킨, 꼬치구이 등의 다양한 메뉴를 선보일 수 있다. 메뉴의 콘셉트를 결정할 때는 고객층의 욕구에 맞추어 메뉴의 특징을 명확히 하는 것이 무엇보다 중요하다.

기존의 경쟁점이나 인기 있는 점포의 메뉴를 그대로 카피하기보다는 자신만의 메뉴 콘셉트를 정함으로써 한층 더 매력 있는 점포를 만들 수 있다. 상황에 따라서 창업자는 이미 정해진 메뉴 콘셉트에 기초하여 역으로 점포의 콘셉트를 도출하는 경우도 있다. 다만 메뉴의 콘셉트를 설정하는 데 있어서 자신이 목표로 하는 고객이 무엇을 원하는지보다 자신이 무엇을 팔고 싶은가를 우선시해서는 안 된다. 이러한 메뉴의 콘셉트는 사업을 위한 설정이라기보다는 자신만을 위한 음식점 만들기가 되어 실패할 가능성이 높아진다.

메뉴 콘셉트가 아직 확실히 정해지지 않았다고 실망할 필요는 없다. 특별한 아이디어가 없다고 기존의 음식점들이 추구하는 콘셉트를 그대로 답습하기보다는 다양한 음

> • 고객들이 어떤 음식점인지 쉽게 이해하고, 시험 구매를 결정할 수 있어야 함
> • 구매 후에는 높은 만족도로 인하여 재구매와 구전이 일어날 수 있게 명확해야 함

그림 3-8 **메뉴 콘셉트를 설정할 때 고려사항**

식과 음료를 정리하면서 점포의 콘셉트와 어울리는 메뉴 콘셉트를 지속적으로 고민해
보는 것이 훨씬 현명한 일이다.

2) 메뉴 콘셉트 설정

음식점 창업자는 목표고객이 명확하게 정해진 상태에서 점포 콘셉트를 설정하게 된다.
그 이후 점포 콘셉트와 적절하게 조화를 이루는 메뉴 콘셉트를 정하는 것이 중요하다.
메뉴 콘셉트는 고객들이 어떤 음식점인지 쉽게 이해하고 시험 구매를 결정할 수 있어
야 하며, 구매 후에는 높은 만족도로 인하여 재구매와 구전이 일어날 수 있도록 명확하
게 설정되어야 한다.

예를 들어 점포 콘셉트가 '지역주민을 대상으로 어디서도 맛볼 수 없는 밀도 있는 식
감, 껍질까지 맛있는 식빵으로 행복을 느끼게 만드는 식빵 전문점'이라면 〈그림 3-9〉와
같은 상호와 메뉴 콘셉트를 설정해 볼 수 있다.

24시간 숙성 후 한정 수량을 당일 생산하여 당일 판매하는 것을 모토로 하는 식빵
전문점 밀도는 메뉴 콘셉트를 '청정지역 유기농 밀가루 브랜드로 그날의 온도와 습도까
지 세심하게 고려하여 매일매일 따뜻하게 구워내는 식빵'으로 설정하고 이를 구현하기
위한 메뉴의 유형으로 '밀도식빵, 미니식빵, 큐브식빵'을 제시하고 있다.

음식점 콘셉트

지역 주민을 대상으로 어디서도 맛 볼 수 없는 밀도 있는 식감, 껍질까지 맛있는 식빵으로 행복을 느끼게 만드는 식빵 전문점

상호 : 밀도

24시간 숙성 후 한정 수량을 당일 생산, 당일 판매

메뉴 콘셉트

청정지역 유기농 밀가루 브랜드로 그 날의 온도와 습도까지 세심하게 고려하여 매일매일 따뜻하게 구워내는 식빵

메뉴 유형(type)

밀도식빵, 미니식빵, 큐브식빵

그림 3-9 **메뉴 콘셉트 설정 사례**

자료 : 밀도 홈페이지(http://www.mealdo.co.kr)

어떤 메뉴를 개발할 것인가(서비스 포함)?

- 기존 시장의 기존 상품인가?
- 기존 시장의 신상품인가?
- 신시장의 기존 상품인가?
- 신시장의 신상품인가?

메뉴는 카테고리와 명확한 목적을 가지고 있는가?

- 시그니처 메뉴, 대표 메뉴가 있는가?
- 이익 창출이 가능한 주력 메뉴가 있는가?
- 주력 메뉴가 저렴하게 보이도록 만드는 유인 메뉴가 있는가?
- 가격에 민감한 고객을 위한 유인 메뉴가 있는가?
- 의사결정에 영향을 미치는 고객을 위한 보조 메뉴가 있는가?
- 영업 효율을 높이는 확장 메뉴가 있는가?

그림 3-10 **메뉴 콘셉트를 설정하기 위한 체크리스트**

추가로 이와 같은 메뉴 콘셉트를 설정할 때는 〈그림 3-10〉과 같은 내용의 체크리스트를 활용한다. 그리고 가장 먼저 어떤 메뉴를 개발하는 것이 좋을지를 판단하고, 이어서 메뉴의 역할과 목적을 정하는 식으로 진행한다.

3) 명확한 콘셉트의 전달

짬뽕 전문점을 표방하는 음식점에서 짜장면, 울면, 기스면 등의 다양한 메뉴를 판매하면 명확한 메뉴 콘셉트가 있다고 주장하기 힘들다. 이런 경우 짬뽕 전문점이라기보다는 중식 전문점이 오히려 적합한 상호가 될 것이다. 이러한 점포는 점심시간에 근처에서 근무하는 직장인이나 한 끼 식사를 해결하기 위해 이용하는 사람은 있을지라도 특별히 멀리서 이 점포의 음식을 먹기 위해 찾아오는 고객은 거의 없을 것이다. 짬뽕 전문점이 멀리서도 찾아오는 음식점으로 성공하기 위해서는 대표 메뉴인 짬뽕과 보완 메뉴인 탕수육 정도만으로 전문성을 강화하여 명확한 콘셉트를 전달할 수 있어야 한다. 물론 짬뽕 메뉴를 다양화하는 것은 가능하다.

2 메뉴 개발 전략

메뉴 개발 전략은 메뉴 계획단계에서 살펴보았던 메뉴의 분류와 구성 등을 활용하고 전문성과 다양성을 충족하는 대체적 계획을 근거로 경쟁에서 이길 수 있는 구체적 방법을 고안하는 단계이다. 기업에서의 전략이란 '경쟁에서 이기기 위한 방법'으로 정리할 수 있다. 경영학에서 기존의 많은 전략들이 소개되고 있지만 본교재에서는 메뉴를 개발하기 위한 전략으로 마이클 포터의 본원적 전략을 메뉴 개발을 위한 전략수립에 활용하고자 한다. 따라서 본원적 전략의 핵심 아이디어인 "모든 고객을 위한 모든 메뉴"

원가우위로
승부할 것인가?

차별화로
승부할 것인가?

막연한 기대만으로 메뉴를 결정하는 것은 곤란함

그림 3-11 **메뉴 개발 전략의 선택**

로는 치열한 경쟁시장에서 생존할 수 없음을 전략 수립의 근간으로 활용한다. 외식업체의 메뉴 개발을 위한 전략으로써 낮은 원가로 넓은 시장을 추구하는 '원가우위 전략', 차별화로 넓은 시장을 추구하는 '차별화 전략'을 선택할 수 있다. 즉 외식업체의 성공을 위해 메뉴의 원가우위를 통한 경쟁을 시도할지, 아니면 차별화된 메뉴를 이용하여 경쟁에서 이기는 수단으로 활용할지 메뉴 개발 전에 결정할 필요가 있다.

국내의 예를 들면 삼겹살 전문점 중에서 낮은 가격을 경쟁의 수단으로 활용하는 '원가우위 전략'을 종종 발견하게 된다. 하지만 이러한 음식점들은 단기간의 유행에 그치고 소멸되는 경우가 많다. 이것은 진정한 원가우위를 달성하지 못하기 때문이다. 원가우위를 달성하기 위한 전제조건은 동일한 품질의 메뉴를 경쟁사보다 현격하게 저렴한 가격으로 제공할 수 있어야 한다. 그래야만 소비자가 높은 가치를 느끼고 지속적으로 구매해주기 때문이다. 여기서 현격한 가격 차이란 30% 이상 저렴한 상태를 의미한다.

이외에도 메뉴 개발 전략단계에서는 메뉴 개발 관련 아이디어가 상품으로 얼마만큼의 가치를 창출할 수 있는지를 분석하여야 한다. 즉 미래 시점에서의 상품가치를 예측하기 위해서는 상품으로서의 잠재력, 비용, 이익을 사전에 측정하여 분석하는 과정이 필요하다.

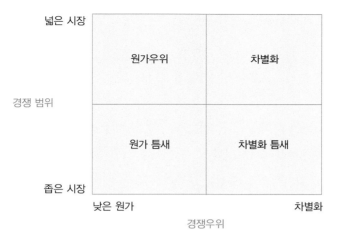

그림 3-12 **마이클 포터의 경쟁전략**

3 메뉴의 수와 카테고리 분류

성공하는 음식점이 되기 위해서는 몇 가지 종류의 메뉴가 있어야 할까? 창업을 위해 메뉴의 수를 고민하는 것은 매우 중요하다. 성공한 음식점 중에는 메뉴의 수가 단 하나뿐인 전문점이 있는가 하면, 수없이 많은 메뉴를 취급하는 곳도 있다. 경우에 따라서는 계절에 따라 메뉴가 지속적으로 변화하는 곳도 있다.

메뉴의 수를 결정한다는 것은 크게 두 가지 경우로 나누어 볼 수 있다. 첫 번째는 매우 전문적인 경우이다. 예를 들면, 설렁탕 전문점에서는 하나의 설렁탕 메뉴만을 판매한다. 두 번째는 다양성을 추구하는 경우이다. 예를 들면, 분식점이나 푸드코트 등에서는 김밥, 라면, 떡볶이, 순두부찌개, 김치찌개 등 다양한 메뉴를 판매한다. 성공적인 외식창업을 위해서는 메뉴의 수를 사전에 결정하는 과정이 필요하다. 일단 메뉴의 항목 수를 정해서 전체의 틀을 만들고, 이를 기초로 카테고리를 만들어서 고객이 점포의 메뉴 콘셉트를 쉽게 이해할 수 있어야 한다.

1) 메뉴의 수

메뉴를 개발함에 있어서 가장 기본으로 삼아야 할 핵심과제는 '메뉴의 카테고리는 적게 메뉴의 수는 적정하게' 하는 것이다. 메뉴 콘셉트가 정해지면 다음으로 메뉴 전체의 수를 정해야 한다. 일반적으로 자신이 생각하는 음식점의 콘셉트를 기준으로 경쟁업체의 메뉴를 그대로 복제하여 메뉴를 구성하는 경우가 많다. 하지만 이런 식의 창업은 차별성을 추구하기 어렵고 자신만의 특징을 제시하지 못하는 단점이 있다.

메뉴의 항목 수를 정할 때는 음식과 음료의 유형을 기준으로 카운트해서는 안 된다. 예를 들면 치킨햄버거 세트와 치킨햄버거 단품 메뉴가 있을 경우 햄버거의 수는 1개가 아니라 2개가 된다. 음료의 경우도 콜라 대, 중, 소가 있다면 메뉴의 수는 1개가 아니라 3개가 된다. 점심에 5,000원에 판매하는 칼국수가 동일한 메뉴라도 저녁에 7,000원으로 판매한다면 메뉴의 수는 2개가 된다. 이와 같이 메뉴의 수를 세는 이유는 고객의 입장에서 다른 가격의 상품은 별개의 상품으로 인식하기 때문이다. 이런 관점에서 본다면, 롯데리아와 같은 햄버거 전문점의 메뉴 수는 생각보다 많다는 것을 알 수 있다. 전문성을 가지면서도 고객들에게 다양한 선택을 제공하고 있는 것이다.

성공적인 음식점 창업을 위해서 메뉴의 카테고리는 적으면 적을수록 좋고, 가능하면 메뉴의 수는 적정하게 정하는 것이 성공의 기본 원칙이다. 다만 메뉴의 카테고리를 줄

> **메뉴의 수를 세는 방법**
> 메뉴의 항목 수는 단품 음식과 음료만을 세는 것이 아니고, 다른 사이즈의 같은 음료는 물론이고 세트와 단품도 각각 별개의 항목으로 세도록 한다. 즉, 동일한 음료라도 사이즈가 다르면 다른 메뉴로 간주하고, 세트 메뉴는 하나의 메뉴로 간주하지만 세트를 구성하는 메뉴를 개별적으로도 판매한다면 다른 메뉴로 간주한다.

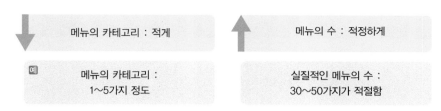

그림 3-13 **메뉴의 카테고리와 메뉴의 수**

이면서 고객이 다양한 선택을 할 수 있도록 구성하는 노력도 필요하다.

적절한 메뉴의 카테고리를 정하려면 어떻게 해야 할까? 메뉴의 카테고리가 너무 적으면 고객들은 상품구색에 만족하지 못할 수도 있다. 특히 자주 이용하는 고객의 경우 항상 동일한 메뉴에 싫증을 느끼고 점포 이용을 포기할 수도 있다. 고객에게 항상 선택하는 즐거움을 줄 수 있어야 한다. 메뉴 카테고리를 적게 하여 전문성을 나타내는 것도 중요하지만 메뉴의 수가 지나치게 적어도 안 되고 그렇다고 너무 많아도 안 된다. 적절한 메뉴의 수를 정하기는 어렵지만, 초보자의 경우라면 동일한 업태와 동일한 규모의

적절한 메뉴의 카테고리와 수를 정하려면 어떻게 해야 할까?

- 메뉴의 카테고리가 매우 적은 경우
- 고객들은 상품 구색에 만족하지 못할 수 있음
- 특히 자주 이용하는 고객이라면 항상 동일한 메뉴에 싫증을 느끼고 점포 이용을 포기할 수도 있음
➡ 고객에게 항상 선택하는 즐거움을 줄 수 있어야 함

- 메뉴의 수를 정하는 방법

| 메뉴 카테고리를 적게 하여 전문성을 나타내는 것도 중요하지만 메뉴의 수가 지나치게 적으면 곤란함 | VS. | 메뉴가 지나치게 많아도 안 됨 |

적절한 메뉴의 수를 정하기는 어렵지만, 초보자라면 동일한 업태와 동일한 규모의 경쟁업체를 조사하여 경쟁 점포보다 많지 않도록 주의를 기울여야 함

그림 3-14 **메뉴의 카테고리와 메뉴의 수 설정 시 고려사항**

음료(98)	푸드(137)	상품(118)	카드(78)	케이크 예약(5)
① 브로드 커피(2)	① 베이커리(26)	① 머그(33)	① 실물 카드(23)	① 케이크(5)
② 에스프레소(21)	② 케이크(34)	② 플라스틱 텀블러(32)	② E-Gift 카드(55)	
③ 프라푸치노(14)	③ 샌드위치 & 샐러드	③ 스테인리스 텀블러		
④ 블렌디드음료(8)	(28)	(25)		
⑤ 스타벅스 파지오(6)	④ 따뜻한 푸드(4)	④ 보온병(9)		
⑥ 티(32)	⑤ 과일 & 요거트(6)	⑤ 액세서리(3)		
⑦ 기타 제조 음료(5)	⑥ 스낵 & 미니 디저	⑥ 커피 용품(12)		
⑧ 스타벅스 주스	트(26)	⑦ 스타벅스 플래너(4)		
(병 음료)(10)	⑦ 아이스크림(12)			
	⑧ 기타 푸드(1)			
음료군 8개 카테고리	푸드군 8개 카테고리	상품군 7개 카테고리	카드군 2개 카테고리	예약 케이크군 1개 카테고리

전체 메뉴는 5개군, 26개 카테고리, 436개 메뉴로 구성

그림 3-15 **스타벅스의 메뉴 카테고리와 메뉴 수**

자료 : 스타벅스 홈페이지(2016)

버거(17)	세트(18)	맥런치(13)	맥모닝(18)	행복의 나라(20)
① 빅맥 외 16	① 빅맥 세트 외 17	① 불고기 버거 세트 외 12	① 단품(9) ② 콤보 & 세트(9)	① 아침(4) ② 버거(3) ③ 음료(6) ④ 간식 & 디저트(7)
해피밀(20)	스낵사이드(18)	맥카페(43)	음료(10)	디저트(14)
① 아침 메인(5) ② 오후 메인(4) ③ 아침 사이드(2) ④ 오후 사이드(2) ⑤ 음료(7)	① 맥윙(3) ② 맥너겟(4) ③ 맥스파이시(3) ④ 치킨팩(3) ⑤ 사이드(4) ⑥ 아침 사이드(1)	① 원두(2) ② 에스프레소(8) ③ 바리스타(33)	① 콜라 외 9	① 아이스크림콘 외 13

전체 메뉴는 10개군, 20개 카테고리, 191개 메뉴로 구성

맥딜리버리는 2개군, 12개 카테고리, 151개 메뉴로 구성

그림 3-16 **맥도날드의 메뉴 카테고리와 메뉴 수**

자료 : 맥도날드 홈페이지(2016)

경쟁업체를 조사하여 경쟁점포보다 많지 않도록 주의를 기울여야 한다.

일반적으로 전문점의 경우 메뉴의 카테고리는 1~5가지 정도이면서 실질적인 메뉴의 수는 30~50가지를 취급하는 경우가 많다. 예를 들어 스파게티 전문점의 경우 스파게티, 피자가 주력 메뉴 유형이지만 메뉴의 수를 세어보면 스파게티가 20여 종, 피자가 10여 종 이상이어서 음료까지 포함하면 총 메뉴의 수는 50여 가지가 됨을 알 수 있다. 따라서 소규모 카페와 주점 등에서도 메뉴의 수가 30~50가지 전후가 무리 없이 취급하는 범위임을 알 수 있다.

종종 메뉴의 수가 많은 것이 많은 손님을 부를 것 같다고 생각하는 경우가 있다. 하지만 모든 고객을 위한 모든 상품으로 성공한 사례는 많지 않다. 백화점식의 음식점은 대부분 고객들로부터 외면받기 쉽다. 예를 들어 10가지 전후의 메뉴밖에 없는 짬뽕 전문점에 손님이 길게 줄을 서서 기다리는 광경은 볼 수 있어도 모든 중국음식을 취급하는 중국음식점에 줄을 서서 기다리는 경우는 거의 없다. 전문점에서는 대다수의 손님이 주문하는 대표 메뉴가 정해져 있기 때문에 메뉴를 늘릴 필요가 없다. 카테고리 수가 적으면 하나하나의 상품에 정성을 들일 수가 있어서 경쟁력도 더욱 높아진다. 전문화가 되면 같은 재료를 대량으로 사용함으로써 원가의 효율도 높아진다. 그 때문에 상품의 만족도도 당연히 높아진다. 목표고객을 대표 메뉴로 공략하는 것이 외식사업에 있어서의 성공법칙이다.

특히 창업 초기에는 적은 카테고리의 메뉴로 시작하여 필요에 따라서 메뉴의 수를 늘려가는 방법도 고려해 볼 수 있다. 〈그림 3-15, 16〉과 같이 스타벅스와 맥도날드는 메뉴가 지속적으로 늘고 있지만, 실제 매장에서는 30~50가지의 메뉴만 제시하고 있다.

2) 카테고리 결정

메뉴의 카테고리를 결정한다는 것은 조리방법별, 식재료별 또는 고객의 이용 목적별로 메뉴를 분류하는 행위이다. 메뉴의 수가 정해지면 다음으로 이 메뉴를 고객들에게 보여주기 위한 메뉴북을 만들게 되는데 보통 메뉴북에서 음식은 카테고리별로 제시한다.

우선 메뉴의 전체 수를 대략적으로 정한다. 그리고 메뉴 콘셉트를 검토할 때에 작성한 메뉴를 근거로 메뉴의 카테고리 분류를 생각한다. 예를 들면, 음식점의 경우 애피타이저, 메인메뉴, 디저트, 음료 등으로 분류할 수도 있고, 주점의 경우라면 주류, 찌개류, 튀김류, 마른안주류 등으로 구분할 수도 있다. 그 외 구이류, 찜류, 튀김류, 볶음류와 같이 조리 방식별 카테고리도 있으며, 고기요리, 해물요리와 같이 식재료별 카테고리, 점심용, 저녁용, 연인용, 가족용과 같이 이용목적별로 카테고리를 분류하는 방법도 있다. 음식점의 메뉴는 이러한 카테고리를 조합하여 만들어지고 있다.

메뉴북에서 음식을 분류하는 카테고리는 마치 책의 차례와 같은 역할을 한다. 지금까지 본 책 중에서 차례가 없는 책을 본 일이 있는가? 만약 어떤 책에 차례가 없다면 어떠한 내용이 어떠한 흐름으로 쓰여 있는지를 알 수 없어서 책의 구매를 망설이게 될 것이다. 메뉴북도 이와 같이 펼쳤을 때 한눈에 들어오는 카테고리에 의해 일목요연하게 정리되어, 점포에서 어떠한 음식과 음료를 어떠한 스타일로 제공하고 있는가를 알 수 있게 만들어야 한다.

성공적인 음식점의 창업을 위해서는 목표고객층에게 한눈에 어필할 수 있는 카테고리를 여러 가지로 검토해 보아야 한다. 카테고리가 정해지면 각각의 카테고리별로 몇 개의 메뉴를 넣을지 생각한다. 하나의 카테고리에 들어갈 적절한 메뉴 수는 평균적으로 3~10개이다. 메뉴가 단 하나뿐인 경우에는 일부러 카테고리를 만들 필요가 없다. 하나의 카테고리에 메뉴가 10개를 초과하면 손님이 선택하기 힘들 수 있으므로 너무 많은 메뉴를 카테고리에 넣으려고 하지 않는 것이 좋다.

3) 카테고리에 메뉴 맞추기

카테고리를 고민하다 보면 메뉴의 구성에 대한 윤곽이 보이기 시작한다. 카테고리가 확정되면 여기에 자신이 지금까지 생각했던 구체적인 요리와 음료를 적용시켜 본다. 그러면 각 카테고리별 메뉴의 수가 남기도 하고 모자라기도 한다. 예를 들어 어떤 카테고리에는 메뉴 수가 15개가 되어 초과되기도 하고 어떤 카테고리에는 2개가 모자라기도 한다. 또한 가격의 균형도 생각해야 한다. 자신이 목표로 설정한 객단가를 고려하여 메뉴를 구성한다. 이러한 다양한 점을 조정해서 새로운 음식이나 음료를 추가할 수도 있고, 기존의 메뉴를 삭제할 수도 있다. 또한 스타일을 바꾸어 별도의 카테고리에 옮기기도 한다. 어떤 경우는 분량을 변경해서 가격을 고쳐보기도 하면서 메뉴 전체를 완성해 나간다.

4 메뉴의 차별성과 대중성

메뉴를 개발하는 데 있어 지켜야 하는 원칙이 있다. 성공하는 외식업체의 메뉴는 일반적으로 두 가지 특성을 가지고 있다. 차별성과 대중성이다. 성공하는 외식업체가 되기 위한 좋은 메뉴는 차별성과 대중성의 적절한 조합에 의하여 탄생하는데, 이를 공식으로 만들어 보면 다음과 같다.

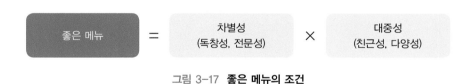

그림 3-17 **좋은 메뉴의 조건**

여기서 차별성이란 독창성 또는 전문성을 의미한다. 기존의 많은 외식업체에서 쉽게 접할 수 없는 유니크(unique)한 메뉴를 의미한다. 물론 이 세상에 전혀 존재하지 않았던 새로운 메뉴를 개발하는 것은 현실적으로 어렵다. 그럼에도 불구하고 외식업체가 성공하기 위해서 가장 필요한 것은 차별화된 메뉴를 개발하는 일이다.

대중성이란 친근함과 다양성을 뜻한다. 외식업체를 찾는 소비자는 너무 특이한 메뉴에 대한 두려움을 갖는다. 서울의 어떤 음식점 간판에 '돼지국밥 전문점'이란 브랜드가 붙었다고 생각해 보자. 서울에서는 친숙하지 않은 '돼지국밥'이란 메뉴명은 소비자들의 접근을 제한할 수 있다. "돼지국밥이 뭐지? 쇠고기국밥은 몰라도 돼지고기로 국밥을 끓이면 혹시 냄새가 나지는 않을까?" 등의 의심스런 눈초리를 보낸다. 순대국밥은 잘 먹으면서도 새로운 이름의 '돼지국밥'은 왠지 낯설고 두렵다. 소비자는 위험을 인식하고 구매를 꺼리게 된다.

그렇다면 차별성과 대중성 중 어느 부분에 더 큰 가치를 두어야 할까? 위 공식에서 차별성과 대중성이 곱셈의 형식을 띠고 있는 것으로 보아 어떤 하나라도 '0'이 된다면 결코 좋은 메뉴가 될 수 없음을 알 수 있다. 그 크기의 정도를 좀 더 구체적으로 이해할 수 있도록 매트릭스를 이용해 표현해 보기로 한다.

성공적인 메뉴를 설명하기 위하여 국수 메뉴를 사례로 들어 매트릭스에 표시하여 보았다. 〈그림 3-18〉에서 보는 바와 같이 1사분면의 메뉴는 차별성과 대중성이 모두 높은 메뉴를 보여주고 있다. 토핑국수는 기존의 일본 라멘을 기초로 토핑을 다양화함과 동시에 국내의 비빔면을 접목한 국수이다. 대중적인 인기와 함께 새로운 메뉴로서의 독창성으로 성공한 사례이다. 빠네파스타의 경우도 젊은 층이 선호하는 스파게티를 원형

그림 3-18 **메뉴의 차별성과 대중성에 기초한 매트릭스**

의 바게트에 접목하여 선풍적인 인기를 얻었다. 2, 3, 4분면의 메뉴들은 대중성은 높으나 차별성이 없는 메뉴 또는 그 반대의 경우인 음식들이다. 세분화된 시장에서 업력과 브랜드, 차별화된 맛으로 선전하는 업체들의 메뉴이기는 하지만 새롭게 창업하거나 기존의 어려움을 극복하기 위해 리뉴얼을 고려하는 경우 성공 가능성이 매우 낮은 메뉴임을 쉽게 알 수 있다.

좋은 메뉴는 차별적이면서 대중적이어야 한다. 따라서 완전히 새로운 창조보다는 오히려 좋은 메뉴를 모방하는 데서 시작하는 경우가 많다. 좋은 메뉴를 만드는 차별성은 완벽한 창조보다는 창의적 모방으로부터 시작한다. 무(無)에서 유(有)를 만들기보다는 유(有)에서 새로운 유(有)를 만드는 것이 안전하다. 사람의 세상에서 "완전히 새로운 것은 존재하지 않는다."고 한다. 기존의 것을 새롭게 만드는 방법을 사례로 들어 설명하면 다음과 같다.

첫째, 성공업체의 자료를 수집하고 롤모델을 선정한다. 모방대상으로서 성공이 검증된 업체를 찾는 것이다. 오리 코스요리 전문점, 쌈밥집, 중국요리에서의 계튀김 등은 한식 요리에서 육류 요리와 조화를 이룰 수 있는 롤모델을 적절하게 모방한 것이 성공요인으로 작용했다.

둘째, 롤모델에서 추가, 결합, 융합과 같은 양적인 변화를 시도한다. 단순한 모방에서 그치지 말고 더 발전적인 모방을 강구하는 것이 필요하다. 단순히 기존 메뉴를 코스화하는 것에 그치지 않고 애피타이저로 '계튀김 요리'를 제공하고 후식으로 '면 요리'와 '알밥'을 제공함과 동시에 수십 종의 '쌈'을 푸짐하게 제공함으로써 소비자의 호응을 얻을 수 있다.

셋째, 양적 변화에서 시스템, 수익성, 서비스와 같은 질적인 변화를 시도한다. 기존에 성공한 업체의 메뉴를 결합하여 전혀 다른 새로운 메뉴를 탄생시키는 것이다. 인천에 위치한 고기 코스요리 전문점으로 유명한 음식점이 있다. 원래 돼지갈비와 등심 등을 주로 판매하던 업체이지만 수지타산을 맞추기 어려워 리뉴얼을 시도하였다. 고기 전문점의 시설을 그대로 유지하면서 최소의 비용으로 수익성을 획기적으로 높이는 메뉴를 고려하던 중 기존의 고기 메뉴를 코스화하는 메뉴 제공 시스템의 변화를 시도하였다.

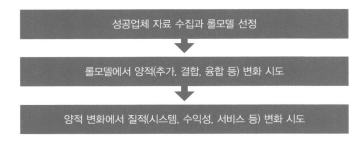

성공업체 자료 수집과 롤모델 선정
롤모델에서 양적(추가, 결합, 융합 등) 변화 시도
양적 변화에서 질적(시스템, 수익성, 서비스 등) 변화 시도

그림 3-19 **대중성과 차별성을 고려한 메뉴 개발 프로세스**

이상에서 살펴본 바와 같이 외식업체가 성공하기 위한 좋은 메뉴는 독창성과 대중성이 적절한 조화를 이룰 때 가능하다. 조화는 주관적인 것이므로 객관적으로 확인 가능한 기존의 성공모델을 찾아서 검증된 메뉴를 결합하거나 변형하여 새롭게 재탄생시킬 때 확실한 성공이 보장된다.

다만 한 가지 꼭 기억해야 할 유의사항이 있다. 현재는 차별적이고 독창적인 메뉴도 머지않은 시기에 대중화된 메뉴로 변질된다는 점이다. 일반적으로 성공적인 메뉴는 경쟁자의 벤치마킹 대상이 된다. 즉 모두가 도입하고 싶은 메뉴가 되고 곧 그 메뉴는 대중적인 메뉴가 된다. 따라서 지속적인 성공을 위해서는 시장 리더로서의 장점을 최대한 살려 브랜드 인지도를 높이고, 신규메뉴 개발에도 끊임없이 투자해야 한다.

외식업체의 메뉴는 영원한 승자가 없다는 점을 잊지 말아야 한다. 그래서 이런 종류의 메뉴로 인기를 끄는 프랜차이즈에 투자하면 단명하는 경우가 많다. 프랜차이즈 본

사례 독창적이면서 대중적인 메뉴 개발 사례

- 기존 중국집에서 인기가 있던 짬뽕을 전문화한 '홍콩반점0410'
- 국수의 토핑을 특화하고 쇠고기 초밥을 즉석화한 '셰프의 국수전'
- 갈비집에서 먹던 냉면을 결합한 '육쌈냉면'
- 길거리 음식인 떡볶이와 순대, 튀김을 전문화한 '죠스떡볶이'
- 베트남 쌀국수와 호주식 월남쌈을 특화한 '라이스페이퍼'

그림 3-20 **독창적이면서 대중적인 메뉴 개발 사례**

사는 새로운 메뉴를 지속적으로 개발하여 기존 브랜드에 접목하기보다는 새로운 브랜드로 사업하는 것이 더 큰 수익을 얻는다고 생각하기 때문이다.

5 신메뉴 개발 및 기존 메뉴의 개선

1) 신메뉴 개발

새로운 메뉴의 개발은 음식점 창업을 고려하는 경우뿐만 아니라 현재 운영되고 있는 음식점에서도 끊임없이 고민해야 하는 경영과정이다. 그것은 치열한 경쟁환경 속에서 지속적인 경쟁우위를 확보해야 하기 때문이고 또한 고객욕구 변화에 따른 메뉴수명주기가 단축되기 때문이다. 이전 단계까지는 문서와 생각으로 존재하던 아이디어를 실물로 제작하는 신메뉴 개발은 실물 제작의 문제점 등을 파악하고, 상품화되어 매장에 적용될 때의 문제점이 무엇인지 판단하여 수정·보완해야 한다.

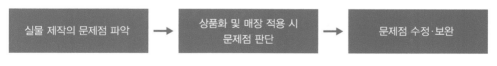

그림 3-21 **신메뉴 개발 시 고려사항**

그 외에도 신메뉴 개발은 마케팅의 일환이라고 볼 수 있다. 외식업체 마케팅의 출발은 "메뉴의 개발"이며, 고객의 필요와 욕구를 파악하고 이를 수요로 연결시키는 매개 역할을 메뉴가 한다는 점을 잊어서는 안 된다. 그리고 외부고객뿐만 아니라 내부고객을 만족시키는 작업이기도 하다. 항상 동일한 메뉴만을 취급하게 되면 조리사나 서버들도 매너리즘에 빠지게 되고 동기유발 요인이 없어서 복지부동하게 된다.

2) 기존 메뉴의 개선(리뉴얼)

신메뉴 개발은 음식점의 매우 중요한 경영과정인 반면, 많은 비용과 비효율을 야기한다. 따라서 지속적인 신메뉴 개발로 품목 수가 늘어나는 비효율을 방지하기 위하여 음식점 경영자는 신메뉴를 개발하기보다는 기존의 메뉴를 개선하는 대안을 강구할 수 있다.

결국 기존 메뉴의 단점을 파악하여 개선하는 작업도 신메뉴 개발의 첫걸음이며, 메뉴 분석을 통하여 선호도와 수익성이 떨어지는 메뉴를 선정하고 이를 개선하는 작업은 매우 적절한 메뉴 관리 과정이다. 이와 같은 메뉴 개선을 위해 외식업체 경영자는 많은 사항을 고려해야 하는데, 이를 구체적으로 살펴보면 〈그림 3-23〉과 같다.

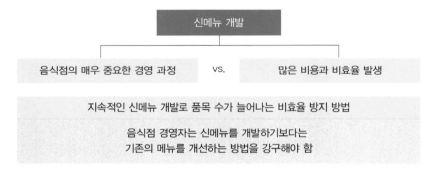

그림 3-22 **기존 메뉴의 개선이 중요한 이유**

그림 3-23 **메뉴 개선을 위해 고려할 사항**

학습요약

① 메뉴 개발

메뉴 콘셉트 설정 → 개발 전략 수립 → 메뉴 카테고리 및 수의 결정 → 메뉴의 차별성·대중성 확보

② 메뉴 콘셉트
- 점포 콘셉트의 하부 콘셉트
- 메뉴 전체의 방침과 범위를 정하는 활동
- 어떤 식사와 음료를 어떠한 스타일로 제공할 것인가를 정하는 일

③ 콘셉트 설정
- 고객들이 어떤 음식점인지 쉽게 이해하고, 시험 구매를 결정할 수 있어야 한다.
- 구매 후에는 높은 만족도로 인하여 재구매와 구전이 일어날 수 있게 명확해야 한다.

④ 메뉴 카테고리와 메뉴 수의 결정

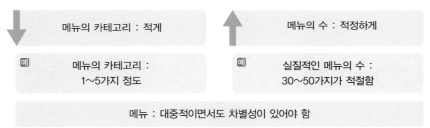

메뉴의 카테고리 : 적게 | 메뉴의 수 : 적정하게

예 메뉴의 카테고리 : 1~5가지 정도 | 예 실질적인 메뉴의 수 : 30~50가지가 적절함

메뉴 : 대중적이면서도 차별성이 있어야 함

⑤ 신메뉴 개발
- 음식점의 창업을 고려하는 경우뿐만 아니라 현재 운영되고 있는 음식점에서도 끊임없이 고민해야 하는 경영 과정이다.
- 치열한 경쟁 환경 속에서 지속적인 경쟁우위를 확보해야 한다.
- 고객 욕구 변화에 따른 메뉴 수명 주기가 단축된다.
- 마케팅의 일환이다.
- 음식점의 매우 중요한 경영 과정인 반면, 많은 비용과 비효율을 야기하기도 한다.
- 지속적인 신메뉴 개발로 품목 수가 늘어나는 비효율 방지 방법이다.
- 음식점 경영자는 신메뉴를 개발하기보다는 기존의 메뉴를 개선하는 방법을 강구해야 한다.

연습문제

1 자신이 자주 가는 음식점 중 3곳의 메뉴 콘셉트를 정리하여 봅시다.

2 본서에서 제시한 콘셉트 설정을 위한 체크리스트를 이용해서 위에서 조사한 음식점의 메뉴를 정리하고 평가해 보기 바랍니다.

3 메뉴 카테고리와 메뉴 수를 정리한 후 경쟁점과 비교할 때 차별성과 대중성은 있는지 제시하고, 정기적인 신메뉴 출시와 기존 메뉴의 개선이 이루어지는지 조사하여 평가해 보기 바랍니다.

4장

메뉴 평가와 분석

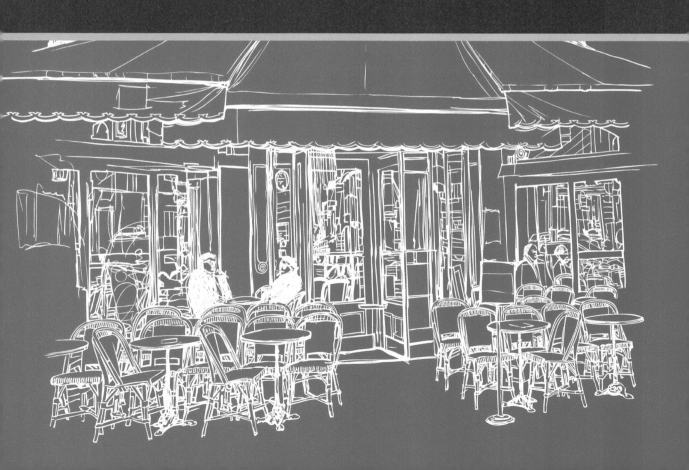

학습내용

1. 메뉴 평가의 개요
2. 메뉴 평가 방법
3. 메뉴 분석의 개요
4. 메뉴 분석 방법
5. 메뉴 분석 사례

학습목표

- 메뉴 평가의 개념과 메뉴 평가 유형 및 방법 등을 설명할 수 있다.
- 메뉴 분석의 개념과 메뉴 분석의 목표, 중요성, 방법 등을 설명할 수 있다.
- 메뉴 엔지니어링 및 ABC분석과 같은 실제 메뉴 분석 방법을 익히고 사례를 통해 실전능력을 키운다.

메뉴 평가는 메뉴 계획에 따라 개발된 메뉴를 판매하기 전에 메뉴의 성공 가능성을 검토할 목적으로 전문가를 비롯한 목표고객으로부터 평가를 받는 과정이다. 따라서 메뉴 평가는 소비자선택 모델을 기초로 이루어지며, '메뉴의 품질, 가격, 다양성, 영양과 건강적 요소' 등의 평가항목을 이용하여 평가표를 만들어 진행한다.

메뉴 분석은 새롭게 개발하여 판매한 메뉴 또는 기존 메뉴의 개선을 위하여 메뉴의 판매현황을 조사·분석·개선하는 과정으로, 현재 판매하는 음식의 가격은 적당한가, 식재료 원가는 얼마이고 어느 정도가 적정한가, 수익을 극대화할 수 있는 메뉴의 판매량은 어느 수준인가, 현재 메뉴 중 가격변경이나 삭제 등의 조치가 필요한 것은 어떤 메뉴인가와 같은 답을 찾는 과정이다.

'메뉴 평가'와 '메뉴 분석'은 종종 비슷한 개념으로 쓰이기도 하지만, 본서에서는 메뉴 평가와 메뉴 분석을 명확하게 구분하므로 각각의 정의와 필요성, 중요성, 방법을 잘 이해하고 실무에 활용한다.

1 메뉴 평가의 개요

1) 메뉴 평가의 정의

메뉴 계획과 개발 단계를 거쳐 메뉴 가격이 정해지면, 메뉴를 판매할 준비가 된 상태이다. 이제부터 외식업체 경영자는 최선의 서비스와 마케팅을 통해 소비자만족과 매출의 극대화를 달성해야 한다. 그 목적을 달성하기 위한 활동이 바로 메뉴의 평가 과정이다.

메뉴 평가
- 메뉴 계획 후 메뉴를 도입하기 전에 메뉴의 타당성을 검토하는 활동
- 상품 자체의 속성을 위주로 하는 관능검사가 주를 이루며, 소비자의 평가가 주류를 이루는 활동

메뉴 평가란 메뉴 계획, 메뉴 개발이 이루어진 후 메뉴를 판매하기 전과 메뉴를 판매하는 과정에서 소비자의 주관적인 메뉴 자체의 속성을 평가하는 경우가 많지만, 추가적으로 메뉴 선호도, 맛, 수용가격 등을 정성적으로 평가하는 활동을 포함한다.

메뉴 계획자는 모든 고객들이 음식에 대한 지식과 경험을 가지고 있으며, 메뉴와 서비스를 충분히 평가하고 구매를 결정한다고 생각해야 한다. 그리고 메뉴를 외식업체의 스타일 및 테마와 조화를 이루게 만들면서 '메뉴는 고객을 유인해야 하지만, 고객이 지불하는 금액의 가치를 초과해야 하고, 최상의 서비스가 제공될 때 고객은 재방문한다.'는 사실을 잊지 말아야 한다. 즉, 고객은 어디서, 무엇을, 누구와 함께 식사할 것인가를 결정할 때, 메뉴에 대한 기대감과 판단 기준을 바탕으로 외식업체를 선택한다.

이 외에도 메뉴 평가와 관련하여 메뉴 계획자가 반드시 알아야 하는 지식으로 메뉴의 지각된 품질에 대한 이론이 있다. 자이사믈(Zeithaml, 1988)은 지각된 품질은 제품의 전반적인 우월성 또는 탁월성에 관한 고객의 판단이라고 정의하였다. 즉 지각된 품질은 객관적 혹은 실질적 품질과는 다르게 구별되는 주관적 개념이며, 소비자의 인지구조 내에서 제품의 특정속성보다는 높은 상위수준의 추상적인 개념이고, 한편으로는 태도와 유사한 제품에 대한 전반적인 평가이며, 한 고객의 환기상품 내에서 행해지는 제품에 대한 전반적인 판단이라고 하였다.

이와 같은 이론에 따르면, 고객이 메뉴의 품질을 인식하고 선택에 이르게 되는 과정에는 상당히 복잡한 구조가 개입한다. 이는 크게 평가(evaluation) 과정과 선택(choice) 과정으로 나눌 수 있다. 이때 소비자가 품질에 대해 지각하고 그에 따라 메뉴의 가치를 형성하는 단계까지는 평가의 과정이며, 지각한 가치를 바탕으로 구매의사 결정을 내리는 행동은 선택 과정이다.

일반적으로 소비자가 메뉴를 평가할 때 고려하는 요소는 매우 다양하지만, 그 중에서 메뉴 계획과 관련하여 구성된 것과 메뉴 디자인과 관련하여 구성된 것을 생각할 수 있다. 또한 메뉴는 계획되고 난 후에 평가를 거쳐서 메뉴 구성이 완성되는데, 다음과 같은 항목은 메뉴를 계획하고 난 후에 이루어지는 평가항목의 예시이다. 메뉴 계획자가 메뉴 평가를 실행할 때 참고하여 평가표를 만들 수 있다.

① 메뉴의 전체적인 느낌

② 메뉴의 형식과 모양

③ 목표고객의 유형

④ 목표고객에게 제공할 서비스의 유형

⑤ 메뉴에 이용될 식재료의 균형

⑥ 메뉴의 다양성

⑦ 시각적 효과

⑧ 메뉴 브랜드 및 메뉴를 표현하는 단어와 스토리

⑨ 계절적 요소

⑩ 기타 외식업체가 중시하는 특정요소

⑪ 메뉴 메이크업(menu make-up)

2) 메뉴 평가의 유형

메뉴 평가는 메뉴를 출시하기에 앞서 시제품을 대상으로 고객의 선호 정도를 테스트해 보는 것이다. 메뉴 출시에 앞서 메뉴에 대한 고객들의 인식을 평가하고, 성공 가능성을 진단해보기 위하여 대표성 있는 매장에서 실시한다. 실무에서는 일회성 행사가 아니라 시장에서 반복적인 테스트를 통하여 실제 고객의 반응을 체크해야 한다는 측면에서 직원 및 경영자를 대상으로 하는 내부평가와 고객과 전문가를 대상으로 하는 외부평가로 구분하여 실시한다.

(1) 내부평가

내부에서 이루어지는 메뉴 평가는 주로 원가를 고려한 가격수준의 적정성에 대한 내용과 조리 및 서빙의 편의성에 대한 내용이 주를 이룬다. 특히 가격수준에 대한 평가는 식재료비, 노무비, 경비를 고려할 때 어느 정도의 수준이 적정가격인지에 대한 논의가 집중적으로 이루어져야 한다. 또한 조리와 서빙의 편의성에 대한 평가도 중요하다.

아무리 고객을 만족시킬 수 있는 메뉴라 하더라도 조리가 어렵거나 서비스하는 직원이 힘들다면 큰 문제가 아닐 수 없다.

(2) 외부평가

외부평가는 전문가 집단에 의한 평가와 소비자 집단의 평가로 나누어 실시한다. 외부 평가에서는 실제로 음식을 제공한 후 음식의 양, 맛, 색상, 향, 전반적인 느낌, 선호도, 소비자의 수용가격을 점검하고 다양한 고객층을 유인하고 재구매가 이루어질 수 있는지 등을 질문지나 인터뷰를 통해 파악하게 된다. 세부적인 내용은 메뉴 평가 방법에서 다루기로 한다.

2 메뉴 평가 방법

1) 레시피 평가

외식업체는 메뉴 평가에 앞서 레시피를 확정해야 한다. 메뉴 평가의 궁극적인 목표는 개발을 진행하는 많은 메뉴 중에서 성공 가능성이 높은 메뉴를 고르는 일이다. 즉 새롭게 개발한 메뉴를 판매하기 전에 고객과 외식업체가 만족할 수 있는 메뉴와 그렇지 못한 메뉴를 선별하기 위하여 공정한 평가가 이루어져야 한다. 그러기 위해 외식업체는 정기적으로 레시피를 평가해야 한다.

　레시피는 메뉴의 조리를 위한 지침서로서 필요한 식자재, 조리기구, 조리인력의 역량, 조리시간, 1인분의 양, 조리방법, 이용하는 식기류, 스타일링 방법 등을 일목요연하게 기술해 놓은 서식이다. 외식업체의 성공은 메뉴의 인기와 구매고객의 만족도에 달려 있기 때문에 정기적인 레시피 평가가 필요하다. 그런데 아직도 많은 외식업체들은 레시피 평가를 주방 내부에서만 하고 있다. 가능하면 레시피 평가는 지식과 경험이 풍부한 전문

표 4-1 레시피 평가 연구 사례

구분	제목	내용
홍상필 등 (2013)	양념 쇠갈비의 조리과정에서의 물리화학적 특성 평가	• 세계화에 유망한 대표 한국음식 중 하나로서 양념 쇠갈비를 대상으로 유명 레시피 9종에 대한 특성과 기호도와 속성 간의 상관성, pH와 육의 texture, 숙성과 육단백질 분해, 가열(매체) 조건과 조리시간 및 기호성분의 특성을 분석 • 이론적 측면과 실험적 측면에서는 모두 육의 texture에 초점을 맞춤 • 수집된 양념 레시피는 염도 0.8%~3.03%, pH 4.89~6.22, 가용성 고형분 농도 1.34~6.31Brix 범위로서 시료 간에 차이가 컸고 기호도와 조직감과의 상관성이 0.65로서 비교적 유의하게 높음 • 갈비육을 레몬, 알칼리수, 인산염 및 베이킹파우더 용액에 처리 시 레몬즙 15.06%, 알칼리수 9.10%의 보수력을 나타내어 pH와 관련성을 보임 • 양념숙성 시 myofibril index(MFI)는 24시간 32%, 48시간 39%로 소편화가 진행되었고 이는 400배 위상차 현미경을 통해 확인되었으며 산가용성 콜라겐 성분이 배즙에 의해 분해됨이 SDSPAGE 상에서 확인됨 • 표면온도 60℃ 도달시점을 기준으로 할 때 cooking 완료시간은 pan 170℃ 8분, pan 270~300℃ 6분, 숯불(700~900℃) 4분으로 측정됨 • 기호 성분의 분석에서 숯불구이에서는 pan 구이와 달리 다양한 pyrazine 성분들과 잔존 IMP 함량이 상대적으로 높게 나타나는 특징을 보임 • 상기 결과는 향후 우수한 풍미의 양념 갈비를 체계적이고 과학적으로 조리할 수 있는 기술에 적용될 수 있을 것으로 기대됨
김은미 등 (2013)	국내인과 미국인 대상 기호도 조사를 통한 불고기의 표준 레시피 설정에 관한 연구	• 기호도 조사결과를 바탕으로 국내인과 미국인 간의 조미성분 차이를 비교한 결과, 미국 현지인들은 기본 레시피의 조미 함량을 가장 선호하는 것으로 조사됨 • 국내인은 기본 레시피에 설탕을 추가한 불고기를, 국내 거주 외국인은 기본 레시피에 파, 마늘을 추가한 불고기를 선호하는 것으로 조사되었다. 미국 현지인의 불고기에 대한 기호특성이 국내인과 유사한 것으로 조사됨에 따라 불고기는 주요 식재료의 현지 공급이 가능하다면 현재의 기본적인 레시피를 기준으로도 현지화와 이를 기초로 한 다양한 제품개발도 가능할 것으로 판단됨 • 라이프스타일에 따라 다양한 특징이 반영된 세분시장이 존재할 수 있으므로 각 세분시장에 적합한 한식 편의식품의 개발이 이루어질 수 있어야 함
김성혜 등 (2013)	초등학교 급식용 김치 메뉴 개발 및 평가	• 초등학생의 김치 섭취량 증가를 목적으로 문헌 및 실험조리에 근거한 초등학교 급식용 김치 메뉴 7가지를 개발 • 각각의 메뉴를 학교 급식에 적용한 후 학생들의 기호도 및 잔반량 조사를 통하여 메뉴를 평가 • 개발된 8종의 메뉴에 대한 표준 레시피를 초등학교 영양(교)사가 평가한 결과 김치치즈크로켓이 활용 가능성이 가장 높았고 김치감자샐러드가 가장 낮았으며, 초등학교 급식용 김치 메뉴 개발은 초등학생의 김치 섭취량 향상 및 김치 기호도의 증가에 기여할 것으로 기대됨

(계속)

구분	제목	내용
김수도 외 (2016)	레시피 연결망에서 요리 난이도 및 유사성 분석	• 인터넷을 통해 공개되고 있는 요리 레시피에 대한 분류 및 평가는 작성자의 문화적 배경, 요리 능력, 요리 경험, 선호도 등 주관적 기준에 따라 제시되고 있음 • 요리 난이도를 측정하기 위한 척도로서 정보 엔트로피 개념을 통해 객관화하고, 요리의 공통 엔트로피를 계산하여 레시피 사이의 유사성을 측정 • 요리 난이도를 측정한 결과, 동태해물찜(한식), 베지테리안 라자냐(이탈리아) 등은 요리 난이도 측면에서 가장 어려운 요리로, 초고추장(한식)과 두부스테이크(이탈리아)는 가장 쉬운 요리로 나타났고, 레시피 연결망의 거리 공간을 통해 한식과 아시아 요리는 유사성이 높은 것을 확인할 수 있었음 • 활용적 측면에서 특정 요리와 유사한 요리는 무엇인지, 요리를 대체할 수 있는 유사한 요리 그룹은 어떤 것이 있는지, 요리용이성 관점에서 식단을 준비할 때 가장 합리적인 계획은 무엇인지를 보여주었음

가로 팀을 구성하고 평가항목을 구체화하며 가능한 과학적인 접근법을 활용하여 실시해야 한다. 특히 레시피에 의해 조리되는 음식이 목표고객의 기호도에 얼마나 적합한지를 평가할 수 있어야 한다.

실무적으로는 〈표 4-1〉과 같은 레시피 평가 연구 사례를 참고한 후, 외식업체의 상황에 적합한 레시피 평가법을 개발하여 활용해야 한다.

2) 관능검사

외식업체에서 판매하게 될 메뉴에 대한 관능검사는 소비자를 대상으로 메뉴의 가치, 상품성, 수용성 등을 평가하는 방법으로, 목표고객을 대표할 수 있는 소비자가 메뉴의 맛을 평가·판정하는 것을 의미한다.

현재 현장에서 이루어지고 있는 관능검사는 외식업체에 비하여 식품업체들이 많은 관심을 가지고 있는 실정이며, 중요성을 인식하는 기업들은 마케팅 리서치 부서와 별도로 관능검사 조직을 만들고 많은 투자를 하고 있다. 물론 외식프랜차이즈 기업을 비롯한 외식업체들도 메뉴의 품질이나 소비자가 선호하는 기호의 중요성에 대한 인식이 커지면서 메뉴 평가를 위한 관능검사를 도입하려는 노력을 하고 있다. 무엇보다도 메뉴의

표 4-2 **관능검사 유형**

구분	내용	검사원	평가 환경
소비자 기호도 검사	소비자의 메뉴 선호도와 기호도 검사	훈련되지 않은 소비자	일상적인 섭취 환경
관능평가1	사람의 감각 기관을 분석기기와 같이 사용하여 메뉴의 관능특성 검사	선발되고 훈련된 검사원	통제된 환경
관능평가2	소비자가 감각하는 메뉴의 관능적 특성 정도를 검사	훈련되지 않은 소비자	일상적인 섭취 환경
관능 정신물리학	행동학적 측정방법을 사용하여 사람이 감각 능력 검사		

자료 : Michael O'Mahony, Hye Seong Lee(2005). 목적에 맞는 관능검사 방법의 이해. 식품과학과산업, 38(1). 8-14.

품질을 측정하는 관점이 생산자 중심에서 소비자 중심으로 전환되면서 관능검사의 중요성은 더욱 커지고 있다. 따라서 외식업체는 메뉴를 계획하고 개발하여 판매를 결정하기 전에 〈표 4-2〉와 같은 다양한 관능검사를 통해 메뉴의 판매 여부를 결정해야 한다.

3) 메뉴의 품질 평가

레시피가 외식업체의 특성에 적합하다는 평가를 받고, 이어서 메뉴 선호도 및 기호도 등 관능적 특성에서 좋은 평가를 받았다 하더라도 메뉴의 맛을 비롯한 전반적인 품질 평가가 추가적으로 이루어지는 것이 메뉴의 완벽한 성공을 위해 필요하다.

다만 메뉴의 품질 평가는 과학적으로 인정된 기준이 있는 것이 아니라 소비자의 인식을 측정하게 되므로 매우 주관적인 개념이다. 따라서 학자들 간의 메뉴 품질 평가 차원이 다양하게 제시되고 있다.

〈그림 4-1〉은 식품의 품질을 구성하는 요소의 사례이다. 외식업체의 특성을 고려하여 메뉴 품질 평가에 활용할 수 있다고 판단된다. 그 외에도 〈표 4-3〉과 같은 메뉴 품질을 '메뉴 구성, 푸드스타일링, 맛, 웰빙'과 같은 요인으로 구성한 연구와 〈표 4-4〉와 같은 기타 연구를 참고할 수 있다.

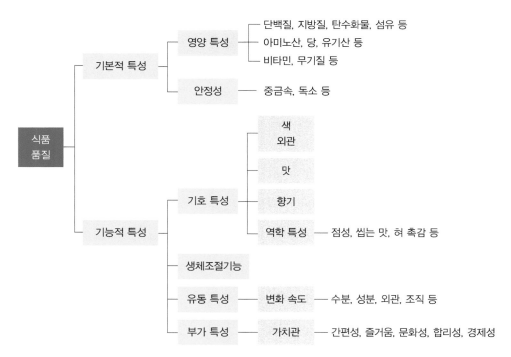

그림 4-1 **식품 품질의 구성요소**

자료 : 네이버 식품과학기술대사전

표 4-3 **메뉴 품질 평가 항목**

구분	요인명	측정항목
메뉴 품질	메뉴 구성	건강을 고려한 메뉴
		칼로리를 고려한 메뉴 선택
		메뉴 선택 폭이 넓음
		다양한 식재료 사용
		계절 식재료 사용
	푸드스타일링	창의적인 요리
		테이블세팅과 요리의 구성
		영양적인 요리
		시각적인 효과

(계속)

구분	요인명	측정항목
메뉴 품질	맛	훌륭한 맛
		일정한 맛
		적절한 온도 유지
		조미료 사용 여부
	웰빙	유기농 식자재 사용
		웰빙 트렌드에 맞는 신메뉴

자료 : 이승익·고재윤(2009). 레스토랑 식공간 연출과 메뉴 품질이 소비자의 내적반응과 외적행동에 미치는 영향. 외식경영연구

표 4-4 **기타 메뉴 품질에 대한 다양한 연구**

연구자	메뉴 품질 구성요소
O'hara(1997)	음식의 외관, 맛, 온도, 양
Gilomre 등(1998)	음식의 맛, 수용성, 고객 인지도, 호소력
Lundberg(1989)	음식의 질, 다양성, 메뉴 구성요인
이철호(1982)	음식의 양, 영양 및 위생, 관능적 요소
이승익, 최수근(2009)	음식의 질, 메뉴의 다양성, 메뉴의 구성, 메뉴의 설명력

외식업체는 새로운 메뉴를 도입할 때는 물론이고, 이미 판매하고 있는 메뉴에 대해서도 정기적으로 고객들로부터 메뉴의 품질을 평가받아야 한다. 앞서 제시한 메뉴 평가 항목 중 가장 대중적으로 활용하는 항목을 정리하면 '메뉴의 맛과 양, 가격, 다양성, 영양 및 건강요소, 사회적 체면' 등이 있으며, 각각의 항목에 대한 구체적인 내용은 다음과 같다.

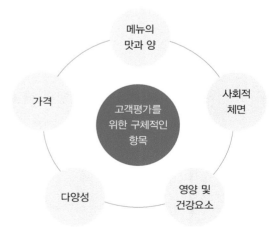

그림 4-2 **대중적인 메뉴 품질 평가 항목 사례**

(1) 메뉴의 맛과 양

맛은 냄새와 함께 향미의 주요소이며, 화학적 감각에 속한다. 보통 맛은 두 가지 이상의 맛이 존재할 때 서로 맛을 감소시키거나 또는 증가시킨다. 소비자는 메뉴를 선택할 때 '맛'을 가장 중요한 선택기준으로 고려하고 '양'은 상대적으로 덜 중요한 기준으로 평가하지만, 상황에 따라서 다른 양상이 나타날 수도 있다. 맛의 평가는 '매우 맛있다, 맛있다, 보통이다, 맛이 없다, 아주 맛이 없다' 등으로 측정한다.

맛의 평가는 소비자 특성에 따라서 매우 다양하게 나타날 수 있다. 예를 들어 매운맛을 성별에 따라 비교하면, 남성의 기호가 여성에 비해 월등히 높은 수치를 보이고, 짠맛과 매운맛에 대한 지역별 비교는 농촌의 선호도가 도시에 비해 높은 경향을 보여서 농촌이 도시보다 더 자극적인 맛을 선호하고 있는 것으로 조사된 바 있다. 일반적으로 사람들은 가장 좋아하는 맛은 매운맛이고, 그 다음이 단맛, 짠맛, 쓴맛의 순이라고 한다.

음식의 양은 식기의 7부 정도가 보기에 좋고 먹음직스럽게 느끼는 것으로 알려져 있다. 음식의 양은 생활수준과 밀접한 관계를 갖는다. 생활수준이 향상됨에 따라 '양'보다는 '질'을 더 우선시하는 경향이 있다. 그리고 다이어트를 계획하는 사람들이나 식사의 양이 적은 고객은 메뉴의 다른 요인들보다 음식의 적은 양을 우선시하는 경향이 있다. 메뉴 평가에서 고려해야 할 요소들이 매우 많고 복잡함을 알 수 있다.

(2) 메뉴의 가격

가격은 절대적인 수치가 중요한 것이 아니라 고객의 평가가 중요하다. 고객이 외식업체에서 식사를 마치고 계산을 할 때 일반적으로 그 식사의 질이나 가치를 높이 평가한다면 식사에 대한 주관적 가격은 적당하다고 인식한다. 그러나 싼 가격임에도 불구하고 고객이 만족도가 낮으면 비싸다고 느낀다. 따라서 가격보다는 서비스나 분위기 등 가격 외적 요인을 검토해야 하는 경우가 있다. 가격에 대한 고객의 심리반응은 여러 가지 유용한 전략을 제공하는데, 가격표를 작성할 때 일반적인 원칙은 가장 비싼 주요리(enrtee)의 가격이 가장 싼 주요리 가격의 2.5배를 넘지 않도록 해야 한다. 그러나 이러한 원칙이 무시되고 가격 차이가 이보다 크면 고객은 싼 가격의 메뉴를 선택하게 된다.

또한 많은 고객들이 가격보다는 품질과 가치에 관심을 두고 있다. 즉 고객은 고품질의 메뉴를 원하며, 이에 상응하는 가격을 기꺼이 지불할 용의가 있다는 것이다. 국민소득의 증가로 인하여 생활수준이 향상됨에 따라 고객들은 외식을 할 때 가격보다는 분위기를 우선시하는 경향이 증가하고 있다.

전통적인 경제이론에서는 제품의 가격이 올라가면 수요가 감소한다는 이론에 근거하여 판매량을 늘리기 위해서는 가격을 낮추어야 한다고 주장한다. 그러나 메뉴의 가격을 결정하는 데 심리적 가격기술이 자주 이용되어 왔으며, 이러한 심리적 가격에 대한 연구가 꾸준히 진행되고 있다.

일반적으로 외식업체 가격정책은 크게 '가격지향적'과 '가치지향적'인 정책으로 구별된다. 뿐만 아니라 가격은 가격에만 영향을 받지 않고 외식업체의 명성·분위기·이미지와 서비스 형태에도 영향을 받는다. 그리고 외식산업의 특이성으로 인하여 판매행동에 미치는 심리적 가격정책의 결정에 어려움이 증가하고 있다. 메뉴 선택은 가격뿐만 아니라 마케팅 활동에 더 영향을 받는다. 따라서 경영자는 이러한 가정을 근거로 메뉴믹스 전략과 가격 전략을 수립해야 한다.

메뉴의 가격을 판매량 감소 없이 인상시킬 수 있다면 경영자에게는 최상의 방법일 수 있으나, 가격인상은 판매량의 변화를 가져올 수 있다. 가격은 판매의 중요요소이며, 판매통제의 시작점이다. 따라서 경영자들은 메뉴와 수요의 탄력성에 기초하여 메뉴의 가격을 결정해야 한다.

메뉴의 가격 결정은 2가지 요인에 근거를 두고 있다. 첫째, 원가를 충당하고 이익을 내기 위해서는 수입이 얼마나 있어야 하는지 예상판매액을 결정해야 한다. 그러나 무턱대고 가격을 매출에만 의존하여 결정할 수는 없다. 둘째, 대상 고객층의 수입, 가처분소득, 엥겔지수 등을 고려하여 고객이 지불 가능한 범위 내에서 가격을 결정해야 한다.

(3) 메뉴의 다양성

메뉴는 넓은 의미에서 도달 가능한 시장의 범위를 결정한다. 따라서 메뉴의 선택과 연출방법은 매우 중요하다. 고객들은 최대한 다양한 메뉴가 있는 것을 선호한다. 고객은 메뉴를 선택할 때 종류가 많은 것을 원한다. 비슷한 조건의 외식업체가 존재할 때 다른 곳에는 없는 메뉴가 준비되어 있다면, 고객은 선택의 폭이 그만큼 크기 때문에 그 외식업체를 선호하게 될 것이다. 그러나 아이템의 수와 다양성의 문제는 고객의 선택행동과 더불어 원가와 직결된다. 즉 아이템이 다양한 메뉴를 기획한다면 식재료 확보와 재고관리에 대한 원가 관리에는 문제가 있을 것이다.

또한 소수의 소비자를 위한 메뉴 개발도 필요하다. 특별한 메뉴를 선택하는 사람이 의사결정권자이거나 의사결정과정에 중요한 역할을 할 수도 있다. 따라서 대중적이지 않지만 특정계층(어린이, 고령층, 채식주의자, 다이어트자)의 고객이 다른 아이템의 구매를 유인할 수 있기 때문에 메뉴 기획자는 이런 점을 고려해야 한다. 예를 들어 어린이용 메뉴의 판매량이 적을지 모르지만, 그 메뉴로 인하여 부모들이 수익률 있는 메뉴를 주문할 수 있기 때문이다. 반면에 어린이용 메뉴가 아예 없다면 부모님의 방문 자체를 저해하는 요인이 될 수도 있다.

메뉴를 선택함에 있어서 수와 다양성은 매우 중요한 요인으로 작용한다. 과거에는 질보다 양, 기능보다는 심미적 요소가 메뉴 기획과 디자인에 있어서 주요변수였지만 오늘날 메뉴 기획에서는 양보다는 질을, 미적 요인보다는 기능적인 면을 더 중요시한다. 물론 메뉴의 수를 제한하는 것이 관리 차원과 마케팅 측면에서 유리하다. 일반적으로 전체 메뉴 수와 관계없이 고객이 선호하는 메뉴 수는 각 집단별로 4~5가지 정도이다. 대부분의 메뉴 기획자들은 메뉴의 수를 제한하는 것이 다양성을 저해한다고 생각한다. 그러나 메뉴 수의 제한이 다양성의 제한을 의미하는 것이 아니다. 메뉴의 수와 다양성은 다른 차원에서 고려되어야 한다. 다양성의 재고는 메뉴의 수를 늘리는 것보다는 메뉴의 다양성·조리방식·색상 등을 통하여 한 차원 높은 다양성을 고객에게 제공함으로써 높일 수 있다.

드루(Drew)는 메뉴의 단순화를 역설하는 대표적인 학자이다. 그는 영국의 엑세스(Essex)와 노팅 햄(Notting Ham)의 외식업체 사례를 제시하면서 메뉴의 단순함이 외식업체를 성공시킨다고 역설했다. 다만 메뉴가 너무 단순화되는 것을 경계하면서 고정 메뉴와 변동 메뉴의 조화가 중요하다고 주장했다. 메뉴의 수를 적정수준으로 제한할 때 얻을 수 있는 이점은 다음과 같다.

① 고객이 메뉴를 선택하는 시간이 줄어들어 회전율을 높일 수 있다.

② 식자재의 재고를 줄여 신선도를 유지하고 비용을 절감할 수 있다.

③ 외식업체의 전문성을 부각시킬 수 있다.

④ 생산과 서빙에 소요되는 시간이 줄어들어 경비를 절감할 수 있다.

⑤ 표준화를 통하여 음식의 질을 유지할 수 있다.

⑥ 생산과 소요되는 공간과 식자재를 최소화할 수 있다.

⑦ 메뉴 선택에 대한 예측성이 높아져 준비단계에 작업의 효율성을 기대할 수 있다.

⑧ 주문과 통제체제를 단순화함으로써 관리와 감독이 용이하다.

⑨ 메뉴의 개발이 용이하다.

그러나 메뉴가 간결함으로 얻는 이점이 큰 반면, 아주 단순한 메뉴는 고객이 메뉴를 가볍게 인식할 우려가 있다는 점도 인지해야만 한다.

(4) 영양과 건강적 요인

외식업체의 경영자라면 영양 프로그램에 대한 이해가 필수적이다. 영양 프로그램은 외식산업에 있어서 중요한 마케팅요소가 되고 있으며, 경쟁력을 유지하는데 필수적인 요인으로 인식되고 있다. 영양에 대한 관심은 외식을 할 것인지 또는 어떤 음식점을 선택할 것인지를 결정할 때 영향을 미친다. 영양식은 외식을 결정할 때, '중요하다'라고 생각하는 기대자들이 70% 내외로 알려져 있다. 그리고 영양에 관한 관심이 있거나 지식이 있는 사람들은 반복구매자인 경우가 많다. 외식업체 이용고객의 65%는 경영자들이 고객에게 제공하는 음식에 대한 영양적인 면을 책임져야 한다고 생각하는 것으로 알려져 있다. 영양식 프로그램은 외식업체에 대한 소비자의 인식을 강화시키고, 높은 수익성을 보장해 준다. 그러나 아직까지 소수의 외식업체만이 메뉴에 '건강식'과 '영양식'에 대한 프로그램을 실시하고 있다.

메뉴 계획자는 건강식 메뉴를 별도로 구성하거나 기존 메뉴에 건강식에 관한 새로운 아이템을 몇 가지 추가한다면, 다른 요소에 의한 촉진보다 더 유리할 수 있다. 또한 영양식 프로그램은 고객의 요구와 욕구에 외식업체가 부응하고 있다는 사실을 부각시킴으로써 외식업체의 이미지를 제고시킬 것이며, 다른 경쟁업체에 비하여 경쟁적 우위를 확보하는 데 유리하다.

최근에는 건강에 대한 관심이 고조되는 것을 넘어 건강염려증이라는 신종 질병이 발생하고 있다. 고객들은 메뉴를 선택할 때 다양한 요인을 고려하여 선택하지만, 일반적으로 특정 연령층에서는 영양 및 건강에 큰 비중을 두고 선택한다.

고객은 식사 후 자기가 받은 음식과 서비스에 관하여 평가를 한다. 그리고 평가 방법은 다음과 같은 요인에 의해서 결정된다. 첫째, 영양식 메뉴에 관한 고객의 요구에 대한 직원의 태도와 반응, 둘째, 영양식 메뉴가 어느 선까지 외식업체의 기존 메뉴와 분위기를 보완하는지의 정도, 셋째, 일반 메뉴의 가격과 영양식 메뉴와의 상대적 가격 차이, 넷째, 영양식 메뉴의 외형과 연출 능력, 다섯째, 영양식 메뉴의 광고와 POP, 판매촉진 등이다.

(5) 사회적 체면

고객은 외식업체에서 식사를 할 때 다양한 사람과 동행한다. 메뉴의 선택은 동행한 사람이 누구냐에 따라서 차이가 난다. 예를 들면 친구 또는 동료들과 식사를 하는 경우 자기가 원하는 메뉴 또는 동료가 원하는 메뉴를 선택한다. 그러나 귀한 손님과 함께 식사를 한다면, 사회적 체면을 고려해서 고급 메뉴를 선택할 가능성이 높아진다. 따라서 메뉴 계획자는 그에 맞는 적정한 메뉴를 도입해야 한다. 또한 고객은 식사를 마치고 난 후에 여러 측면에서 음식점을 평가한다. 지불한 가격에 대하여 서비스는 충분히 받았는지, 맛은 충분했는지 등을 평가할 것이다. 이에 메뉴 계획자는 어떤 고객층에 맞추어서 메뉴를 계획할 것인가를 잘 판단해야 한다.

특정음식을 선호하는 집단이 있다면, 이 집단에 대한 시장분석이 필요하다. 이러한 특정집단을 세부시장으로 시장세분화를 해서 이들에게 필요한 메뉴를 개발하여 집중적으로 공략할 수 있어야 한다.

(6) 메뉴의 시각적 요인(푸드스타일, 데코레이션)

최근 들어 메뉴 선택에 있어서 시각적인 요소가 크게 대두되고 있다. SNS의 발달로 인해 인스타그램, 페이스북 등에 메뉴의 사진을 찍어 올리는 것이 일상화되었다.

3 메뉴 분석의 개요

1) 메뉴 분석의 정의

고객의 니즈(needs)는 끊임없이 변하고 경쟁업소는 점점 증가한다. 이에 외식업체는 경쟁우위 확보와 변화하는 고객의 니즈에 민감하게 대처하기 위하여 정기적으로 새로운 메뉴와 서비스를 개발하고 제공해야 한다. 고객은 자신들이 원하는 것으로 메뉴의 질과 가격, 서비스와 분위기 등을 우선 언급한다. 그리고 저렴한 가격으로 질 좋은 메뉴와 훌륭한 서비스를 원하는 시간과 장소에서 제공받기를 원한다. 그러나 고객의 이러한 니즈만 강조하다 보면 비용이 증가할 수밖에 없다. 영리를 목적으로 하는 외식업체의 궁극적인 목표는 최소의 비용으로 최대의 이익을 추구하는 것이다. 외식업체의 메뉴는 고객 만족과 이윤 창출을 동시에 할 수 있어야 한다.

> **POINT**　외식업체의 메뉴는 고객 만족과 이윤 창출을 동시에 할 수 있어야 함

　메뉴는 외식업체의 실질적인 대표선수로서 사업의 성패를 좌우하는 중요한 제품이라고 할 수 있다. 따라서 메뉴는 두 가지 관점(수익, 고객욕구 충족)에서 연구되고 검토되어야 한다. 만약 메뉴가 일방적인 개념으로 기획된다면 고객 만족과 기업의 이윤 창출

을 동시에 달성하기는 불가능하다.

따라서 외식업체는 이와 같은 두 마리 토끼를 잡기 위한 방법으로 메뉴 분석이라는 시스템을 도입할 필요가 있다. 메뉴 분석(menu engineering)은 메뉴 계획, 메뉴 개발, 메뉴 판매가 모두 이루어진 후 사후적으로 메뉴의 만족도와 수익성 등을 평가하는 절차이다. 메뉴 분석은 사후적 개념의 객관적 평가로서 정량적인 평가를 위하여 자료를 수집하고 분석하는 체계적인 활동이 필요하다.

메뉴 분석(menu engineering) 메뉴 계획, 메뉴 개발, 메뉴 판매가 모두 이루어진 후 사후에 메뉴의 만족도와 수익성 등을 평가하는 절차

메뉴 분석은 메뉴 개선을 위한 메뉴의 계획과 개발 및 기존 메뉴를 분석하여 다음과 같은 문제를 해결하게 도와준다.
① 현재 메뉴의 가격은 적당한가?
② 메뉴의 식재료 원가는 얼마이며 어느 정도가 적당한가?
③ 수익을 극대화할 수 있는 메뉴의 판매량은 어느 정도인가?
④ 현재 메뉴 중 가격변경이나 삭제 등의 조치가 필요한 것은 없는가?
⑤ 메뉴를 변경한 후 성공 여부를 어떻게 알 수 있는가?
⑥ 메뉴북의 품목별 분류 및 위치 선정(layout)을 어떻게 해야 하는가?
⑦ 메뉴의 디자인은 어떻게 할 것인가?
⑧ 각 메뉴별 고객의 선호도에는 어떤 차이가 있는가?

메뉴 분석은 메뉴에 어떠한 교묘한 처리 또는 조작을 가하여 메뉴가 기계와 같이 원활히 기능을 할 수 있도록 하는 것이며, 기대하고 있는 것을 달성하고자 하는 분석방법 또는 분석도구라 할 수 있다. 따라서 외식업체는 메뉴 분석을 위하여 사용하는 다양한 기법을 모두 사용하면서 비교·정리하여 각 분석기법들이 가지고 있는 장단점을

파악해야 한다. 그래야 자신의 외식업체를 영구적으로 경영할 수 있게 만들어주는 고객 만족과 이익 창출의 두 마리 토끼를 잡을 수 있다.

2) 메뉴 분석의 목표

동종업체간의 경쟁이 갈수록 심화되고, 시설이 고급화되며, 규모가 대형화되어 가는 외식산업의 시장환경에 적응하는 일은 쉽지 않다. 그리고 고객 만족을 통한 적정이익까지 달성해야 하는 외식업체 경영자는 치밀한 계획을 바탕으로 적정가격으로 적절한 메뉴를 개발하여 판매하는 것이 사업성공을 위한 최고의 요건이다. 이에 외식업체 경영자는 더 많은 고객을 유치함으로써 영업수지를 개선시킬 수 있어야 한다. 외식업체에서 더 많은 고객을 유치하기 위해서는 우선 고객이 호감을 갖는 메뉴가 필요하다. 메뉴는 경영자를 위해서가 아니라 고객을 위해서 존재하는 것이다. 메뉴는 고객을 유인할 수 있어야 하며, 유인을 위해서는 고객의 필요와 욕구, 원가와 수익성, 메뉴의 다양성, 영양적인 요소가 모두 고려되어야 한다.

외식업체 경영자가 성공하기 위한 요건
치밀한 계획을 바탕으로 적정가격으로 적절한 메뉴를 개발하여 판매하는 것

메뉴 분석은 외식업체 단독의 분석이기도 하지만 넓은 의미에서는 경쟁업체와의 메뉴를 비교, 분석하는 활동이다. 이를 활용하여 수익성을 결정하고 메뉴의 점수를 산출하기 위하여 인기도와 결합이 필요하다. 외식업체에서는 판매수준을 측정함으로써 메뉴변화의 가능성을 분석하고, 수익성에 어떻게 영향을 미치며, 메뉴의 점수가 어느 정도인지를 보기 위하여 분석을 실시한다. 이러한 과정에서 개별적이고 전체적인 수익성 분석을 실시하여 성공적인 메뉴와 실패한 메뉴를 분류하여 평가한 뒤 메뉴 조정을 해야 한다.

3) 메뉴 분석의 중요성

메뉴의 판매가 이루어진 수치를 가지고 사후에 이루어지는 메뉴 분석은 상권 변화, 경쟁 상황, 고객욕구 변화, 식재료가격 변동, 기업 목표 변경, 사회·문화적 환경 변화 등의 내·외부적 환경변화 등으로 인하여 중요성이 더욱 증대되고 있다.

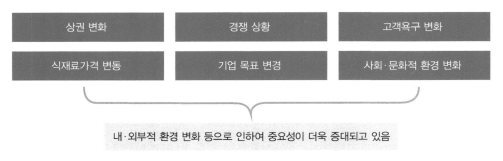

그림 4-3 **메뉴 분석이 반드시 필요한 이유**

메뉴 분석은 고객의 수요(고객), 각 메뉴의 수익성(경영자), 메뉴 믹스 분석(종업원)에 초점이 맞추어지는 활동이다. 메뉴별 판매량, 수익성 분석을 통하여 메뉴북에서의 위치를 조정하거나 다양한 판매촉진 전략을 수립하는 데 활용한다. 결과적으로 메뉴 분석은 메뉴상품을 구성하는 일련의 행위(고객, 경영자, 종업원)를 분석하는 과정으로, 이를 정리하여 보면 〈그림 4-4〉와 같다.

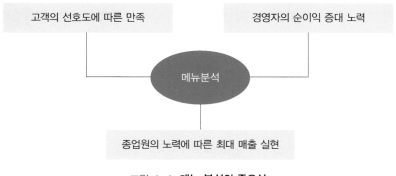

그림 4-4 **메뉴 분석의 중요성**

4 메뉴 분석 방법

메뉴 분석 방법은 학자들의 연구와 실무에서 개발된 다양한 도구들이 존재하지만 본서에서는 밀러의 방식, 카사바나와 스미스의 메뉴 엔지니어링과 실무에서 간편하게 사용할 수 있는 ABC분석법을 중심으로 살펴본다. 외식업체의 경영자는 자신의 영업환경과 규모에 따라서 가능한 다양한 방법을 활용하면서 적합하고 유용한 분석법을 정착시켜야 한다. 메뉴 분석은 일회성 이벤트로 끝나서는 절대 안 된다. 매일, 매주, 매월 메뉴분석을 통해 외식업체의 고객 만족도와 수익성을 평가하고 문제점을 개선하기 위하여노력해야만 지속적으로 안정된 사업을 영위할 수 있게 된다.

1) 밀러 방식

메뉴 분석에 있어서 포트폴리오(portfolio) 방식은 1980년에 밀러(Jack Miller)가 '메뉴가격 결정과 전략'이라는 논문에 발표한 방식이다. 일정기간(1개월 단위)에 판매된 모든메뉴의 식재료 원가(food cost percentage)와 판매량(sales volume)을 전체 메뉴에서 차

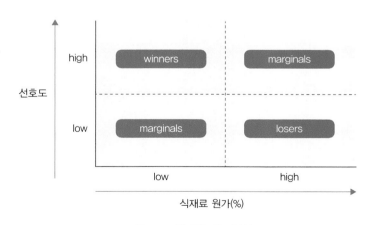

그림 4-5 **밀러의 메뉴 분석**

지하는 비율로 산정하여 〈그림 4-5〉와 같이 4그룹의 메뉴군으로 나누었다.

이 방식에서 최상의 품목이란 식재료 원가의 비율(food-cost percentage)이 가장 낮고, 판매량(sales volume)이 가장 높은 메뉴를 말한다. 즉 판매량은 높고 원가는 낮은 품목이 최상의 품목(winners)이고, 판매량은 낮고 원가는 높은 품목(인기도 없고 수익성도 없는 아이템)이 최하의 품목(losers)이 된다. 인기도는 메뉴 아이템의 판매량을 평균 판매수준(average sales level)에 비교하여 평가한다. 그러나 경영자가 최저 식재료원가비율(lowest-percentage-cost)로 메뉴 품목을 선택하는 데는 도움이 되지만, 원가율이 낮은 품목은 역시 판매가격과 이윤이 낮아 수익성이 없는 품목이 되며, 수익성이 있는 품목으로 만들기 위해서 판매가격을 높이면 고객의 감소를 초래할 수 있다는 비판을 받았다.

2) 메뉴 엔지니어링

(1) 메뉴 엔지니어링의 정의

메뉴 분석의 대표적인 도구는 미국의 카사바나와 스미스가 만든 메뉴 엔지니어링 기법이다. 메뉴 엔지니어링은 메뉴 선호도(판매량)와 수익성(공헌이익=판매가격-변동비)을 평가하여 메뉴에 관한 의사결정을 지원하는 정량적 도구로써 매우 유용하지만 소규모 외식업체의 경우 공헌이익을 산출하기 어려워 이용에 많은 한계가 있다.

메뉴 엔지니어링은 메뉴의 선호도는 높으나 공헌이익이 낮은 plowhorses, 메뉴 선호

메뉴 엔지니어링
- 미국의 카사바나와 스미스가 만든 메뉴 분석의 대표적인 도구
- 메뉴 선호도(판매량)와 수익성(공헌이익=판매가격-변동비)을 평가하여 메뉴에 관한 의사결정을 지원하는 정량적 도구

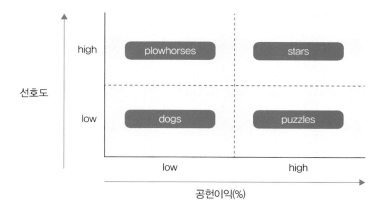

그림 4-6 **메뉴 엔지니어링 매트릭스**

도와 공헌이익이 모두 높은 stars, 메뉴 선호도와 공헌이익이 모두 낮은 dogs, 메뉴 선호도는 낮으나 공헌이익은 높은 puzzles 메뉴로 구분하는데, 각각의 내용을 자세히 살펴보면 다음과 같다.

(2) 매트릭스 분류와 개선 방안

① Stars

스타 메뉴는 선호도와 수익성이 모두 높은 메뉴이다. 이들은 메뉴북에서 특별히 강조되고 있을 가능성이 크다. 스타 메뉴는 꼭 수익성이 높은 메뉴뿐만 아니라 판매를 촉진하는 메뉴일 수도 있고, 고객을 유인하는 메뉴일 수도 있다. 스타 메뉴는 다음과 같은 전략이 요구된다.

- 현재의 수준을 유지한다(분량 크기, 음식의 질 등).
- 가격의 변화에 고객이 민감한 반응을 보이지 않기 때문에 가격인상을 시도해 본다.
- 현재 메뉴북에서 최상의 위치가 아닌 경우, 메뉴를 눈에 띄기 쉬운 최상의 위치에 배치한다.

② **Puzzles**

수익성은 높지만 선호도가 낮은 메뉴로, 가격이 높아 판매하기는 어렵다. 선호도만 높이면 'Stars'군에 속할 수가 있기 때문에 조리방식, 포션의 크기, 아이템의 모양 또는 가니쉬 등을 새롭게 하여 판매가와 원가 그리고 메뉴의 이름 등을 바꾸어 고객에게 새로운 아이템으로 제공하는 개선전략을 세운다. 이 메뉴의 선호도가 높으면 높을수록 아이템의 평균기여 마진은 높게 나타난다. 이 메뉴의 개선방향은 다음과 같이 선호도를 높이는 방향이 바람직하다.

- 생산하는 데 특별한 기능이 요구되거나 많은 노동력을 요구하는 아이템은 메뉴에서 삭제한다.
- 고객이 잘 볼 수 있도록 메뉴북에서 최상의 위치에 배열한다.
- 메뉴의 이름을 바꾼다.
- 판매가의 인하를 통하여 선호도를 높인다.
- 이 그룹에 속하는 메뉴의 수를 최소화한다.

③ **Plowhorses**

선호도는 높으나 수익성이 낮다. 이들은 매출이 증가하는 반면, 공헌이익이 낮은 음식들이며, 특히 가격상승이 어렵고, 공헌이익을 높이기 위해 다른 음식들의 부수적인 음식으로 판매할 필요성이 있다. 주로 이 메뉴는 중간대 이하의 가격군을 형성하는 아이템이다. 가격의 변화에 민감한 반응을 보이는 아이템들이라 판매가격을 인상하면 수요의 감소를 초래할 위험이 많아서 식재료 원가를 낮추어서 공헌이익을 높이는 것이 바람직하며, 이 아이템군에 포함되는 메뉴는 수익성(공헌이익)만 높이면 'Stars'가 될 수 있기 때문에 개선이 이루어져야 한다.

- 판매가격 인상을 신중하게 시도한다(메뉴의 차별성이 클수록 효과적이다).
- 가격인상에 대한 반발이 있을 경우 메뉴를 재배치하거나 스타일링 등을 변경하여 가격을 인상하는 방법을 고려한다.

④ **Dogs**

수익성과 선호도가 모두 낮은 메뉴로, 가장 바람직하지 못한 메뉴군에 속한다. 선호도와 수익성을 동시에 높이는 방안이 강구되어야 하는데, 다음과 같은 조치가 일반적인 개선사항이다.

- 메뉴에서 삭제한다.
- 철수전략을 심각히 고려해 본다.
- 메뉴의 판매가를 인상하여 'Puzzles'군의 아이템으로 만든다.

(3) 메뉴 엔지니어링 분석방법

메뉴 엔지니어링 분석방법을 이해하기 쉽게 정리하면 〈표 4-5, 6, 7〉과 같다.

① 일정기간 동안 판매가 이루어진 메뉴명을 가, 나, 다, 라와 같이 나열한다.

② 일정기간(1개월) 동안에 판매된 수량을 기록한다.

③ 판매된 메뉴를 전체 메뉴수와 비교하여 백분율(%)로 표기한다(각 메뉴 판매수량/총판매수량×100%).

④ 임의로 설정된 기준(70%)을 이용하여 평균값을 ③의 백분율과 비교한다.

⑤ 항목에 평균값보다 크면 H(High), 작으면 L(Low)로 표기한다. 평균값의 계산 방법은 메뉴 숫자에 따라 다르지만, 모든 메뉴가 동등하게 팔릴 수 있다고 가정하고, 동등확률의 판매 가능기회의 수(1/전체 메뉴수)와 임의로 설정된 백분율(70%)을 곱하여 계산한다. 여기서는 메뉴 수가 4종류이고 임의로 설정된 백분율을 70%로 본다면(1/4×0.70 = 0.175, 즉 17.5%) 평균값은 17.5%가 된다.

⑥ 표준 원가(식재료비)를 기록한다.

⑦ 각 품목의 판매가격을 기록한다(백분율〈70%〉기준은 필자의 경험에 의한 일반화된 수치라 할 수 있다).

표 4-5 **메뉴 엔지니어링 워크시트 1**

① 품목	② 판매된 수량	③ 판매비율(%)	④ MM(%)과의 비교	⑤ 인기도	⑥ 식재료비	⑦ 판매가격
가	450	41%(450÷1,100×100)	41% > 17.5%	High	1.5	4
나	370	34%(370÷1,100×100)	34% > 17.5%	High	2.5	6
다	190	17%(190÷1,100×100)	17% < 17.5%	Low	4.0	9
라	90	8%(90÷1,100×100)	8% < 17.5%	Low	2.5	5
총판매된 품목	1,100	100%				

자료 : 조춘봉 외(2008). 레스토랑 메뉴경영론. 교문사

⑧ 공헌이익(판매가−식재료 원가)을 계산하여 표기한다.

⑨ 전체 메뉴에 대한 메뉴별 공헌이익을 계산(②×⑧)하여 표기한다.

⑩ 각 메뉴의 판매수익이 총판매수익에서 차지하는 비율을 계산한다.

⑪ 단위 메뉴당 공헌이익(⑧)을 기준으로 평균 판매수익의 기여도보다 높은 수치는 'High'라고 표기하고, 낮은 수치는 'Low'로 표기한다. 평균 공헌이익은 전체 공헌이익(3,595)을 팔린 전체 품목의 수로 나누어서 얻는다(3,595/1,100 = 3.27).

⑫ 각 메뉴를 기준에 따라 평가한다.

표 4-6 **메뉴 엔지니어링 워크시트 2**

⑧ 공헌이익	⑨ 단위 메뉴당 총판매수익	⑩ 단위 메뉴의 총판매수익에 대한 비율(%)	⑪ 단위 메뉴당 공헌이익 비교	⑫ 결과
2.5	1,125	1,125÷3,595×100=31%	2.5 < 3.27	Low
3.5	1,295	1,195÷3,595×100=36%	3.5 > 3.27	High
5.0	950	950÷3,595×100=26.4%	5.0 > 3.27	High
2.5	225	225÷3,595×100=6.6%	2.5 < 3.27	Low
	공헌이익 3,595	총판매수익 100%		

자료 : 조춘봉 외(2008). 레스토랑 메뉴경영론. 교문사

⑬ 각 메뉴를 하나하나 검토하여 결점을 분석한 후 메뉴 조정 시에 활용한다. 즉 인기도와 수익기여율의 문제점을 조정한다.

표 4-7 메뉴 엔지니어링 워크시트 3

메뉴명	인기도	수익기여율	결과	정보분석 후 조정내용
가	High	Low	Plowhorse	가격의 재조정
나	High	High	Star	그대로 유지
다	Low	High	Puzzle	메뉴상의 위치 변경
라	Low	Low	Dog	다른 품목으로 교체

자료 : 조춘봉 외(2008). 레스토랑 메뉴경영론. 교문사

이상과 같은 분석은 메뉴 그룹별로 분류하여 수익성에 대한 상관성조사와 서비스시 간대별, 형태별 분류는 물론이고, 수익성은 장·단기 분석을 고려해야 한다. 이 밖에 식 재료의 가격 결정문제는 영업과는 직접 관련이 없지만 노무비, 광고비, 유지관리비, 감가 상각비 등의 적용문제는 간단하지 않다. 이러한 원가문제를 토대로 가격산정을 하는 문 제는 계층적이고 시스템적 분석방법을 통하여 해결하는 것이 바람직할 것이다.

3) ABC분석

메뉴 분석을 위한 가장 간편한 도구로써 ABC분석법이 있다. 이는 메뉴별 매출액 합계 를 산출하여 매출액 합계가 높은 메뉴부터 낮은 메뉴 순서로 내림차순 정렬한 후 메 뉴군을 A·B·C 세 분류로 나누어 분석하는 방법이다. 매출액만을 기준으로 하므로 비 용을 산출할 필요가 없어서 소규모 외식업체의 메뉴 분석기법으로 많이 활용된다.

ABC분석은 통상적으로 높은 매출액(80%)을 올리는 메뉴의 수가 상대적으로 적은 것(20%)에 비유하여 파레토(8:2법칙)분석이라고도 하는데, 상위 80%를 차지하는 메뉴 군을 A군, 80~90%(95%)를 차지하는 메뉴를 B군, 나머지 5~10%를 차지하는 메뉴군 을 C군으로 분류함으로써 A군은 대표 메뉴, B군은 보조 메뉴 및 구색 메뉴, C군은 삭 제 또는 개선이 필요한 메뉴로 구분하지만, C군에는 유인 메뉴나 신메뉴 등이 포함될 수 있으므로 삭제 시 유의할 필요가 있다.

5 메뉴 분석 사례

1) ABC분석 사례

첫 번째 ABC분석 사례는 스파게티 전문점의 1개월 동안의 매출 데이터를 기반으로 작성하였으며, A메뉴군을 구분하는 기준을 매출액 80%로 설정하고 있다.

표 4-8 **ABC분석표 사례 1**

당월 ABC분석표(식사류)
(20** 년 5월 1일 ~ 20** 년 5월 31일)

점포명: ** 스파게티

No.	상품명	수량	단가	매출액	%	누계 %	ABC분석
1	칠리새우	588	9,015	5,301,000	14.9%	14.9%	
2	씨푸드	429	9,608	4,122,000	11.6%	26.5%	
3	카르보나라	416	8,200	3,411,000	9.6%	36.1%	
4	새우크림	339	8,649	2,932,000	8.2%	44.4%	
5	치킨	334	8,069	2,695,000	7.6%	51.9%	
6	로마나	277	8,850	2,451,500	6.9%	58.8%	A메뉴군
7	해물리조토	227	8,000	1,816,000	5.1%	63.9%	
8	그라탕	239	7,500	1,792,500	5.0%	69.0%	
9	치킨도리아	219	7,500	1,642,500	4.6%	73.6%	
10	곤돌리에라	108	10,167	1,098,000	3.1%	76.4%	
11	왕게살	113	9,441	1,066,800	3.0%	79.2%	
12	콤비네이션	112	9,424	1,055,500	3.0%	81.8%	
13	미트소스	131	7,702	1,009,000	2.8%	84.8%	
14	해물도리아	123	8,000	984,000	2.8%	87.7%	
15	포모도로	120	7,558	907,000	2.6%	90.2%	B메뉴군
16	치즈크림	109	7,899	861,000	2.4%	93.2%	
17	버섯모듬	70	7,864	550,500	1.5%	93.7%	
18	상하이	64	8,919	570,800	1.6%	95.2%	

(계속)

No.	상품명	수량	단가	매출액	%	누계 %	ABC분석
19	봉골레	45	8,400	378,000	1.1%	96.8%	
20	치즈스틱	56	6,800	380,800	1.1%	97.9%	
21	아라비아따	34	9,162	311,500	0.9%	98.9%	C메뉴군
22	김치	88	1,688	148,500	0.4%	99.8%	
23	바질리코	7	9,000	63,000	0.2%	100.0%	
	합 계	4,248		35,547,900	100.0%		

* 80%까지 A메뉴군, 80~95%까지 B메뉴군, 95~100%까지 C메뉴군으로 분류

두 번째 ABC분석은 부대찌개 전문점의 1개월 동안의 매출데이터를 이용하여 작성한 사례이다. 첫 번째 사례와 달리 두 번째 사례의 A메뉴군 기준은 매출액 75%로 설정하고 있다.

표 4-9 **ABC분석표 사례 2**

당월 ABC분석표(식사류)
(20** 년 2월 1일 ~ 20** 년 2월 28일)

점포명: ** 부대찌개

No.	상품명	수량	단가	매출액	%	누계 %	등급
1	수제부대(3인)	200	24,000	4,800,000	21.1%	21.1%	
2	수제부대(2인)	175	16,000	2,800,000	18.5%	39.6%	
3	기본부대(3인)	100	21,000	2,100,000	10.6%	50.2%	
4	수제부대(4인)	99	32,000	3,168,000	10.5%	60.7%	A메뉴군
5	기본부대(2인)	88	14,000	1,232,000	9.3%	70.0%	
6	기본부대(4인)	44	28,000	1,232,000	4.7%	74.6%	
7	수제부대(1인)	24	8,000	192,000	2.5%	77.2%	
8	기본부대(1인)	22	7,000	154,000	2.3%	79.5%	
9	제육두루(2인)	18	16,000	288,000	1.9%	81.4%	
10	돼지김치(2인)	18	14,000	252,000	1.9%	83.3%	B메뉴군
11	삼겹살(2인)	16	22,000	352,000	1.7%	85.0%	
12	닭갈비(3인)	13	33,000	429,000	1.4%	86.4%	
13	제육두루(1인)	13	8,000	104,000	1.4%	87.7%	

(계속)

No.	상품명	수량	단가	매출액	%	누계 %	등급
14	삼겹살(3인)	13	33,000	429,000	1.4%	89.1%	
15	삼겹살(1인)	11	11,000	121,000	1.2%	90.3%	
16	닭갈비(2인)	10	22,000	220,000	1.1%	91.3%	
17	닭갈비(4인)	10	44,000	440,000	1.1%	92.4%	B메뉴군
18	돼지김치(3인)	10	21,000	210,000	1.1%	93.4%	
19	제육두루(3인)	7	21,000	147,000	0.7%	94.2%	
20	순두부(2인)	7	14,000	98,000	0.7%	94.9%	
21	닭갈비(1인)	6	11,000	66,000	0.6%	95.6%	
22	해물전골中	5	45,000	225,000	0.5%	96.1%	
23	버섯불고기中	4	39,000	156,000	0.4%	96.5%	
24	돼지김치(1인)	4	7,000	28,000	0.4%	96.9%	
25	햄김치(1인)	4	7,000	28,000	0.4%	97.4%	
26	삼겹살(4인)	4	44,000	176,000	0.4%	97.8%	
27	해물부대(3인)	3	36,000	108,000	0.3%	98.1%	
28	수제부대(2인)(포장)	3	16,000	48,000	0.3%	98.4%	
29	제육두루(4인)	3	32,000	96,000	0.3%	98.7%	C메뉴군
30	순두부(3인)	3	21,000	63,000	0.3%	99.0%	
31	해물부대(2인)	2	24,000	48,000	0.2%	99.3%	
32	버섯불고기大	1	52,000	52,000	0.1%	99.4%	
33	해물부대(4인)	1	48,000	48,000	0.1%	99.5%	
34	수제부대(1인)(포장)	1	8,000	8,000	0.1%	99.6%	
35	수제부대(3인)(포장)	1	24,000	24,000	0.1%	99.7%	
36	햄김치(3인)	1	21,000	21,000	0.1%	99.8%	
37	순두부(1인)	1	7,000	7,000	0.1%	99.9%	
38	순두부(4인)	1	28,000	28,000	0.1%	100.0%	

* 75%까지 A 메뉴군, 75~95%까지 B 메뉴군, 95~100%까지 C 메뉴군으로 분류

첫 번째 사례와 두 번째 사례에서 A, B, C메뉴군을 설정하는 기준이 약간의 차이를 보이는 것은 점포의 특성을 고려한 결정이다. 실제 현장에서 메뉴 분석을 할 때도 상권과 입지의 특성에 따라서 적절한 기준을 설정할 필요가 있다.

2) 메뉴 엔지니어링 사례

다음의 메뉴 엔지니어링 사례는 38가지 메뉴를 판매하고 있는 부대찌개 전문점의 매출 데이터를 기반으로 작성되었다. 엑셀을 활용하여 분석이 이루어졌으며, 계산방법은 워크시트에 표기된 원문자에 따라서 표의 하단에 주석으로 정리하였다.

표 4-10 **메뉴 엔지니어링 Worksheet**

No.	① 메뉴명	② 판매량	③ 판매비율(%)	비교	④ 선호도	⑤ 인기도	⑥ 식재료비	⑦ 메뉴 가격
1	수제부대(3인)	200	21.1%	>	1.8%	High	6,486	24,000
2	수제부대(2인)	175	18.5%	>	1.8%	High	4,324	16,000
3	기본부대(3인)	100	10.5%	>	1.8%	High	6,474	21,000
4	수제부대(4인)	99	10.4%	>	1.8%	High	8,648	32,000
5	기본부대(2인)	88	9.3%	>	1.8%	High	4,316	14,000
6	기본부대(4인)	44	4.6%	>	1.8%	High	8,632	28,000
7	수제부대(1인)	24	2.5%	>	1.8%	High	2,162	8,000
8	기본부대(1인)	22	2.3%	>	1.8%	High	2,158	7,000
9	제육두루(2인)	18	1.9%	>	1.8%	High	4,200	16,000
10	돼지김치(2인)	18	1.9%	>	1.8%	High	4,400	14,000
11	삼겹살(2인)	16	1.6%	<	1.8%	Low	6,800	22,000
12	닭갈비(3인)	13	1.3%	<	1.8%	Low	9,000	33,000
13	제육두루(1인)	13	1.3%	<	1.8%	Low	2,100	8,000
14	삼겹살(3인)	13	1.3%	<	1.8%	Low	10,200	33,000
15	삼겹살(1인)	11	1.1%	<	1.8%	Low	3,400	11,000
16	닭갈비(2인)	10	1.06%	<	1.8%	Low	6,000	22,000
17	닭갈비(4인)	10	1.0%	<	1.8%	Low	12,000	44,000
18	돼지김치(3인)	10	1.06%	<	1.8%	Low	6,600	21,000
19	제육두루(3인)	7	0.7%	<	1.8%	Low	6,300	21,000
20	순두부(2인)	7	0.7%	<	1.8%	Low	3,000	14,000
21	닭갈비(1인)	6	0.6%	<	1.8%	Low	3,000	11,000
22	해물전골中	5	0.5%	<	1.8%	Low	18,000	45,000

(계속)

No.	① 메뉴명	② 판매량	③ 판매비율(%)	비교	④ 선호도	⑤ 인기도	⑥ 식재료비	⑦ 메뉴 가격
23	버섯불고기中	4	0.4%	<	1.8%	Low	15,600	39,000
24	돼지김치(1인)	4	0.4%	<	1.8%	Low	2,200	7,000
25	햄김치(1인)	4	0.4%	<	1.8%	Low	2,200	7,000
26	삼겹살(4인)	4	0.4%	<	1.8%	Low	13,600	44,000
27	해물부대(3인)	3	0.3%	<	1.8%	Low	14,400	36,000
28	수제부대(2인)(포장)	3	0.3%	<	1.8%	Low	4,906	16,000
29	제육두루(4인)	3	0.3%	<	1.8%	Low	8,400	32,000
30	순두부(3인)	3	0.3%	<	1.8%	Low	4,500	21,000
31	해물부대(2인)	2	0.2%	<	1.8%	Low	9,600	24,000
32	버섯불고기大	1	0.1%	<	1.8%	Low	20,800	52,000
33	해물부대(4인)	1	0.1%	<	1.8%	Low	19,200	48,000
34	수제부대(1인)(포장)	1	0.1%	<	1.8%	Low	2,162	8,000
35	수제부대(3인)(포장)	1	0.1%	<	1.8%	Low	6,486	24,000
36	햄김치(3인)	1	0.1%	<	1.8%	Low	6,600	21,000
37	순두부(1인)	1	0.1%	<	1.8%	Low	1,500	7,000
38	순두부(4인)	1	0.1%	<	1.8%	Low	6,000	28,000
	합계	946	100%					

① POS 시스템에서 메뉴별 판매실적을 출력한 후, 메뉴명을 기준으로 정리한다.

② 일정기간(1개월) 동안에 판매된 수량을 기록한다.

③ 판매된 메뉴를 전체 메뉴수와 비교하여 백분율(percentage)을 계산한다(각 메뉴 판매수량/총판매수량×100%).

④ 38가지 메뉴의 평균 판매비율이 각각 2.6%(=1/전체 메뉴수*100)라고 가정할 때, 이의 70% 수준 값(2.6%*70%=1.8%)을 ③의 백분율과 비교한다.

⑤ 평균값보다 크면 H(High), 작으면 L(Low)로 한다.

⑥ 표준 원가(식재료비)를 기록한다.

⑦ 각 품목의 판매가격을 기록한다

표 4-11 **메뉴 엔지니어링 Worksheet 2**

No.	① 메뉴 리스트	⑧ 공헌이익	비교	⑨ 평균공헌이익(%)	⑩ 수익기여율	⑪ 결과
1	수제부대(3인)	17,514	>	15,086	High	Stars
2	수제부대(2인)	11,676	<	15,086	Low	Plowhorses
3	기본부대(3인)	14,526	>	15,086	Low	Plowhorses
4	수제부대(4인)	23,352	>	15,086	High	Stars
5	기본부대(2인)	9,684	<	15,086	Low	Plowhorses
6	기본부대(4인)	19,368	>	15,086	High	Stars
7	수제부대(1인)	5,838	<	15,086	Low	Plowhorses
8	기본부대(1인)	4,842	<	15,086	Low	Plowhorses
9	제육두루(2인)	11,800	<	15,086	Low	Plowhorses
10	돼지김치(2인)	9,600	<	15,086	Low	Plowhorses
11	삼겹살(2인)	15,200	>	15,086	High	Puzzles
12	닭갈비(3인)	24,000	>	15,086	High	Puzzles
13	제육두루(1인)	5,900	<	15,086	Low	Dogs
14	삼겹살(3인)	22,800	>	15,086	High	Puzzles
15	삼겹살(1인)	7,600	<	15,086	Low	Dogs
16	닭갈비(2인)	16,000	>	15,086	High	Puzzles
17	닭갈비(4인)	32,000	>	15,086	High	Puzzles
18	돼지김치(3인)	14,400	<	15,086	Low	Dogs
19	제육두루(3인)	14,700	>	15,086	Low	Dogs
20	순두부(2인)	11,000	<	15,086	Low	Dogs
21	닭갈비(1인)	8,000	<	15,086	Low	Dogs
22	해물전골中	27,000	>	15,086	High	Puzzles
23	버섯불고기中	23,400	>	15,086	High	Puzzles
24	돼지김치(1인)	4,800	<	15,086	Low	Dogs
25	햄김치(1인)	4,800	<	15,086	Low	Dogs
26	삼겹살(4인)	30,400	>	15,086	High	Puzzles
27	해물부대(3인)	21,600	>	15,086	High	Puzzles
28	수제부대(2인)(포장)	11,094	<	15,086	Low	Dogs

(계속)

No.	① 메뉴 리스트	⑧ 공헌이익	비교	⑨ 평균공헌이익(%)	⑩ 수익기여율	⑪ 결과
29	제육두루(4인)	23,600	>	15,086	High	Puzzles
30	순두부(3인)	16,500	>	15,086	High	Puzzles
31	해물부대(2인)	14,400	<	15,086	Low	Dogs
32	버섯불고기大	31,200	>	15,086	High	Puzzles
33	해물부대(4인)	28,800	>	15,086	High	Puzzles
34	수제부대(1인)(포장)	5,838	<	15,086	Low	Dogs
35	수제부대(3인)(포장)	17,514	>	15,086	High	Puzzles
36	햄김치(3인)	14,400	<	15,086	Low	Dogs
37	순두부(1인)	5,500	<	15,086	Low	Dogs
38	순두부(4인)	22,000	>	15,086	High	Puzzles
	합계					

⑧ 공헌이익(판매가－식재료 원가)를 계산한다.

⑨ 전체 메뉴의 평균 공헌이익을 계산한다(평균 공헌이익 = 공헌이익의 합계 ÷ 전체 메뉴의 수). 즉 ②에 ⑧을 곱하여 전체 합계를 구한 후, ②의 합계인 946으로 나누면 평균 공헌이익15,086이 된다.

⑩ 단위 메뉴당 공헌이익(⑧)을 기준으로 평균 공헌이익과 비교하여 높은 수치는 'High'라고 표기하고, 낮은 수치는 'Low'로 표기한다.

⑪ 각 메뉴를 기준에 따라 평가한다.

표 4-12 **메뉴 엔지니어링 Worksheet 3**

No.	메뉴 리스트	인기도 ⑤	수익기여율 ⑩	결과 ⑪	분석 후 조정해야 할 내용 ⑫
1	수제부대(3인)	High	High	Stars	그대로 유지
2	수제부대(2인)	High	Low	Plowhorses	가격 조정
3	기본부대(3인)	High	Low	Plowhorses	가격 조정
4	수제부대(4인)	High	High	Stars	그대로 유지
5	기본부대(2인)	High	Low	Plowhorses	가격 조정
6	기본부대(4인)	High	High	Stars	그대로 유지
7	수제부대(1인)	High	Low	Plowhorses	가격 조정
8	기본부대(1인)	High	Low	Plowhorses	가격 조정
9	제육두루(2인)	High	Low	Plowhorses	가격 조정
10	돼지김치(2인)	High	Low	Plowhorses	가격 조정
11	삼겹살(2인)	Low	High	Puzzles	메뉴북 위치 변경

(계속)

No.	메뉴 리스트	인기도 ⑤	수익기여율 ⑩	결과 ⑪	분석 후 조정해야 할 내용 ⑫
12	닭갈비(3인)	Low	High	Puzzles	메뉴북 위치 변경
13	제육두루(1인)	Low	Low	Dogs	신메뉴로 교체하거나 리뉴얼
14	삼겹살(3인)	Low	High	Puzzles	메뉴북 위치 변경
15	삼겹살(1인)	Low	Low	Dogs	신메뉴로 교체하거나 리뉴얼
16	닭갈비(2인)	Low	High	Puzzles	메뉴북 위치 변경
17	닭갈비(4인)	Low	High	Puzzles	메뉴북 위치 변경
18	돼지김치(3인)	Low	Low	Dogs	신메뉴로 교체하거나 리뉴얼
19	제육두루(3인)	Low	Low	Dogs	신메뉴로 교체하거나 리뉴얼
20	순두부(2인)	Low	Low	Dogs	신메뉴로 교체하거나 리뉴얼
21	닭갈비(1인)	Low	Low	Dogs	신메뉴로 교체하거나 리뉴얼
22	해물전골中	Low	High	Puzzles	메뉴북 위치 변경
23	버섯불고기中	Low	High	Puzzles	메뉴북 위치 변경
24	돼지김치(1인)	Low	Low	Dogs	신메뉴로 교체하거나 리뉴얼
25	햄김치(1인)	Low	Low	Dogs	신메뉴로 교체하거나 리뉴얼
26	삼겹살(4인)	Low	High	Puzzles	메뉴북 위치 변경
27	해물부대(3인)	Low	High	Puzzles	메뉴북 위치 변경
28	수제부대(2인)(포장)	Low	Low	Dogs	신메뉴로 교체하거나 리뉴얼
29	제육두루(4인)	Low	High	Puzzles	메뉴북 위치 변경
30	순두부(3인)	Low	High	Puzzles	메뉴북 위치 변경
31	해물부대(2인)	Low	Low	Dogs	신메뉴로 교체하거나 리뉴얼
32	버섯불고기大	Low	High	Puzzles	메뉴북 위치 변경
33	해물부대(4인)	Low	High	Puzzles	메뉴북 위치 변경
34	수제부대(1인)(포장)	Low	Low	Dogs	신메뉴로 교체하거나 리뉴얼
35	수제부대(3인)(포장)	Low	High	Puzzles	메뉴북 위치 변경
36	햄김치(3인)	Low	Low	Dogs	신메뉴로 교체하거나 리뉴얼
37	순두부(1인)	Low	Low	Dogs	신메뉴로 교체하거나 리뉴얼
38	순두부(4인)	Low	High	Puzzles	메뉴북 위치 변경
	합계				

⑫ 분석결과에 따라서 〈그림 4-7〉과 같은 메뉴의 위치에 따라 적절한 전략을 수립하고 실행한다.

선호도(고)

Plowhorses Menu   Star Menu

수제부대(2인)   수제부대(3인)
기본부대(3인)   수제부대(4인)
기본부대(2인)   기본부대(4인)
수제부대(1인)
기본부대(1인)
제육두루(2인)
돼지김치(2인)

공헌이익(저) ──────────────────────────── 공헌이익(고)

제육두루(1인)   삼겹살(2인)
삼겹살(1인)   닭갈비(3인)
돼지김치(3인)   삼겹살(3인)
제육두루(3인)   닭갈비(2인)
순두부(2인)   닭갈비(4인)
닭갈비(1인)   해물전골中
돼지김치(1인)   버섯불고기中
햄김치(1인)   삼겹살(4인)
수제부대(2인)(포장)   해물부대(3인)
해물부대(2인)   제육두루(4인)
수제부대(1인)(포장)   순두부(3인)
햄김치(3인)   버섯불고기大
순두부(1인)   해물부대(4인)
                    수제부대(3인)(포장)
                    순두부(4인)

Dogs Menu   Puzzles Menu
선호도(저)

그림 4-7 **메뉴 엔지니어링 사례**

학습요약

❶ '메뉴 평가'와 '메뉴 분석'은 일반적으로 비슷한 개념으로 혼용되기도 하지만, 본교재에서는 메뉴 평가와 메뉴 분석을 메뉴의 도입 전과 도입 후의 별도 활동으로 구분하여 개념을 정립하고자 한다.

❷ 메뉴 평가는 메뉴 계획 후 메뉴를 도입하기 전에 메뉴의 타당성을 검토하는 활동으로 상품 자체의 속성을 위주로 하는 관능검사가 주를 이루며, 소비자의 평가가 주류를 이루는 활동이기도 하다. 따라서 메뉴 평가는 고객들을 대상으로 실제 시식을 통한 설문조사 형식을 취하는 경우가 많으며, 이를 위한 다양한 형식을 개발하는 노력이 필요하다.

❸ 메뉴 평가 시에는 음식의 질과 양, 메뉴의 가격, 아이템의 다양성, 영양과 건강적 요소 등을 고려하여 평가표를 작성하며, 메뉴 평가는 소비자선택 모델을 기초로 이루어져야 한다.

❹ 메뉴 분석이란 기존 메뉴의 개선을 위한 메뉴의 현황을 조사·분석·개선·신규개발 과정으로, 현재 판매하는 음식의 가격은 적당한가, 식재료 원가는 얼마이고 어느 정도가 적정한가, 수익을 극대화할 수 있는 메뉴의 판매량은 얼마인가, 현재 메뉴 중 가격변경이나 삭제 등의 조치가 필요한 것은 없는지 등의 답변을 찾는 과정이라고 할 수 있다.

❺ 메뉴 분석은 사전적인 개념의 메뉴 평가가 고객을 위주로 정보를 취득하는 것과 달리 영업 중에 취득한 외식업체 내부의 정보를 가지고 이루어진다. 따라서 메뉴 평가가 주로 정성적이고 메뉴 계획과 디자인 중심으로 이루어지는 반면, 메뉴 분석은 정량적·사후적이고 선호도와 수익성 위주로 이루어진다.

연습문제

1 음식점의 최근 1개월 동안의 메뉴 판매 자료를 이용하여 분석이 가능한 모든 방법으로 메뉴 분석을 해보고 그 결과를 평가해 보기 바랍니다.

2 2개 이상의 점포에 대한 ABC분석 결과를 이용하여 소비자가 음식점에서 메뉴를 구매할 때 어떤 것을 고려해서 메뉴를 선택하는지 자신의 의견을 제시하여 보기 바랍니다.

3 ABC분석과 메뉴 엔지니어링을 결합하여 메뉴 분석을 한 후, 개별적인 분석 결과와 비교할 때 어떤 점에서 유익한지 정리하여 보기 바랍니다.

5장

메뉴 가격 결정

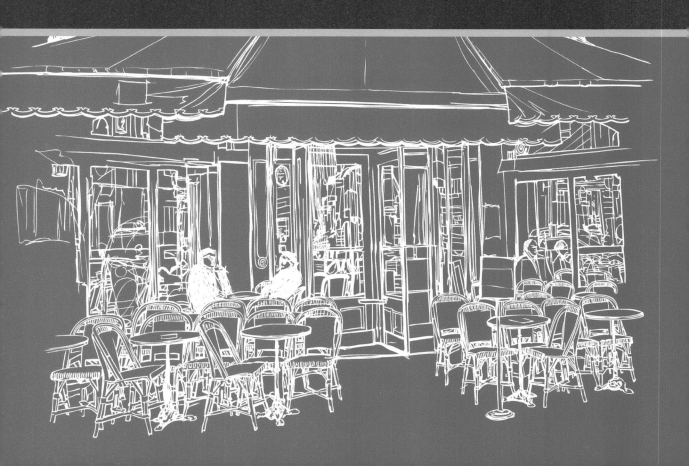

학습내용

1. 메뉴 가격의 개요
2. 메뉴 가격 결정 요인
3. 메뉴 가격 결정 원칙
4. 메뉴 가격 결정 방법

학습목표

- 메뉴 가격의 정의를 이해하고 가격의 특성과 중요성을 설명할 수 있다.
- 메뉴 개발 시 고려해야 할 요인과 가격 결정 원칙을 설명할 수 있다.
- 외식업체의 메뉴 가격을 결정하는 정성적 방법과 정량적 방법을 설명할 수 있다.

메뉴 가격 결정에 대한 이론과 실무를 배우기에 앞서 우리는 가격이 얼마나 중요한 의미를 가지는 대상인지 이해할 필요가 있다. 던킨 브랜드의 존 루서 회장은 '가격'이 기업의 운명을 결정한다고 하면서, 그 중요성을 다음과 같이 이야기하고 있다.

"기업이 경쟁력을 갖추려면 가격을 공정하게 책정하려는 노력이 필요하다. 소비자들은 불공정하게 가격을 책정하는 기업을 싫어하므로 불공정하게 가격을 책정하는 기업은 단기적으로는 이익을 볼지 몰라도 장기적으로는 폐업의 위기에 몰릴 수도 있다.

공정한 가격이 반드시 저렴한 가격을 의미하는 것은 아니다. 공정함이란 얻는 것만큼 주는 것으로 소비자를 존중하는 태도와 관련이 있다. 결국 공정한 가격은 소비자가 기업을 신뢰하도록 만들며 기업의 이익으로 돌아온다.

가격에 대한 소비자의 욕구를 만족시키기 위해 가장 먼저 해야 할 일은 소비자들이 무엇을 원하는지 이해하는 것이다. 제품의 구입을 위하여 지불할 용의가 있는 가격의 범위(가격분산)를 파악하고 고객이 지불한 돈에 대하여 기업이 어떤 가치를 제공할 수 있는지를 고려해야 한다.

예를 들어 던킨도너츠는 고객의 경제적 수준에 알맞은 낮은 가격의 커피류를 개발하였다. 다만 고객이 매장 내에 의자라든지 별도의 편의시설은 원하지 않았기 때문에 새로운 투자를 하지는 않았다. 이것은 던킨도너츠가 고객이 원하는 것이 무엇인지를 정확히 파악했기 때문에 성공할 수 있었음을 보여준다. 가격은 고객이 원하는 상품이나 서비스의 가치를 정확하게 반영해야 하며, 그래야 공정하다고 할 수 있다.

사람들은 매일매일 무엇인가를 구매하고 그에 상응하는 가격을 지불한다. 현대사회에서는 한순간도 가격을 피해서 살 수 없다. 따라서 가격은 우리의 일상생활과 매우 밀접한 관계를 맺고 있으며, 우리의 생활에 커다란 영향을 주고 있다."

1 메뉴 가격의 개요

외식업체에서 판매하는 음식과 음료는 가격이 결정되면서 상품이 된다.

그림 5-1 **가격 결정에 의한 상품화**

왜냐하면 아무리 맛있는 음식이라도 손님이 지불할 의향이 있는 가격대를 넘어서면 상품으로 판매가 이루어지지 않기 때문이다. 따라서 음식을 만들어 상품화하는 데 있어서 가장 중요한 과업은 가격을 결정하는 일이다.

> **POINT** 가격 결정의 중요성
> 음식을 만들어 상품화하는 데 있어서 가장 중요한 것은 가격을 결정하는 일

따라서 외식업체 경영자는 메뉴를 계획하고 개발하는 과정에서 메뉴의 가격을 결정할 때 많은 고민을 하게 된다. 아무리 맛있고 훌륭한 메뉴라 하더라도 매우 비싸서 소비자가 구매할 여력이 없거나 매우 저렴하여 오히려 메뉴의 안정성을 의심하게 된다면 많은 연구 끝에 탄생한 메뉴는 세상의 빛을 보지도 못한 채 사라지게 된다.

1) 가격의 정의

메뉴 가격은 협의의 개념으로 볼 때, 외식업체에서 판매하는 음식과 서비스의 화폐적 가치를 의미한다.

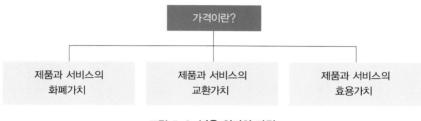

메뉴의 가격

외식업체에서 판매하는 음식과 서비스의 화폐적 가치

그림 5-2 좁은 의미의 가격

다만 메뉴 가격을 광의의 개념으로 보면, 단순한 화폐적 가치 외에 가격은 음식(제품)과 서비스의 교환가치 및 효용가치를 포함하는 개념으로 보아야 한다.

```
                    가격이란?
         ┌─────────────┼─────────────┐
   제품과 서비스의    제품과 서비스의    제품과 서비스의
     화폐가치          교환가치          효용가치
```

그림 5-3 넓은 의미의 가격

2) 가격의 중요성

가격의 중요성을 정리하면 다음과 같다.

첫째, 가격은 소비자의 구매의사 결정 과정에 가장 큰 영향을 미치는 요인이다. 소비자는 구매를 결정할 때 다양한 요인을 고려하지만 최종적인 구매결정에 가장 큰 영향을 미치는 것이 가격임에 틀림없다. 예를 들어 서로 이웃한 A와 B라는 외식업체에서 동일한 품질의 칼국수를 판매한다고 가정하자. A점포는 5,000원에 칼국수를 판매하는 반면, B점포는 4,000원에 판매하고 있다면 소비자들은 어떤 외식업체를 선택할까?

그림 5-4 **소비자의 구매의사 결정에 직접적인 영향을 미치는 가격의 사례**

둘째, 가격은 기업의 영업이익을 극대화하는 데 가장 큰 영향을 미치는 변수 중 하나이다.

POINT 가격은 기업의 이익극대화에 가장 큰 영향을 미치는 변수

가격인상에 따른 수요의 변화가 없다고 가정하여 계산된 수치이긴 하지만, 실제로 비용의 절감이나 마케팅을 통한 판매량의 증가보다 가격인상이 영업이익에 가장 큰 영향을 미친다는 사실은 많은 연구와 현장의 컨실팅 결과에서 입증되었다. 구체적으로 일본 우량기업을 대상으로 한 연구에서는 판매량을 1% 증가시킬 때 영업이익이 8.2% 증가하는데 그쳤지만, 제품가격을 1% 인상하면 영업이익이 무려 32.2% 증가하는 것으로 나타난 바 있다.

그동안 외식업체들은 가격은 한번 정해지면 특별한 이유가 없는 한 영원히 변치 않아야 하는 관리 불가능한 요인으로 간주하며 사업을 해 왔다. 특히 가격은 이익과는 큰 관계가 없는 존재여서 이익을 높이려면 신메뉴를 개발하거나 마케팅을 통해 고객이 많이 오도록 만들어야 한다고만 생각했다. 하지만 이익에 가장 큰 영향을 미치는 대표

표 5-1 **다양한 변수가 영업이익에 미치는 영향**

구분		내용
일본 우량기업	고정비의 1% 절감	영업이익은 7.2% 증가
	판매량의 1% 증가	영업이익은 8.2% 증가
	변동비의 1% 절감	영업이익은 23.9% 증가
	가격의 1% 인상	영업이익은 32.2% 증가
S&P 1,000개 기업	고정비의 1% 절감	영업이익은 2.6% 증가
	판매량의 1% 증가	영업이익은 3.6% 증가
	변동비의 1% 절감	영업이익은 8.7% 증가
	가격의 1% 인상	영업이익은 12.3% 증가

자료 : 아오키 준(2004) 지음, 한양심 옮김. 프라이싱. 한스미디어

적인 변수는 가격이며, 가격은 얼마든지 변경하고 전략적으로 활용할 수 있는 경영활동의 일부이다.

외식업체에서 가격은 소비자의 구매의사 결정, 점포의 영업이익에 가장 큰 영향을 미치는 것 외에도 〈그림 5-5〉에 정리한 바와 같이 마케팅 믹스 요소 중 유일하게 이익에 영향을 미친다는 점, 다른 요인에 비하여 변경이 쉽고 단기간에 효과가 나타난다는 점, 수요에 직접적인 영향을 미친다는 점에서 그 중요성이 강조되고 있다.

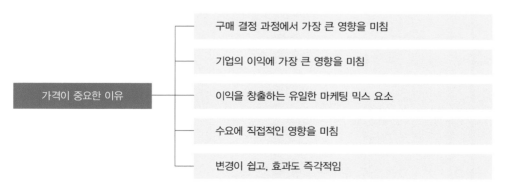

그림 5-5 **외식업체에서 가격이 중요한 이유**

3) 메뉴 가격의 특성

외식업체에서 판매하는 메뉴의 가격은 메뉴의 상품성과 외식업체의 서비스 수준, 분위기 등이 복합적으로 작용하여 결정되고 소비자의 인식에도 영향을 미치게 된다. 외식업체는 객관적 수준의 가격보다는 고객의 주관적 가격이 더 중요함을 인식해야 한다. 또한 고객이 만족하는 가격과 경영자가 만족하는 수준의 가격이 적절한 조화를 이룰 때 안정적인 수요가 발생하고 경영자는 목표 매출을 달성할 수 있다.

그림 5-6 **메뉴 가격의 특성**

2 메뉴 가격 결정 요인

1) 가격 결정에 영향을 미치는 요인

외식업체를 창업할 때 가장 중요한 의사결정은 메뉴를 확정하는 일이다. 경쟁력 있고 차별화된 콘셉트의 메뉴가 확정되면, 해당 메뉴의 가격을 결정하는 절차가 남는다. 가격을 결정할 때 고려해야 하는 요소는 '식재료 원가, 노무비, 경비, 감가상각, 이익, 재투

그림 5-7 가격 결정에 영향을 미치는 요인

자 및 투자자에 대한 배당, 기타 고려요소' 등 다양하다.

가격 결정에 영향을 미치는 다양한 요소 중에서 원가(cost), 경쟁자(competitor), 고객(customer)은 가장 중요하게 다루는 가격 결정의 3요소(3C)이다. 이와 같은 3요소 중 원가는 가격의 하한선에 영향을 미치고 고객에게 제공되는 가치는 가격의 상한선에 영향을 미친다. 그리고 마지막으로 경쟁자의 가격은 하한선과 상한선 사이에서 가격을 결정하는 데 영향을 미친다.

외식업체의 경영자는 이와 같이 가격을 결정할 때에 〈그림 5-7〉과 같은 다양한 요인을 세밀하게 고려해야 자신의 목표를 효율적으로 달성할 수 있다.

(1) 외식업체의 목표

가격은 외식업체의 목표에 의하여 영향을 받는다. 외식업체는 매출극대화, 이익극대화, 시장점유율 극대화, 경쟁사와의 균형 등을 목표로 설정할 수 있다. 즉, 외식업체가 소비자에게 제시하는 메뉴 가격은 외식업체의 목표에 따라 달라진다. 이윤극대화를 꾀하는 외식업체의 경우 가격은 높은 이윤을 달성할 수 있는 수준으로 결정할 것이고, 매출극대화를 꾀하는 외식업체는 매출을 최대로 올릴 수 있는 수준으로 가격을 정할 것이다.

예를 들어 단일 메뉴만 취급하는 외식업체가 해당 메뉴의 수요함수를 안다고 가정하면, 매출극대화, 이익극대화, 시장점유율 극대화, 경쟁사와의 균형 중에서 목표를 어떤 것으로 설정하느냐에 따라 가격은 각각 다르게 결정된다.

(2) 고객

고객기반의 가격 결정법은 원가나 경쟁을 고려하지 않고 고객의 관점에서 가격을 결정하는 방법이다. 최근 마케팅 패러다임이 고객 중심으로 변화하는 것을 고려하면 마케팅 트렌드에 가장 적합한 것은 가격 결정 방법이다. 이와 같은 가격 결정 방법을 사용하는 배경은 제품이나 서비스의 차별성이 부각되어 비교대상의 경쟁사가 거의 없다고 판단되는 경우이다. 실제로 외식업체의 가격 전략으로 많이 활용되는 심리적 가격 결정 방법이 대표적인 고객기반의 결정 방법에 해당하는데 위신가격, 관습가격, 단수가격 등이 있다.

위신가격은 가격이 높을수록 품질이 좋을 것이라는 심리를 이용하는 가격 전략으로 고가를 이용하여 메뉴 또는 서비스 수준을 매우 높게 인식하도록 만드는 효과가 있다. 또한 관습가격은 다수의 거래를 통해 고객의 마음속에 이미 가격이 결정되어 있는 경우를 의미한다. 예를 들면, 한식 외식업체에서 주로 취급하는 한식 메뉴들은 소비자들에게 매우 친숙하고 차별성이 없는 관계로 대부분 획일적인 가격으로 판매되고 있다. 주점에서 판매되는 소주의 가격이 원가의 상승에도 불구하고 지속적으로 유지되는 것도 관습가격 때문이다. 따라서 고객이 심리적으로 느끼는 관습가격이 매우 낮은 소주의 가격이 그 이상으로 책정되면 저항이 거세지기 때문에 대부분 저가격을 그대로 유지한다. 경우에 따라 가격의 인상이 요구되는 상황에 직면하더라도 직접적인 가격 조정보다는 중량이나 품질의 조정을 통한 간접적인 가격 조정을 시도하는 경우도 관습가격 때문이다.

단수가격은 소비자들이 제품이나 서비스의 가격을 낮게 인식하도록 하기 위해 주로 사용되는 가격 결정법이다. 1,000원보다는 990원이, 5,000원보다는 4,900원이, 10,000원보다는 9,900원이 더 싸다는 느낌을 주어 구매를 유도한다. 박리다매를 목적으로 하는 저가형 또는 가격파괴형 외식업체에서 많이 사용하는 가격 결정 방법이다. 예를 들어 분식점에서는 메뉴의 가격을 주로 3,900원, 4,900원으로 설정하여 소비자들이 실제보다 더욱 저렴하게 느끼도록 만들고, 가격파괴형 삼겹살 전문점 등에서도 1인분에 2,900원 또는 3,900원과 같은 단수가격을 사용한다.

(3) 경쟁사

외식업체들은 직접적인 경쟁관계에 있는 점포의 가격을 기준으로 메뉴 가격을 결정하는 경우가 많다. 외식산업에서 실제로 가장 큰 문제점을 내포한 방법임에도 불구하고 현장에서 가장 많이 사용하는 것이 가격 결정 방법이다. 가장 큰 문제를 내포하고 있다는 의미는 가격 결정에 영향을 미치는 다양한 요소들이 있는데도 이를 고려하지 않고 경쟁관계만 감안하여 가격을 결정한다는 뜻이다. 수익성이 전혀 고려되지 않은 채 이러한 방법을 선택하는 이유는 외식산업의 치열한 경쟁 때문이다. 다만 경쟁사 기반의 가격 결정법은 경쟁사가 적절한 이익을 내고 있다는 가정 하에 일반적으로 받아들여지는 방법이다.

이와 같은 가격 결정 방법은 가격을 경쟁사보다 높게 결정하는 방법, 경쟁사보다 낮게 결정하는 방법, 동일하게 결정하는 방법 등이 있는데, 결과적으로 목표는 경쟁사에 비하여 높은 가치를 제공하는 데 있다. 따라서 경쟁사보다 낮은 원가를 시현하거나 동일한 원가 수준이라면 차별성 내지는 높은 가치를 제공할 수 있는 능력을 갖추어야 한다.

(4) 원가와 이익

원가는 메뉴 가격을 결정할 때 신중하게 고려해야 하는 중요한 요소이다. 아무리 많이 판매해도 원가보다 낮은 가격을 받는다면 무슨 소용이 있는가? 일반적으로 외식업체의 식재료비율은 30~40%가 적정하다고 한다. 다만 메뉴별로 식재료비율을 맞추어야 한다는 의미는 아니다. 식재료비율은 매출액 대비 전체 식재료비율이 그 수준을 유지하면 된다는 것이다. 원가율은 개별 메뉴뿐만 아니고 전체 매출에 대한 비율로 생각한다.

외식업체의 경영자는 노력 여하에 따라 얼마든지 원가율을 낮출 수 있다. 주류를 예를 들어 생각해 보자. 맥주는 누구라도 알고 있는 유명회사의 제품을 그대로 제공하는 상품이다. 조리가공을 하는 것이 아니다. 그러나 맥주의 구입 가격은 각 점포의 납품계약에 의해 달라질 수 있다. 이러한 상품을 30%라는 일률적인 원가율로 판매한다면, 개인 점포 등 취급이 적은 외식업체는 구입 가격이 보다 싼 기업의 대형 체인점과 비교할 때 절대적으로 불리할 수밖에 없다. 그러나 칵테일과 같은 상품은 각 점포가 재료를 준비해서 독자적으로 만들 수 있기 때문에 원가율을 자유롭게 설정할 수 있다. 이러한 메뉴는 원가율이 20%밖에 들지 않지만 재료와 레시피의 연구로 매력 있는 상품을 제공함으로써 손님을 만족시킬 수 있다. 이와 같이 경쟁점포에 대응함으로써 원가율이 높은 맥주와 연구하는 대로 원가율을 낮출 수 있는 칵테일 등을 조합하여 메뉴를 만들어서 총 원가율을 적정하게 맞출 수도 있다.

원가율을 관리하는 데 있어서 필수적인 절차가 필요하다. 레시피가 바로 그것이다. 성공하는 외식업체의 경영자는 메뉴별로 원가를 파악하기 위해서 레시피를 작성한다. 레시피를 이용하여 정확한 원가를 파악하는 것이다. 외식업체의 매출원가를 조절하기 위해서는 우선 각각의 메뉴에 대해서 정확한 원재료비를 산출해야 한다. 이것을 위해서는 먼저 점포에서 제공하는 음식과 음료의 레시피를 작성하고, 레시피에 근거하여 원가를 정확히 파악할 필요가 있다. 레시피란 음식을 만드는 법을 문서화하는 것으로 재료의 맛과 품질이 고르지 못한 것을 방지하기 위한 목적도 있지만, 동시에 경영 측면에서는 정확한 원가를 산출하기 위한 근본이 되는 자료라는 의미도 있다. 이를 위해 레시피는 표 5-2와 같이 원재료비를 산출할 수 있는 양식으로 준비하면 좋다.

또한 레시피는 원가산출 목적 이외에 메뉴의 조리교육을 위해서도 작성하는게 좋다. 표준화된 레시피를 준수하면 일정한 맛을 유지할 수 있고 식재료비의 낭비도 줄일 수 있다.

원가와 이익을 고려한 가격 결정법은 가장 간단하면서도 손쉬운 방법이지만 메뉴와 서비스의 생산, 마케팅 등과 관련된 모든 원가를 충당하고도 외식업체를 유지하는 데 적절한 수준의 이익을 포함하여 가격을 설정하는 것이 소규모 점포의 경우 매우 어려울 수 있다. 또한 가격 결정 과정이 단순하고 적정 수준의 이익이 포함된다면 사회적으로 공정하다는 인정을 받겠지만 원가산출의 정확성이 담보되어야 하는 전제조건이 있다. 실제로 외식업체의 가격 결정에 있어서 원가를 추정하는 것은 매우 어려운 일이다.

표 5-2 **레시피 견본**

레시피

메뉴명	Ice 아메리카노					점포명	***
						작성일자	2015. 08. 01
						판매가	3,700원/1인분

No.	재료명	표준단가		실수량	단위	소요단가	제조법
		수량	가격				
1	커피	3kg	30,000	20	g	600	
2	물	2L	600	100	ml	30	
3	얼음	3Kg	3,480	200	g	232	
4	컵	12oz	62,000	1,000	ea	62	1. 에스프레소 추출하기
5	뚜껑		26,000	1,000	ea	26	2. 1회 용기에 얼음 담기
6	빨대	일자	41,000	10,000	ea	4.1	3. 물 담기
7	홀더	12oz	27,000	1,000	ea	27	4. 3에 1을 담기
8	캐리어	2인	16,000	100	ea	80	
9							

제품사진		제품 원가 : 1,061원
		매출이익 : 2,639원
		원재료비율 : 29%

식기	식기		개 정 기 록					
	단가		년 월 일			년 월 일		
			작성	검토	승인	작성	검토	승인
	관련 식기							

자료 : 김영갑 외(2016). 카페창업론. 교문사

다양한 노력을 통하여 원가를 정확하게 추정했다고 가정하더라도 원가 기반의 가격 결정 방법은 고객의 가치보다는 자사 중심의 가격 결정 방법이라는 점과 원가절감의 필요성이나 노력이 결여된다는 커다란 단점을 가지고 있다. 그럼에도 불구하고 경쟁자가 거의 없는 독점적인 상권에서는 매우 이상적인 가격 결정 방법이 될 수 있다.

(5) 가격탄력성

제품에 대한 수요량은 그 제품의 가격이 상승하면 감소하고, 하락하면 증가한다. 즉 가격탄력성은 가격이 1% 변화하였을 때 수요량이 몇 % 변화하는가를 절대치로 나타낸 크기이다. 탄력성이 1보다 큰 제품의 수요는 탄력적(elastic)이라 하고, 1보다 작은 제품의 수요는 비탄력적(inelastic)이라고 한다. 이와 같은 수요의 가격탄력성은 가격을 결정할 때 고려해야 하는 중요한 요소 중 하나이다.

수요의 가격탄력성은 외식업체의 수익에 중요한 영향을 미친다. 즉 현재의 가격탄력성을 기초로 판매량이 변하면 양(+) 또는 음(−)의 한계수익(marginal revenue)이 발생한다. 예를 들어 외식업체에서 1만 원의 가격을 받을 때 1개월에 100개가 판매되던 메뉴가 1만2천 원으로 올린 후 90개가 판매된다고 가정하면 한계수익은 다음과 같다.

한계수익 = 총 증분수익 − 총 감소수익 = +80,000원
- 총 증분수익 = 변경 후 메뉴 수(90개) × 가격 상승분(2,000원) = 180,000원
- 총 감소수익 = 감소된 메뉴 수(10개) × 처음 가격(10,000원) = 100,000원

위 사례와 같이 한계수익이 양(+)의 값을 가지는 경우 해당 외식업체 메뉴의 가격탄력성은 비탄력적이며 이와 같은 상황에서는 가격을 인상하면 수익성이 개선된다. 하지만 그 반대의 경우, 즉 한계수익이 음(−)의 값을 갖는 경우는 수요의 감소로 인한 비용의 감소가 크지 않다면 수익 악화를 초래하게 되므로 주의해야 한다.

일반적으로 외식업체의 가격이 탄력적이거나 비탄력적인 것은 다음과 같은 다양한 요인에 의하여 영향을 받는데, 대표적인 것으로 '서비스 품질의 속성, 대체재와 보완재

의 존재 여부, 경쟁 외식업체의 가격, 사치재와 필수재의 여부, 소비자의 개인적 성향, 시간의 흐름' 등이 있다.

(6) 업태

메뉴의 가격을 결정하기 전에 각각의 메뉴에 대한 현재 상황을 정확하게 파악해야 한다. 서울의 커피 한 잔의 가격을 예로 들면, 패스트푸드점에서는 2,500원 이하, 분위기가 좋은 카페에서는 3,500~4,500원 정도이다. 번화가의 커피 전문점은 4,500~5,000원 정도이고 큰 호텔과 일부 고급 외식업체에서는 7,000~9,000원 이상인 경우도 있다. 원재료가 큰 차이가 나지 않는 동일한 커피임에도 다양한 가격대로 나뉘어져 있음을 알수 있다. 어떤 유형의 메뉴든지 점포에 따라서 가격에는 상당한 차이가 존재한다. 실제로 커피 한잔의 원가는 판매가격의 차이만큼 큰 차이는 없다. 즉, 메뉴의 가격은 재료의 원가가 아니고, 어떤 점포(입지, 서비스 수준 등)에서 제공되는가에 따라서 달라진다. 바꾸어 말하면 업태의 차이에 의해서 메뉴의 가격이 달라지는 것이다.

(7) 객단가

메뉴의 가격을 결정할 때는 개별 메뉴의 가격보다는 객단가를 고려해서 결정해야 한다. 식사를 하기 위해 외식업체를 방문한 고객에게는 단품 메뉴의 가격보다 객단가가 더 중요하다. 예를 들면, 햄버거를 판매하는 점포의 경우 대부분의 손님은 햄버거만을 주문하는 것이 아니다. 햄버거와 음료 그리고 사이드 메뉴 등을 조합해서 주문한다. 즉, 세트를 주로 주문하므로 세트 가격에 만족할 수 있어야 한다. 개별 단품의 가격보다는 세트 가격이 중요한 이유이다. 햄버거 전문점의 객단가는 세트 메뉴의 가격이 될 가능성이 높다.

　또 다른 예를 살펴보자. 선술집에서 주류와 마른안주를 주문했을 때, 합계금액이 2만 원 정도라면 대중적 술집이라고 한다. 반면에 5만 원 이상인 경우에는 고급 술집으로 분류한다. 이와 같이 외식업체의 메뉴 가격을 생각할 때는 단품의 가격과 동시에 객단가를 검토할 필요가 있다. 외식업체나 주점에서는 일반적으로 2가지 이상의 메뉴를 주문하는 손님이 대부분이므로 어떤 업종과 업태의 외식업체이건 간에 단품가격에만 집중하지 않도록 주의해야 한다.

기존 경쟁점의 객단가를 참고해서 가격정책을 세우고 메뉴 가격을 결정해야 한다. 예를 들면, 같은 객단가일 때보다 수준 높은 메뉴를 제공할 수 있는지, 같은 품질의 메뉴를 더 낮은 가격으로 판매할 수 있는지를 검토한다. 조금 높은 객단가와 서비스 등으로 더 높은 만족을 줄 것인지 등의 명확한 가격정책이 수립되어야 한다.

고객이 지불하는 객단가는 같더라도 실제로 구매하는 메뉴는 그 구성에 따라서 여러 가지가 될 수 있다. 예를 들면, 주점에서 손님 1인당의 목표 객단가를 2만 원이라고 정한 경우, 술의 가격은 저렴하게 하는 대신 안주의 가격을 비싸게 설정하여 객단가가 2만 원이 되도록 설정할 수 있다. 또 다른 방법은 술의 가격을 비싸게 하고 안주 가격을 저렴하게 하여 객단가가 2만 원이 되도록 할 수도 있다. 전자의 경우는 안주보다 술을 많이 마시는 고객들에게 어필할 수 있을 것이며, 후자의 경우는 술보다는 안주에 더 높은 비중을 두는 고객들에게 어필할 수 있다.

(8) 테이블단가

외식업체는 메뉴 가격이나 객단가를 높이는 데 한계를 느끼는 경우가 많다. 가격은 직접적으로 수요에 영향을 미치기 때문에 소비자의 지불능력을 넘어서면 결코 안 된다. 특히 경쟁이 치열한 상황에서는 더욱 그렇다. 예를 들어 삼겹살 전문점을 이용하는 소비자들의 1인당 지불능력이 1만 원을 초과할 수 없다면 메뉴 가격이나 객단가를 높이는 전략은 매우 위험하다. 이런 경우에는 테이블단가를 높이는 전략을 생각해 볼 수 있다. 예를 들면, 객단가가 1만 원인 점포의 평균 방문객 수가 3인일 경우 테이블단가가 3만 원이라면 4인용 메뉴를 개발하여 3만7천 원의 가격으로 판매한다면 4인 방문을 유도할 수 있다. 객단가는 다소 낮아지지만 테이블단가가 상승하여 매출이 증가하는 효과를 거둘 수 있다. 온누리장작구이, 신토불이, 고기 코스요리 전문점 같은 외식업체들이 객단가는 낮추면서도 테이블단가를 높여 결과적으로 높은 매출액을 달성하는 전략을 쓰고 있는 대표적인 점포들이다.

(9) 메뉴믹스

외식업체의 여러 가지 메뉴 중에서 어떤 메뉴가 얼마나 판매되는지의 구성비를 판매믹스라고 한다. 외식업체는 판매믹스에 따라 수익이 달라진다. 따라서 가격을 결정할 때 반드시 메뉴믹스를 고려해야 한다.

예를 들면, A, B, C, D, E와 같은 총 5개의 메뉴를 판매하고 있는 외식업체가 각 메뉴의 가격을 최저 5,000원부터 최고 8,000원까지로 설정하여 사업을 한다고 가정해 보자. 외식업체에는 255명의 고객을 대상으로 메뉴를 판매하면서 메뉴믹스 1과 같이 판매된 경우와 메뉴믹스 2와 같이 판매된 경우 객단가가 다르게 나타남을 알 수 있다. 구체적으로 살펴보면 메뉴믹스 1의 객단가는 ₩1,560,000÷255＝₩6,117이다.

표 5-3 **메뉴믹스 1**

(단위 : 원)

메뉴	판매량	판매가격	총판매액
A	40	5,000	200,000
B	50	7,000	350,000
C	70	5,000	350,000
D	50	6,000	300,000
E	45	8,000	360,000
계	255		₩1,560,000

만약 메뉴별 판매량이 메뉴믹스 2와 같이 되면, 객단가는 어떻게 변할까? 객단가는 ₩1,585,000÷255＝₩6,215로 메뉴믹스 1보다 높아짐을 알 수 있다. 외식업체는 객단가가 높을수록 총매출액과 순이익이 늘어날 것이다.

같은 브랜드이면서 동일한 메뉴를 판매하는 프랜차이즈 가맹점 A점과 B점의 객단가를 계산해 보면 큰 차이가 나는 경우가 있다. 이런 결과는 판매되는 메뉴믹스의 차이 때문이다. 동일한 메뉴라도 소비자들이 어떤 메뉴를 조합하여 구매하도록 유도하느냐에 따라서 매출과 이익에 큰 차이가 난다. 다만 이익을 높이기 위해서 품질은 떨어지고 가격이 비싼 메뉴를 무리하게 권유하면 브랜드 이미지에 나쁜 영향을 미치게 되므로 유의해야 한다.

표 5-4 **메뉴믹스 2**

(단위 : 원)

메뉴	판매량	판매가격	총판매액
A	80	5,000	400,000
B	45	7,000	315,000
C	30	5,000	150,000
D	40	6,000	240,000
E	60	8,000	480,000
계	255		₩1,585,000

(10) 기타 가격 결정 시 고려해야 할 요인

우리가 주변에서 보게 되는 외식업체 메뉴의 가격은 천편일률적이다. 그것은 경영자들이 주변의 경쟁업체를 의식하여 경쟁업체의 가격과 비슷한 수준에서 가격을 설정하기 때문이다. 학문적으로 볼 때 메뉴 가격은 다양한 요소가 고려되어 합리적으로 설정되어야 한다. 즉 원가와 이익, 소비자의 효용가치, 수요의 탄력성, 시간대별 수요 및 시장경쟁의 정도를 모두 고려하여 가격을 책정하는 것이 가장 이상적이라 할 수 있다. 하지만 경영현장에서 이러한 고려요인이 모두 참고되기는 힘든 것이 사실이다. 그것은 경영자의 입장보다는 소비자의 인식과 입장이 우선시되기 때문이다.

　예를 들어 중식 전문점을 개점하려는 예비창업자가 주변 중식 전문점의 가격을 조사한 결과 자장면이 5,000원임을 알게 되었다. 과연 자신의 자장면 가격은 얼마로 결정해야 할까? 예비창업자는 고민하게 될 것이다. 이때 대부분의 예비창업자는 경쟁자 기준 가격법에 따라 가격을 결정한다. 경쟁자와 거의 동일한 가격을 책정하는 것이다. 다만 이런 경우 다른 경쟁자는 5,000원이라는 가격으로도 충분한 수익성을 달성할 수 있는

표 5-5 **메뉴 가격 결정 시 고려해야 할 기타 요인**

구분	내용
효용가치	고객이 지불하는 가격에 비하여 얻는 효용이 커야 함
시간대별 수요	시간대별, 요일별 수요를 감안한 가격

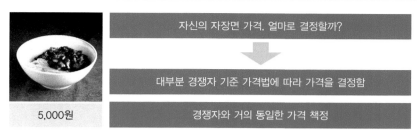

예 중식 레스토랑을 오픈하려는 예비창업자의 주변 중식 음식점 가격 조사

자신의 자장면 가격, 얼마로 결정할까?

대부분 경쟁자 기준 가격법에 따라 가격을 결정함

경쟁자와 거의 동일한 가격 책정

5,000원

그림 5-8 **경쟁자 기준 가격 책정법**

반면, 신규 창업자가 웬만해서는 그 가격으로 이익을 내기 힘든 구조일 수 있다는 점을 간과하는 경우가 있다. 자신의 투자비, 고정비, 변동비, 인건비 구조 등을 감안하여 적정가격대를 고려한 가격설정이 필요한 이유이다.

최적의 가격을 알아내는 과정은 고객이 지불할 의향이 있는 단 하나의 가격을 찾는 것이다. 즉 가격 결정(pricing)은 고가도 저가도 아닌 고객이 지불할 의향이 있는 적정가격을 찾는 과정이다. 추가로 소비자가 기꺼이 지불할 의향과 경영자가 이익을 달성하면서 판매할 의향이 있는 수준을 동시에 만족시키면 가장 이상적이라 할 수 있다. 그러나 현실적으로 그와 같은 이상적인 가격을 찾아내는 것은 거의 불가능하다. 이유는 모든 고객들이 동일한 메뉴에 대해서도 가치를 인식하는 데 차이가 존재하기 때문이다. 동일한 메뉴에 대해서도 지불의향 가격이 모두 다를 수 있다는 의미이다. 또한 가격을 결정하기 위한 공식과 매일매일 일어나는 거래에서 식재료 원가가 변동하므로 가격에 포함되는 모든 변수를 고려할 수도 없다. 특히 새로운 조건이 발생할 때마다 가격을 조정하는 것도 불가능하다. 현장에서 가격 결정(pricing)은 과학적인 기법보다는 경험이나 추측에 의존한다. 대부분 주먹구구식으로 이루어지는 것이 현실이다. 예를 들면, 단순히 원가만을 고려한다거나 경쟁업체 그대로 따라 하기, 대충 정하기 등과 같은 불안정한 방식으로 이루어진다.

결과적으로 경영자가 내리는 결론은 소비자들이 쉽게 반응하는 수준의 가격이다. 이

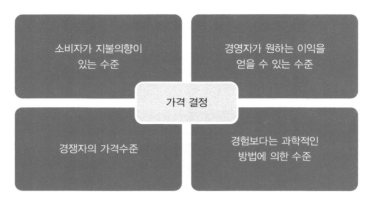

그림 5-9 **가격 결정을 위해 고려할 요소**

로 인해 외식업체들은 종종 파산에 직면할 정도로 낮은 가격을 설정하는 실수를 한다. 최근 국내의 외식업계에서 이루어지고 있는 무분별한 가격파괴현상이 이를 잘 설명하는 사례이다. 만약 어떤 외식업체가 폐업한다면 그 이유 중 하나는 잘못된 가격설정 때문일 수 있다. 이런 현상은 소규모 외식업체에서 실제로 쉽게 일어난다. 또한 가맹본부의 이익만 앞세우고 가맹점의 이익은 고려하지 않는 프랜차이즈 브랜드에서도 이런 사례가 종종 발생한다.

3 메뉴 가격 결정 원칙

대기업이든 소상공인이든 가격설정(pricing)은 업체의 전략(strategy)과 일맥상통해야 한다.

POINT 가격 결정(pricing)은 업체의 전략(strategy)과 일맥상통해야 함

전략이 없는 사업자는 가격을 설정하는 기초가 없다는 점에서 성공 가능성이 매우 낮다. 일반적으로 가장 많이 활용되는 가격 결정 전략은 경쟁자 가격을 그대로 따라 하는 것이다. 이 방법은 누구나 활용이 가능하고 가격을 어떤 법칙에 따라서 설정해야 한다는 지식이 없어도 되므로 가장 많이 이용한다. 그러나 이러한 가격 결정 방법은 고객으로 하여금 첫 번째 구매를 하도록 만드는 유인가격설정을 어렵게 만들게 되며 지속적인 반복구매를 하게 만드는 가격기획은 더욱 어렵게 된다.

모든 경영활동에 법칙이 존재하듯 가격 결정에도 법칙이 존재한다. 예를 들면, 가격은 사업자가 선택한 사업전략에 적합해야 하고, 시장원리에 부합해야 한다. 소비자의 구매의사 결정은 경제적 합리성에 기초한다. 따라서 가격을 결정하는 데 경제적 합리성에 위배되는 행위를 해서는 곤란하다. 이러한 커다란 법칙에 근거하여 사업자가 반드시 준수해야 할 가격 결정 법칙을 살펴보면 다음과 같다.

1) 같은 상품도 고객은 다른 가치로 인식

동일한 메뉴를 보고도 고객이 인식하는 가치는 모두 다르다. 동일한 스파게티라도 학생들은 매우 저렴한 스파게티 전문점을 선택하고, 연인고객은 높은 가격의 스파게티 전문점을 선택한다. 저렴한 스파게티와 고가의 스파게티는 실제로 가격 차이만큼 원가 차이가 나지는 않지만 다른 가치를 추구하는 고객을 위하여 큰 가격 차이를 보인다. 이처럼 사업자가 스파게티에 어떤 가치를 제시하느냐에 따라서 고객이 분류된다.

그림 5-10 **고객의 특성에 따른 가격차별화**

2) 고객은 동일한 상품도 상황에 따라 다른 가치로 인식

앞에서는 같은 상품의 가치를 고객에 따라서 다르게 인식하는 경우를 설명했다. 이번에는 동일한 사람이 상황에 따라서 같은 상품임에도 다른 가치를 부여하는 경우를 생각해 보자.

예를 들면, 피자 전문점이 매장에서 식사를 할 때의 가격과 배달 서비스 가격, 테이크아웃 가격을 다르게 책정하는 경우가 있다. 동일한 소비자가 동일한 상품을 다른 가치로 인식하는 사례이다. 만약 A점포에서는 테이크아웃의 경우는 20% 할인을 해 주는 것처럼 상황에 따라서 다른 가격을 제시하는 데 반하여 B점포는 테이크아웃 때도 동일한 가격을 받는다고 생각해 보자. B점포의 테이크아웃 고객은 모두 A점포로 가게 되어 총매출액이 감소한다.

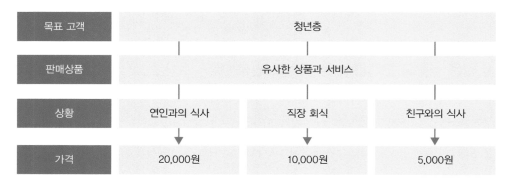

그림 5-11 **고객의 상황에 따른 가격차별화**

3) 상황을 달리하여 자원배분 최적화

앞서 피자 구매고객의 구매상황에 따라서 지불 가능 금액이 변화한다는 사실을 확인하였다. 그렇다면 사업자는 상황을 임의로 조정하여 매출을 극대화할 수 있도록 자원을 배분할 수 있다.

예를 들어 1층과 2층으로 구분된 고가의 외식업체에서 많은 고객을 동시에 유치하는

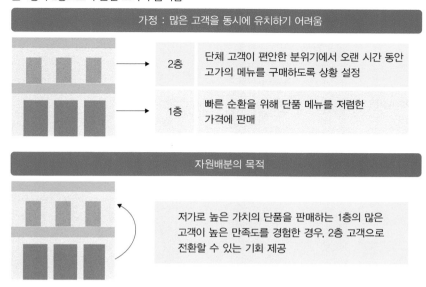

그림 5-12 **상황에 따른 자원배분 최적화**

것이 어렵다는 점을 인지하였다고 가정해 보자. 1층은 빠른 순환을 위해 단품메뉴를 저렴한 가격에 판매하고 2층에서는 단체고객이 편안한 분위기에서 오랜 시간 동안 고가의 메뉴를 구매하도록 상황을 설정할 수 있다. 이와 같은 자원 배분은 저가로 높은 가치의 단품을 판매하는 1층의 많은 고객들이 외식업체에서 높은 만족도를 경험한 경우 2층 고객으로 전환할 수 있는 기회를 만드는 데 목적이 있다.

4) 고객에 대한 관찰을 통해 끊임없이 새로운 가치 창출

맥도날드가 처음에 고객을 대상으로 창출한 가치는 매장을 방문하여 빠르고 편하게 간단한 식사를 즐기는 것이었다. 이후 고객들은 자동차에서 하차하지 않고도 맥도날드를 이용하기를 원했다. 맥드라이브가 탄생한 배경이다. 이후에는 저녁 10시면 문을 닫는 맥도날드가 24시간 판매하는 가치를 제공해 줄 것을 고객들이 원하고 있었다. 맥도날드는 24시간 영업하는 점포를 점차 늘려나갔다. 이후에는 배달을 원하는 고객을 위해 더 높은 가격으로 배달 서비스를 제공하였으며, 햄버거를 커피와 함께 먹기를 원하는 고객이 늘면서 맥카페 브랜드를 개발하였다. 24시간 영업을 하면서 아침식사를 위한 별도의 메뉴가 필요함을 느끼고 맥모닝을 개발하여 세계인을 대상으로 아침 먹기 이벤트를 실시하기도 하였다.

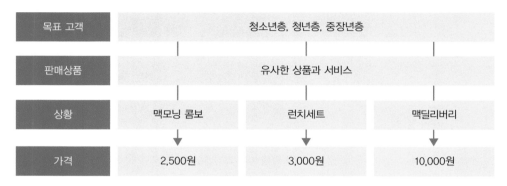

그림 5-13 **새로운 가치 창출로 인한 가격차별화**

맥도날드는 비슷한 상품이지만 고객이 원하는 상황에 따라서 패키징을 다르게 함으로써 지속적인 신규 가치를 창출하고 있다. 글로벌 외식기업으로 성장하는 비결은 바로 여기에 있다.

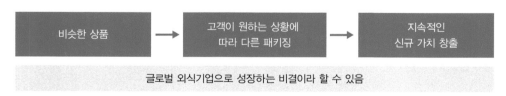

그림 5-14 **고객의 상황에 따른 패키징으로 가치 창출**

5) 가치에 따라 가격이 결정되기도 하지만 가격으로 가치가 결정

소비자들은 고가격 고품질 인식을 가지고 있다. 즉 가격이 비싸면 품질이 좋을 것이라고 인식한다. 반대로 옛말에 '싼 게 비지떡'이라는 속담이 있다. 가격이 싸면 품질도 매우 떨어질 것이라는 추측을 한다는 의미이다.

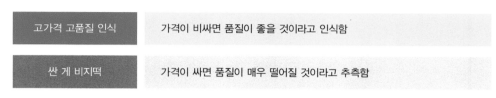

그림 5-15 **가격으로 인한 품질 포지셔닝**

예를 들면, 어떤 떡볶이 전문점에서 1인분에 1,500원이라는 매우 저렴한 가격을 제시하였는데 손님이 거의 없었다고 한다. 고민하던 사업자는 이러나 저러나 망하기는 마찬가지라는 생각에 떡볶이의 양을 늘리고 가격도 1만4천 원으로 대폭 인상하였더니 고객들이 물밀듯이 몰려왔다고 한다. 아무런 표현을 하지 않아도 높은 가격은 어디서도 맛볼 수 없는 특별한 떡볶이로 소비자의 머릿속에 포지셔닝된다.

예 떡볶이 전문점의 가격 상승

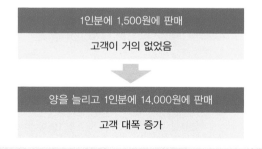

그림 5-16 **가격으로 가치가 결정되는 사례**

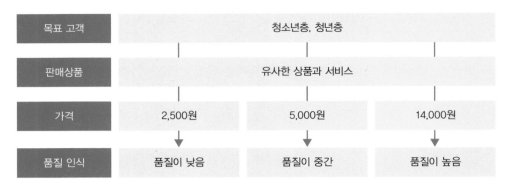

그림 5-17 **가격에 따른 가치인식 변화**

　즉, 외식업체 경영자는 상품에 따라서 가격 수준을 차별화함으로써 가치 인식을 높일 수 있다는 사실을 알아야 한다.

6) 가격의 정당성을 지속적으로 설명

같은 메뉴처럼 보이더라도 실제로 사업자의 상황과 능력에 따라서 원가가 다를 수 있다. 예를 들면, 햄버거를 판매하는 유사한 점포라도 대량구매, 대량판매를 하는 점포와

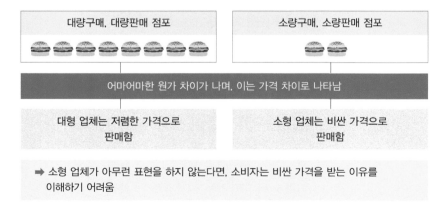

그림 5-18 **가격의 정당성을 표현**

소량구매, 소량판매를 하는 점포의 햄버거 원가는 많은 차이가 난다. 결국 이러한 결과는 가격의 차이로 나타난다. 대형 업체는 저렴한 가격에 햄버거를 판매하고 소형 업체는 비싼 가격에 햄버거를 판매할 수밖에 없다. 만약 이런 상황에서 소형 업체가 아무런 표현을 하지 않는다면 소비자는 왜 비싼 가격을 받는지 이해하기 어렵다. 당연히 품질이 좋은 햄버거는 소량구매, 소량판매를 하는 점포가 되겠지만 그런 사실을 소비자가 스스로 인식하기를 바라는 것은 매우 잘못된 생각이다.

외식업체는 내 상품의 가격이 왜 이렇게 설정되었는지 설명해야 할 의무가 있다. 굳이 설명할 필요가 없는 경우라면 몰라도 경쟁자와 차이가 있다면, 가격이 낮으면 어떤 노력을 통해 낮출 수 있었는지를 설명하고 가격이 비싸면 왜 높은지를 설득할 수 있는 설명을 제시해야 한다.

예 햄버거를 판매하는 유사한 점포

당연히 품질이 좋은 햄버거는 소량구매, 소량판매를 하는 점포지만,
이를 소비자 스스로 인식하기를 바라는 것은 매우 잘못된 생각임

• 사업자는 상품의 가격이 설정된 이유를 설명할 의무가 있음
– 경쟁자와 차이가 있을 때, 낮으면 어떤 노력을 통해 낮출 수 있었는지를 설명해야 함
– 가격이 높다면 왜 높은지를 설득할 수 있는 설명을 게시해야 함

그림 5-19 **가격 설정의 이유를 설명**

7) 가격차별화

외식업체는 같은 메뉴라도 고객들이 각각 다른 가치를 느낄 수 있다는 사실을 바탕으로 이익과 꾸준한 성장이 가능한 가격을 결정해야 한다.

예를 들면, 아침이나 점심고객을 위한 할인가격의 메뉴를 출시한다거나 실버세대를 위한 경로 할인을 도입하는 것은 대표적인 가격차별화 전략이다. 가격차별화는 시간대

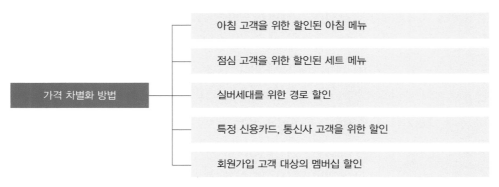

그림 5-20 **외식업체의 가격차별화 방법**

에 따른 차별화, 고객층에 따른 차별화, 구매상황에 따른 차별화, 이벤트를 활용한 차별화 등 다양한 기준을 이용할 수 있다.

4 메뉴 가격 결정 방법

메뉴 가격을 결정하는 방법은 크게 주관적 방법과 객관적 방법이 있다. 주관적 가격 결정법은 적정가격법, 최고가격법, 최저가격법, 독창적가격법, 경쟁자가격법 등이 있으며, 객관적 가격 결정법은 가격팩터법, 프라임코스트법 등이 있다.

1) 주관적 가격 결정법

주관적 가격 결정법 중 현장에서 가장 많이 활용하는 방법은 '경쟁자 가격법'이다. 대부분의 외식업체는 자신의 상황을 고려하기보다 단순히 경쟁자가 얼마의 가격을 받고 있는지에 더 민감하게 반응한다. 다음으로 많이 활용하는 방법은 '적정 가격법'이다. 외식

적정 가격법	경험과 추측에 의해 적당하다고 판단되는 가격
최고 가격법	고객이 지불 가능하다고 판단되는 최고 가격(최고 수용 가격)
최저 가격법	• 고객이 품질을 의심하지 않으면서 지불 의향이 있는 최저 가격(최저 수용 가격) • 유인을 통해 다른 메뉴도 함께 구입하는 효과가 있음
독창적 가격법	• 시장 반응과 경험을 통해 실험적으로 가격 책정 • 비현실적
경쟁자 가격법	• 경쟁업체의 가격을 고려한 가격 책정 • 가장 많이 사용되는 방법

그림 5-21 **주관적 가격 결정법**

업체 경영자의 경험과 추측에 의해 적당하다고 판단되는 가격으로 결정하는 방법으로 역시 주관적이고 정성적이라는 점에서 권장할 수 있는 방법은 아니다.

그 외에도 고객이 지불 가능하다고 판단되는 최고가격(최고수용가격, 최고가격법), 고객이 품질을 의심하지 않으면서 지불의향이 있는 최저가격(최저수용가격), 시장반응과 경험을 통해 실험적으로 가격을 책정하는 '독창적 가격 결정법' 등이 있다.

이와 같은 주관적 가격 결정법은 대부분 정성적인 방법으로 가격을 결정한다는 차원에서 권장되는 가격 결정법은 아니지만 현장에서 사용하기 편하다는 측면에서 소상공인들이 주로 이용하고 있다.

2) 객관적 가격 결정법

(1) 식재료 원가를 이용하는 방법

객관적 가격 결정법은 수치화된 기초 자료를 활용한다는 측면에서 정량적 가격 결정법이라고도 한다. 외식업체에서 이용하는 대표적인 방법으로 가격팩터법과 프라임 코스트법이 있는데, 가격팩터법은 식재료비를 기준으로 팩터 값를 산출하는 데 반하여, 프라임 코스트법은 프라임 코스트(식재료비+직접인건비)를 기준으로 팩터 값를 산출한다는 차이가 있다.

(2) 프라임 코스트(Prime-cost)를 이용하는 방식

식료원가율	35%
직접인건비율	20%
식재료 표준 원가	10,000원
직접인건비	7,000원

① 프라임 코스트 : 식재료 원가(10,000원)＋직접인건비(7,000원)＝17,000원

② 프라임 코스트율 : 식재료 원가율(35%)＋직접인건비율(20%)＝55%

③ 팩터 : 가격(100%)－프라임 코스트율(55%)＝마진(45%), 팩터는 100%/55%＝1.82이다.

④ 가격 결정 : 17,000×1.82(①×③)＝30,940원

(3) 식재료 원가를 제외한 모든 비용과 이윤을 이용한 방식

외식업체에서 판매하는 메뉴의 가격을 결정할 때, 식재료 원가의 비율에 근거해서 가격을 결정하는 방법도 있다. 식재료 원가의 비율이 낮을수록 매출이익은 증가한다는 이론에 기초한 방법이다. 완제품을 재판매하는 외식업체에서 주로 이용되는 방식으로 특정품목의 변동비에 일정한 크기의 이익을 더하거나 전체 원가비율에 일정한 이익을 더하는 방법이다.

예를 들면, 와인 한 병의 원가가 10,000원이고 2만 원의 이익을 추가한다면, 판매가격은 30,000원이 된다. 이 경우 이익의 비율은 원가의 200% 또는 판매가의 66.7%가 된다.

팩터를 이용한 가격 결정 방법

식재료의 원가를 기준으로 몇 배의 가격을 받아야 적절한 판매가격이 되는지 산출하는 방법으로 단순 식재료 원가만을 기준으로 구하거나, 외식기업에서 비용 중에서 가장 큰 비중을 차지하는 프라임 코스트(식재료 원가+직접인건비)를 기준으로 구할 수 있다. 팩터 값은 외식기업 목표 원가비율로 100을 나누어 구할 수 있으며 구한 팩터 값을 실제 원가에 곱하여 가격을 산출한다.

식재료 원가: 1,000원

외식기업 목표 식재료 원가율 : 30%

직접인건비 : 500원

외식기업 목표 직접인건비율 : 10%(전체 인건비의 1/3 수준)

---

① 식재료 원가 팩터를 이용한 가격 계산

　　1단계 : 팩터 값 구하기＝100÷30＝3.33(팩터 값)

　　2단계 : 식재료 원가 기반으로 한 가격 결정＝1,000원×3.33＝3,330원

② 프라임 코스트를 이용한 가격 계산

　　1단계 : 팩터 값 구하기＝100÷(30＋10)＝2.5(팩터 값)

　　2단계 : 프라임 코스트를 기반으로 한 가격 결정＝(1,000원＋500원)×2.5＝3,750원

① 전년도의 데이터, 예측된 데이터를 이용하여 식재료 원가를 제외한 제비용과 이익을 결정

② 식재료 원가가 차지하는 비율을 계산(가격을 100%로 보고 식재료 원가를 제외한 제비용, 이윤 100%에서 차감한다.)

③ 100을 식재료(또는 상품)의 원가율로 나누어 팩터를 계산한다.

④ 식재료 원가에 계산된 팩터를 곱하여 가격을 산출한다.

⑤ ＋α를 고려하여 최종 가격을 결정한다.

가격	100%
− 제비용	30%
− 이윤	40%
= 식재료 원가	30%

팩터 = 100/30 = 3.3

지금까지 살펴본 메뉴 가격 결정을 위한 방법 외에도 다양한 방법과 절차가 실무에서 활용되고 있다. 좀 더 구체적인 내용은 '6장 메뉴 가격 전략'에서 다루기로 한다.

학습요약

❶ 메뉴의 가격은 외식업체에서 구매하는 음식과 서비스의 화폐적 가치를 의미한다. 가격은 소비자의 구매의사 결정 과정에 가장 큰 영향을 미치는 요인이다. 외식업체에서 판매하는 메뉴 가격은 메뉴의 상품성과 외식업체의 서비스 수준 그리고 분위기 등이 복합적으로 작용하여 결정되고 소비자의 인식에도 영향을 미치게 된다.

❷ 메뉴 가격을 결정하기 위하여 고려해야 하는 요인은 업태, 원가와 이익, 효용가치, 수요의 탄력성, 시간대별 수요, 시장경쟁의 정도, 객단가, 테이블단가 등이 있다. 메뉴 가격을 설정할 때는 다음의 원칙을 지키도록 노력한다.
- 같은 상품도 고객에 따라 가치를 다르게 인식한다.
- 같은 사람이 같은 상품의 가치를 상황에 따라서 다르게 인식한다.
- 상황을 달리하여 자원배분을 최적화하라.
- 고객에 대한 관찰을 통해 끊임없이 새로운 가치를 창출하라.
- 가치에 따라서 가격이 결정되기도 하지만 가격으로 가치가 결정되기도 한다.
- 가격의 정당성을 지속적으로 설명하라.
- 가격을 차별화하라.

❸ 메뉴 가격을 설정하는 방법은 크게 주관적 방법과 객관적 방법이 있다. 주관적 가격산출법은 적정 가격법, 최고 가격법, 최저 가격법, 독창적 가격법, 경쟁자 가격법 등이 있으며, 객관적 가격산출법은 가격팩터법, 프라임 코스트법 등이 있다.

연습문제

1 자신이 자주 가는 외식업체 중 3곳의 메뉴 가격이 적절하게 설정되어 있는지 비교하여 평가해 보기 바랍니다.

2 메뉴들의 가격설정이 본수업에서 배운 가격설정 원칙을 잘 지키고 있는지 평가해 보기 바랍니다.

3 대표 메뉴 1가지만을 선택해서 본수업에서 배운 주관적 방법과 객관적 방법으로 가격을 결정해 보기 바랍니다.

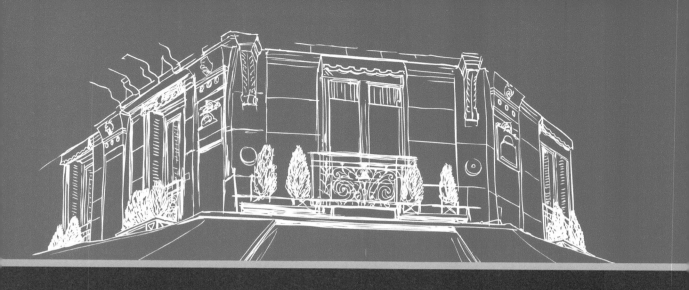

6장

메뉴 가격 전략

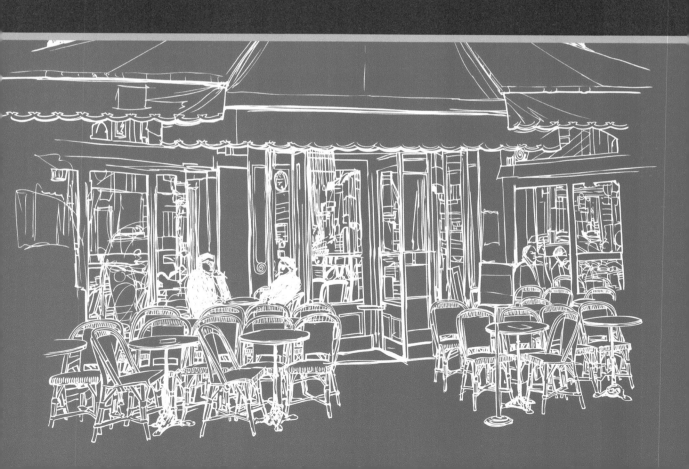

학습내용

1. 메뉴 가격 결정의 목표
2. 외식업체 메뉴 가격의 특성
3. 외식업체를 위한 가격 결정 절차와 전략 사례
4. 외식업체 가격 전략을 위한 고려사항
5. 매출 증대와 고객 만족을 위한 가격 전략 사례
6. 심리학을 활용한 가격 전략
7. 메뉴 가격과 가치의 이해
8. 가격 관리 원칙과 통합적인 가격 전략

학습목표

- 외식업체 가격 결정 목표와 가격의 특성을 설명할 수 있다.
- 외식업체의 가격 결정 절차와 전략 그리고 고려해야 할 사항을 설명할 수 있다.
- 외식업체의 매출을 높이고 고객을 만족시키기 위한 가격 전략 사례를 분석할 수 있다.
- 외식업체를 위한 심리적 가격 전략을 설명할 수 있다.
- 외식업체 메뉴의 가격과 가치의 관계를 설명할 수 있다.
- 외식업체 가격 관리의 원칙과 통합적인 가격 전략을 이해할 수 있다.

1 메뉴 가격 결정의 목표

가격 전략을 수립할 때, 가격을 통해 달성해야 할 외식업체의 목표를 구체적으로 정해야 한다. 물론 장기적으로는 '투자수익률(=순이익/투자액)의 극대화'가 가격 결정의 목표가 되겠지만 단기적으로는 가격 전략 수립을 위한 다음과 같은 목표의 설정이 필요하다.

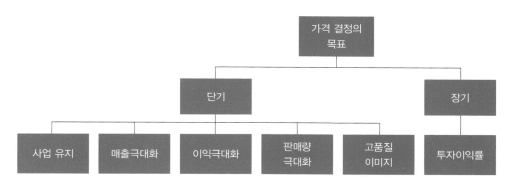

그림 6-1 **외식업체 가격 결정의 목표**

1) 사업의 유지

외식업체는 치열한 경쟁이나 불황에 직면하게 되면, 매출이 급격하게 감소할 수 있다. 이런 상황에서 이익이 아닌 당장 존폐의 문제에 부딪힐 수 있다. 이와 같이 어려운 상황에서 음식점은 이익보다는 점포의 변동비만이라도 충당할 수 있는 방안을 찾아야 할지 모른다. 이익의 달성보다는 손실의 감소에 초점을 맞추는 가격 결정 전략이 요구되는 시점이다. 예를 들어 최근 경기침체가 장기화되면서 가격파괴를 시도하는 외식업체들이 증가하는 것은 이익의 실현보다는 존속의 문제 때문에 변동비와 일부 고정비만이라도 충당하겠다는 의지의 표현이다. 경쟁점이 쉽게 따라 하는 경우 더 큰 어려움에 다다를 수 있기 때문에 이런 결정은 매우 신중해야 한다.

2) 매출액의 극대화

매출액의 극대화를 목표로 하는 가격 전략은 시장점유율을 높여야 하는 상황에서 많이 발생한다. 외식업체 개업 직후에 이러한 전략은 매우 유용하다. 기존의 경쟁업체보다 빠른 시간 내에 인지도를 높일 수 있기 때문이다. 예를 들어 새롭게 개점한 외식업체 경영자는 점포의 실체를 고객들에게 빠르게 알리기 위한 목적으로 기존의 경쟁자보다 저렴한 가격으로 소비자를 유인한다. 다만 실제 가격을 낮게 설정하기보다는 쿠폰 등을 이용하여 낮은 가격으로 인식하도록 유도하고 일정기간이 지나면 자연스럽게 할인효과가 사라지도록 만드는 것이 가장 효과적이다.

3) 이익의 극대화

외식업체들이 가격 결정 시 고려해야 하는 최종 목표는 이익의 극대화임에 틀림없다. 장기적인 측면의 가격 결정 목표임과 동시에 외식업체의 라이프사이클 측면에서는 성숙기와 쇠퇴기에 가격 결정 전략의 목표가 될 수 있다. 특히 외식업체 고객의 가격민감도가 낮은 경우 고가정책을 통하여 이익을 극대화할 수 있다.

'1+1'과 '50% 할인' 중 어떤 것을 선택할까?

1인분 가격이 1만 원인 스파게티를 판매촉진을 위해 50% 할인을 하는 방법과 1+1을 하는 방법 중 이익의 측면에서 어떤 것이 유리할까?
주 : 계산과 이해의 편의를 위하여 스파게티의 식재료 원가율은 30%로 가정하고, 고정비는 판매량과 관계없이 발생하므로 이익산출에서 제외함

1. 50% 할인했을 때의 이익
1만 원의 스파게티를 50% 할인하므로 매출액은 5천 원이 된다. 식재료 원가율이 30%이므로 1만 원짜리 스파게티의 식재료 원가는 3천 원이다. 따라서 판매촉진을 통해 얻어지는 이익은 2천 원이다.

2. 1+1을 했을 때의 이익

이 방법은 기존 판매 가격에는 영향이 없고 제품 1단위 판매할 때 추가 1단위를 제공하는 방법이다. 따라서 매출액은 1만 원이고 식재료 원가는 추가로 제공하는 스파게티를 포함하는 경우 6천 원이므로 이익은 4천 원이다.

3. 비교

단순히 변동비만을 고려하여 1회 이용자의 이익을 비교하면 50% 할인보다는 1+1 판매촉진법이 2천 원의 추가 이익을 얻을 수 있어서 좋다. 다만 50% 할인은 고객이 동반자 없이 혼자서도 이용할 수 있는 장점이 있고, 1+1 전략은 50% 할인에 비하여 식재료 재고를 쉽게 처분할 수 있는 장점이 있다. 그 외에도 실질적인 판매촉진 효과 등의 비교가 필요하다는 점은 별도의 검토가 필요하다.

4) 판매량의 극대화

외식업체는 판매량을 늘림으로써 규모의 경제를 달성할 목적이거나 직원들의 학습효과를 높여야 하는 목표를 달성하기 위하여 매출액이나 이익보다는 판매량에 초점을 맞추어 가격을 결정할 수 있다. 또는 특정 메뉴의 판매성장률을 높이려는 목적으로 메뉴 가격을 결정하는 경우도 있다. 종종 경영자들은 매출액의 극대화와 판매량의 극대화를 혼동하는 경우가 있다. 매출액의 극대화는 매출액에 초점을 맞추는 전략인 데 반하여, 판매량의 극대화는 매출수량의 극대화에 초점을 맞춘다는 차이점이 있다.

5) 고품질 이미지

외식업체도 명품매장처럼 고가격을 통한 고품질 이미지를 확보하기 위한 가격 결정전략을 이용해야 하는 경우가 있다. 일반적으로 메뉴와 서비스가 결합된 외식업체의 특성상 소비자들은 사전에 충분한 경험을 통해 품질을 예측하기 곤란하므로 가격이 높은 경우 해당 외식업체의 메뉴와 서비스의 품질이 높을 것으로 예상하고 외식업체에 대한 고품격 이미지를 가지게 된다. 따라서 메뉴와 서비스의 차별성이 높은 경우 고가격을 통한 고품격이미지를 심기 위한 가격 결정전략을 사용할 수 있다.

2 외식업체 메뉴 가격의 특성

외식업체는 일반적인 제품과 달리 제품과 서비스가 동시에 판매되는 환경을 가지고 있다.

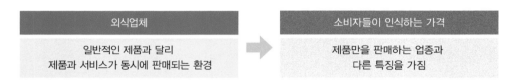

그림 6-2 **외식업체 특징에 따른 고객의 가격인식**

따라서 소비자들이 인식하는 가격에 있어서도 제품만을 판매하는 업종과 다른 3가지 특징을 가지게 되는데, 이를 정리하면 다음과 같다.

첫째, 소비자들은 구매의사 결정 시 준거가격을 활용하게 되는데 외식업체 이용가격에 대한 준거가격이 부정확하거나 제한된 정보만을 가지는 경우가 많다. 둘째, 무형성

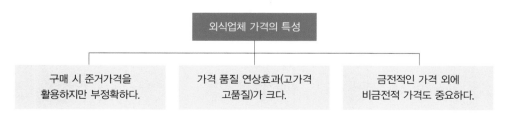

그림 6-3 **외식업체 메뉴 가격의 특성**

이 강한 서비스로 인하여 가격품질연상 효과가 나타난다. 즉 가격이 비싸면 품질도 높을 것으로 기대한다. 셋째, 외식업체에서는 금전적 가격뿐만 아니라 비금전적 요소인 시간과 노력 등이 소비자에게 더욱 중요할 수 있다.

1) 준거가격 범위 내에서 결정되는 가격

준거가격(reference price)은 소비자가 제품 또는 서비스에 대하여 마음속으로 기대하는 기준가격(standard price)이다.

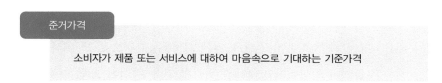

준거가격

소비자가 제품 또는 서비스에 대하여 마음속으로 기대하는 기준가격

그림 6-4 **준거가격의 정의**

준거가격은 소비자가 실제 제품이나 서비스가격을 평가하는 데 있어 기준점이 되며, 특정 제품이나 서비스의 가격을 비교하는 데 이용되는 준거틀(frame of reference) 또는 기준의 역할을 한다. 따라서 소비자들은 현재 가격이 높은지 또는 낮은지를 평가할 때 비교기준으로서 준거가격을 활용한다. 만약 어떤 제품의 가격이 소비자가 인식하고 있는 준거가격보다 낮다면 소비자는 싸다고 인식하며, 반대로 인식하고 있는 가격보다 높으면 비싸다고 생각한다. 그러므로 준거가격이 어느 수준이고, 어떻게 형성되는가는 외식업체 경영자와 마케터의 중요한 관심사이다.

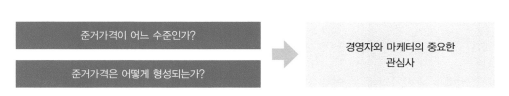

준거가격이 어느 수준인가?

준거가격은 어떻게 형성되는가?

경영자와 마케터의 중요한 관심사

그림 6-5 **준거가격의 중요성**

수용 가능 가격 범위 (acceptable price range)	유보가격 (reservation price)
소비자가 수용 가능한 것으로 받아 들이는 일정 범위의 가격	소비자가 지불하고자 하는 최고 가격

그림 6-6 **수용가격과 유보가격**

일반적으로 소비자들은 제품이나 서비스를 구매하고자 할 때 가격이 얼마가 되어야
한다고 단일한 제품가격을 가정하지는 않는다. 그들은 일정범위의 가격을 수용 가능한
것으로 받아들이는데, 이를 수용 가능 가격 범위(acceptable price range)라고 한다.

예를 들어 소비자가 햄버거를 구매할 때 수용 가능 가격 범위는 1,000~5,000원인데,
소비자가 지불하고자 하는 최소가격 1,000원은 최저수용가격으로 그 이하의 가격으로
판매되는 제품은 품질이 의심스러워 구매를 꺼리게 된다. 반면에 최대수용가격인 5,000
원은 소비자가 지불하고자 하는 최고 가격으로 유보가격(reservation price)이라 한다.
일반적으로 소비자는 유보가격 이상의 제품가격에 대해서는 수용하기에 너무 비싸다
고 판단한다.

예 소비자가 햄버거를 구매하고자 할 경우

수용 가능 가격 범위	
최저 수용가격 1,000원~최대 수용 가격 5,000원	
최저 수용가격 1,000원 이하	최대 수용가격 5,000원 이상
품질이 의심스러워 구매를 꺼리는 가격	제품가격이 수용하기에 너무 비싸다고 판단

그림 6-7 **수용 가능 가격 범위의 설정**

소비자의 준거가격에 큰 영향을 미치는 사례로 과도하게 할인하는 판매촉진을 들 수
있다. 평소에 50,000원이던 제품을 50% 할인된 25,000원에 구매하다 보면 어느 순간

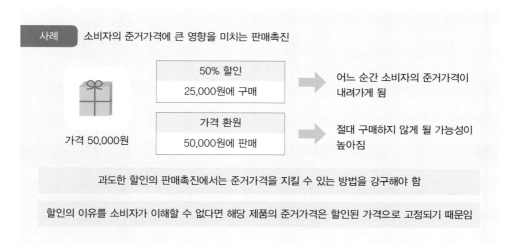

그림 6-8 **판매촉진 속에서 준거가격을 지켜내야 함**

소비자의 준거가격이 내려가게 된다. 이후 정상가격인 50,000원으로 가격이 환원되면 절대로 구매하지 않을 가능성이 높아진다. 따라서 과도한 할인을 하는 판매촉진에서는 준거가격을 지킬 수 있는 방법을 강구해야 한다. 할인 이유를 소비자가 이해할 수 없다면 해당 제품의 준거가격은 할인된 가격으로 고정되기 때문이다.

2) 고가격 고품질 효과

'싼 게 비지떡'이라는 옛말이 있다. 이 말은 비싼 것이 좋다는 의미이기도 하다. 소비자들은 은연중에 싼 것은 나쁘고 비싼 것은 좋은 것이라는 편견을 가지고 있다. 과연 그

그림 6-9 **고가격 고품질 효과**

런 생각을 하는 이유는 무엇일까?

소비자들은 구매 전에 제품의 품질을 정확하게 평가할 수 없다. 따라서 소비자들은 품질에 관한 불완전한 정보와 한정된 정보에 의존하여 품질을 평가하고 구매결정을 한다. 이러다 보니 잘못된 선택을 하는 경우가 많다.

그림 6-10 **구매 전 품질 평가를 하지 않고 구매를 결정**

소비자들은 잘못된 선택을 줄이기 위하여 가격(또는 브랜드와 점포의 외형 등 품질지표라고 생각되는 외형적 요소)의 도움을 받아 정확한 품질을 평가하려고 노력한다. 이와 같은 소비자들의 품질 평가방식은 경제적으로 매우 합리적이다. 왜냐하면 소비자가 직접 품질과 관련된 정보를 얻으려면 시간과 비용이 소모되므로 경험적으로 볼 때, 오히려 비싼 것이 품질이 믿을 만하다고 생각하는 것이 효과적이기 때문이다.

그림 6-11 **경험적 구매로 인한 품질 포지셔닝**

가격이 품질의 지표 역할을 할 때는 가격이 너무 높아도 안 되고, 너무 낮아도 문제가 된다. 가격이 너무 높으면 품질은 믿을 만하지만 너무 비싸서 소비자들이 구매를 기

가격이 매우 높은 경우	가격이 매우 낮은 경우
품질은 믿을 만하지만 가격이 너무 비싸서 구매하지 않음	품질을 의심하여 구매하지 않음

가격이 소비자의 수용 범위 안에 있을 때에 제품이 판매될 확률이 높음

그림 6-12 **적정 수용범위 안에서 가격 책정하기**

피할 것이고 너무 낮으면 소비자들이 품질을 의심해서 구매하지 않을 것이기 때문이다. 가격이 소비자의 수용범위 안에 있을 때에 제품이 판매될 확률이 높아진다.

현실적으로 소비자들은 가격을 품질지표로 사용하는 경우가 많다. 하지만 일반적으로 가격반응함수를 산출해 보면 가격이 떨어져도 품질은 떨어지지 않을 것이라고 생각하는 수준이 존재한다. 이와 같은 상황에서는 가격을 인하할 여지가 존재하는 것이고, 이때 가격을 적당히 내림으로써 성과를 거둘 수 있다.

실제로 품질을 평가하는 데 이용되는 요인은 다차원적이다. 제품의 품질은 제품의 물리적 속성인 내재적 요소와 제조업자나 유통업자가 부가한 제품특성인 외재적 요소로 구성된다. 외식업체의 내재적 요소는 메뉴를 구성하고 있는 식자재, 용기, 푸드스타일링 등이 포함될 것이며, 외재적 요소는 가격, 브랜드, 점포 이미지 등이 될 수 있다.

그림 6-13 **제품의 품질 요소**

3) 돈으로 지불하는 것 이외의 희생

외식업체를 이용하는 소비자의 구매행동에 영향을 미치는 요인은 식사를 하고 지불하는 금전적 가격만이 아니다. 물리적 노력이나 심리적 비용 등의 비금전적인 희생도 가격에 포함된다. 이러한 비금전적인 원가에는 '투자한 시간, 물리적 노력, 감각적 원가, 심리적 원가 등'이 있으며 이를 정리하면 다음과 같다.

그림 6-14 **가격이 포함하고 있는 요소들**

(1) 투자한 시간

외식업체를 이용하는 고객들은 음식을 먹는 시간 이외에도 다양한 형태의 시간을 소비하게 된다. 고객이 많이 몰리는 외식업체를 이용할 때는 줄을 서서 기다리는 시간이 많이 걸리기도 하고, 일단 좌석에 착석하였다 해도 음식을 주문하고 나서 음식을 먹을 때까지 어느 정도 시간을 기다려야 한다. 이와 같은 대기시간들은 공산품과 같은 제품의 구매에 드는 시간에 비하여 매우 길게 느껴져서 추가된 가격으로 인지하게 된다.

> **대기시간**
> • 공산품과 같은 제품의 구매에 드는 시간에 비하여 매우 길게 느껴짐
> • 추가된 가격으로 인지하게 됨

그림 6-15 **대기시간의 정의**

(2) 물리적 노력

최근 노무비를 절감하여 가격을 낮추려는 외식업체가 많아지면서 셀프서비스를 도입하는 곳이 늘고 있다. 이러한 유형의 외식업체에서는 소비자가 직접 서비스의 생산 활동에 참여하게 된다. 또한 인터넷이 발달하면서 소비자들은 맛있거나 차별화된 외식업체를 찾기 위하여 정보탐색에 많은 노력을 투자하는데, 결과적으로 이런 노력이 높은 가격을 지불한 것으로 인식하게 만드는 역할을 한다.

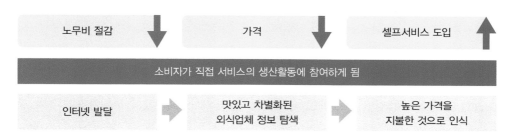

그림 6-16 **소비자의 생산활동 참여로 인한 소비자 가격 인식 상승**

(3) 감각적 원가

감각적 원가는 소음, 불쾌한 냄새, 좌석, 환경, 맛 등으로 인하여 발생하는 원가이다. 예를 들면 연기가 많이 나고 옷에 냄새가 쉽게 배는 구이전문 외식업체의 경우 이를 꺼려 고객이 감소하는 것을 들 수 있다.

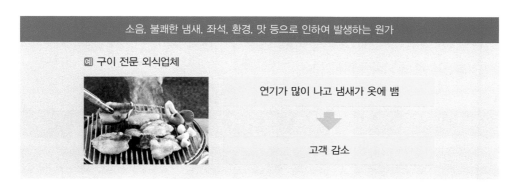

그림 6-17 **물리적(감각적) 환경으로 인한 소비자 인식 가격 상승**

(4) 심리적 원가

음식의 맛이나 가격 기타 외식업체를 이용하기 전에 예상하기 힘든 다양한 불확실성 등이 심리적 원가에 해당한다. 예를 들면, 혹시 "비싸지는 않을까?" 또는 "여기서는 뭘 먹어야 할까?"와 같이 불안감을 느끼는 것이 심리적 원가에 속한다.

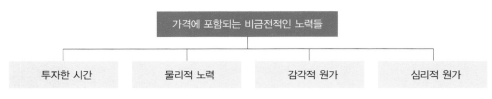

그림 6-18 **소비자가 가격으로 간주하는 요소들**

보통 유형의 제품만을 구매하는 행위와는 달리 외식업체에서의 구매행위는 위와 같은 심리적 원가를 발생시킴으로써 가격 결정에 영향을 미치게 된다. 실제로 외식업체는 고객의 시간과 다른 원가를 감소시키는 대가로 금전적인 가격을 더 많이 받을 수 있다. 예를 들어, 풀 서비스를 제공하는 외식업체가 제한된 서비스나 셀프 서비스를 제공하는 외식업체에 비하여 가격이 높은 것이 일반적이다.

그림 6-19 **특별한 원가가 가격 결정에 영향을 줌**

그럼에도 불구하고 외식업체가 가격을 결정하는 것은 소비자가 얻는 혜택에 대비하여 적절한 수준이 되어야 한다.

그림 6-20 **가격과 편익의 관계가 고객 만족에 미치는 영향**

일반적으로 고객들은 외식업체를 이용할 때 자신이 지불하는 가격(비용)에 대해 얻는 편익(효익)을 매우 중요하게 생각한다. 만약 소비자가 지불한 가격만큼의 편익을 얻지 못하였다고 판단하면 불만족을 느껴서 다시는 방문하지 않을 것이다. 즉, 고객 만족의 열쇠는 가격보다 큰 편익의 제공에 있다.

3 외식업체를 위한 가격 결정 절차와 전략 사례

가격은 외식업체를 위한 마케팅 믹스 중에서 가장 강력하면서도 다양한 활용이 가능한 요소이다. 미국과 같은 외식산업이 발달한 국가에서는 가격 전략만을 컨설팅하는 전문가와 기업이 존재한다. 이와 같은 현상을 통해 우리는 가격의 중요성과 활용성을 충분히 짐작할 수 있다. 외식산업의 가격구조는 다른 산업의 그것과 많은 차이를 가지고 있다. 따라서 외식업체의 마케터들은 가격을 이용한 경쟁전략 수립에 있어서도 차별화된 접근이 필요하다.

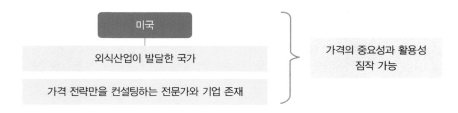

그림 6-21 **가격의 중요성과 활용성 인식의 필요**

1) 외식업체를 위한 메뉴 가격 결정 5단계 사례

외식업체의 메뉴 가격을 결정하기 위한 과학적이고 체계화된 유일한 방법은 존재하지 않

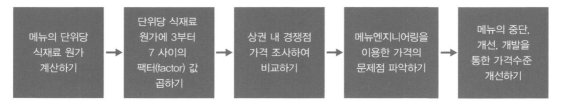

그림 6-22 **외식업체 메뉴의 가격 결정 과정**

지만, 〈그림 6-22〉와 같은 5단계의 가격 결정 방법을 고려해 보는 것은 매우 유익하다.

(1) 1단계

외식업체 메뉴의 가격 결정을 위해서는 가장 먼저 메뉴의 식재료 원가를 계산하는 것이 필요하다. 외식업체 경영자는 판매하고자 하는 모든 메뉴의 단위당 식재료 원가를 구할 수 있어야 한다. 메뉴의 원가는 예상되는 식재료의 감모분, 기타 직접비용과 허용 가능한 간접비용 등 메뉴 제조와 관련된 비용을 모두 포함해야 한다.

이와 같이 메뉴의 매출원가를 계산하기 위해 외식업체의 경영자는 기본적인 원가 관리 능력을 가지고 있어야 하며, 이 원가를 정기적으로 수정, 보완하기 위한 시장조사를 끊임없이 해야 한다.

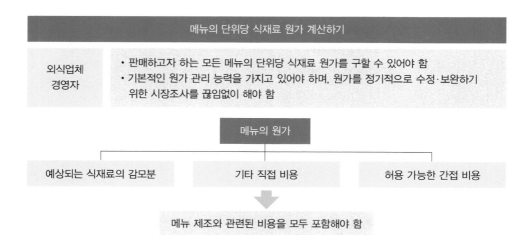

그림 6-23 **가격 결정을 위한 원가 관리 능력 필요**

(2) 2단계

1단계에서 메뉴의 식재료 원가가 계산되면, 그 원가에 3부터 7 사이의 승수를 곱하는 것이 가격 결정의 제2단계 작업이다. 만약 가격을 결정하려는 외식업체가 낮은 가격을 선호한다면, 사용할 승수는 3부터 7 사이의 값 중 낮은 값(3에 가까운 값)을 선택하는 것이 좋다. 낮은 팩터(factor) 값을 이용한다는 곳은 외식업체의 임대료나 인건비 등의 고정비가 낮고 감가상각해야 할 투자비도 적게 소요되는 업체로 볼 수 있다. 즉 고정비나 투자비가 낮은 외식업체의 경우 낮은 승수를 이용하여 경쟁업체보다 낮은 가격을 설정함으로써 경쟁력을 확보할 수 있다.

시설이 고급스럽고 서비스 수준을 높게 설정한 외식업체라면 많은 투자비와 높은 고정비를 감당하기 위해 높은 매출액과 이익 확보가 필요하다. 따라서 이와 같은 외식업체의 경우는 높은 값의 승수(7에 가까운 값)를 사용해야 한다. 물론 가격대 자체가 워낙 높은 외식업체의 경우 오히려 승수를 낮추는 경우도 있다. 이는 승수가 낮더라도 공헌이익이 높아서 충분히 수익성을 확보할 수 있기 때문이다.

단위당 식재료 원가에 3부터 7 사이의 팩터 값 곱하기

낮은 가격을 선호하는 외식업체	서비스 수준을 높게 설정한 외식업체
• 임대료나 인건비 등의 고정비가 낮음 • 감가상각해야 할 투자비 적게 소요 • 사용할 승수 : 3부터 7 사이의 값 중 낮은 값(3에 가까운 값) 선택	• 많은 투자비와 높은 고정비를 감당하기 위해 높은 매출액과 이익 확보 필요 • 사용할 승수 : 높은 값(7에 가까운 값) 선택

• 가격대 자체가 매우 높은 외식업체의 경우
  – 오히려 승수를 낮추는 경우도 있음
  ➡ 승수가 낮더라도 공헌이익이 높아서 충분히 수익성을 확보할 수 있기 때문

그림 6-24 **팩터 값을 이용한 가격 설정법**

---

(3) 3단계

식재료 원가와 승수를 이용하여 가격을 결정하였다면, 다음 단계는 동일한 메뉴를 취

상권 내 경쟁점 가격 조사하여 비교하기	
외식업체 경영자	
• 직접적인 경쟁관계에 있는 외식업체의 가격에 항상 집중할 필요가 있음	
• 동일한 상권 내에 있는 경쟁자의 메뉴 가격을 수시로 파악하는 노력이 필요함	
• 경쟁자 중에서 외식업체의 간접비용이 낮은 곳을 고려할 수 있어야 함	
예 임대료에 따른 비교	
임대료를 지불하지 않는 외식업체	임대료가 높은 입지에 위치한 외식업체
가격설정 시 낮은 승수 사용 가능	임대료가 낮은 업체들이 사용하는 승수를 따라한다면 엄청난 어려움에 봉착하게 됨
비슷한 간접비를 지출하는 외식업체와 비교하는 것이 반드시 필요함	

그림 6-25 **경쟁점 가격과 자사에 맞는 가격설정 전략이 필요**

급하는 경쟁업체의 가격을 조사하여 비교하는 일이다. 외식업체 경영자는 직접적인 경쟁관계에 있는 외식업체의 가격에 항상 집중할 필요가 있다. 특히 동일한 상권 내에 있는 경쟁자의 메뉴 가격을 수시로 파악해야 한다. 또한 외식업체 경영자는 경쟁자 중에서 외식업체의 간접비용이 낮은 곳을 고려할 수 있어야 한다. 예를 들어, 부동산이 자신의 소유라서 임차료 등을 지불하지 않는 외식업체는 큰 장점을 가지게 되는데, 그들은 가격을 설정할 때 낮은 승수를 사용할 수 있는 장점이 있다. 그러나 만약 당신이 임차료가 높은 입지에 위치하면서 단순히 그들이 사용하는 승수를 따라한다면 엄청난 어려움에 봉착하게 될 것이다. 그들은 항상 저렴한 가격을 유지할 수 있다. 따라서 비슷한 간접비를 지출하는 외식업체와 비교하는 것이 반드시 필요하다.

(4) 4단계

원가계산, 승수를 이용한 가격설정, 경쟁 외식업체와의 가격비교 외에도 외식업체의 경영자는 외식업체를 개점 후, 1개월 이내에 메뉴 엔지니어링 분석을 하고 이후에도 분기

메뉴 엔지니어링 분석을 통해 가격의 문제점 파악하기
원가 계산, 승수를 이용한 가격 설정, 경쟁 외식업체와의 가격 비교 외에도 외식업체의 경영자는 외식업체를 개점 후 1개월 이내에 메뉴 엔지니어링 분석을 하고 이후에도 분기마다 메뉴를 분석해야 함
끊임없는 메뉴 분석만이 외식업체의 문제점을 파악하는 지름길임

그림 6-26 **메뉴 엔지니어링을 통한 가격 문제점 파악**

마다 메뉴를 분석해야 한다. 끊임없는 메뉴 분석만이 외식업체의 문제점을 파악하는 지름길이라는 점을 잊어서는 안 된다.

(5) 5단계

마지막 단계에서는 4단계의 메뉴 엔지니어링 분석을 기초로 메뉴의 가격을 조정하거나 메뉴의 제거 또는 추가하는 작업이 이루어져야 한다. 외식업체의 메뉴 중에서 영원히 사랑받는 메뉴는 절대로 존재할 수 없다. 지속적인 개선과 개발이 이루어지지 않으면 외식업체의 존폐가 위태로워질 수 있다.

메뉴의 중단, 개선, 개발을 통한 가격 수준 개선하기
외식업체의 메뉴 중에서 영원히 사랑받는 메뉴는 절대로 존재할 수 없음
지속적인 개선과 개발이 이루어지지 않으면 외식업체의 존폐가 위태로워질 수 있음

그림 6-27 **외식업체의 수명을 늘리는 메뉴 개선과 개발**

2) 외식업체의 판매촉진을 위한 가격 결정 사례

많은 외식업체들이 더 많은 고객을 유인하기 위하여 다양한 가격대를 설정하고 싶어 한다. 그러한 아이디어는 한가한 시간대에 더 많은 고객이 방문하도록 한다거나 가능하면 고객들이 좀 더 수익성이 높은 메뉴를 주문하도록 만드는 방법이 될 수 있다. 또한 고객층을 넓혀서 방문 고객의 수를 늘림으로써 고정비를 분산시키는 효과적인 전략이 될 수도 있다.

많은 외식업체에서 실시하는 1+1 이벤트, 조조할인, 해피아워 할인, 기타 할인 정책 등은 처음 개업하여 고객이 거의 없을 때 고객을 유치하기 위한 수단으로 활용된다. 외식업체들은 이러한 방법을 이용하여 고객을 유인한 후, 다른 메뉴들을 고객들에게 추가적으로 판매할 수 있는 기회를 잡을 수 있다. 즉, 유인 메뉴를 이용하여 고객을 방문하게 만들어서 대표 메뉴 등으로 수익을 확보한다.

가격 할인은 학자들이나 마케터들 사이에서 논쟁이 많은 전략 중 하나이다. 경쟁이 치열한 상황에서 많이 애용되는 방법이긴 하지만 그렇게 해서 증가한 고객의 유형을 고민해 볼 필요가 있다. 낮은 가격만을 선호하는 고객들은 아닌지, 오히려 점포의 혼란만 가중되는 것은 아닌지, 종업원들을 짜증나게 만들고 가치보다는 단지 작은 할인에만 집착하는 것은 아닌지, 기존의 단골고객들을 짜증나게 만들지는 않는지, 오히려 외식업체의 명성을 떨어뜨리지는 않는지 등을 고려해 보아야 한다.

대폭적인 할인을 해주는 채널을 이용하면, 정상적인 가격 상황에서는 절대로 방문할 일이 없는 고객들을 방문하게끔 유인해 준다. 그러한 프로그램을 이용하는 고객들은 그 제품이 충분히 가치가 있고, 다른 사람들은 정상적인 가격에 구매한다는 가정 하에 외식업체를 방문한다. 게다가 이러한 고객들은 단골이 되지도 않고 충성도가 높아지지도 않는다. 그들은 단지 쿠폰북이나 할인에만 충성도가 높은 사람들이다. 예를 들어, 쿠폰북을 사용하는 고객들이라고 해서 가격민감도가 매우 높은 것은 아니다. 단지 그들은 외식업체에서 제공하는 쿠폰이 뭔가 목적이 있어서 할인해 주는 것이라고 인식하고 그 쿠폰에만 관심을 갖는 경우가 많다.

할인정책은 여러 가지로 나누어 볼 수 있는데, 그중 유익한 부분도 있지만 해악을 끼치는 경우도 많다. 만약 마케터가 할인정책을 사용한다면, 시야를 넓게 가지고 장기간 견딜 수 있는 준비를 해야 한다. 한번 쿠폰을 사용하여 햄버거를 1천 원에 구입한 경험

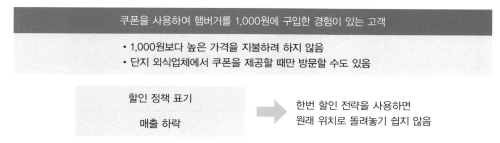

예 마케터가 할인 정책을 사용하는 경우
시야를 넓게 가지고 장기간 견딜 수 있는 준비를 해야 함

쿠폰을 사용하여 햄버거를 1,000원에 구입한 경험이 있는 고객
• 1,000원보다 높은 가격을 지불하려 하지 않음
• 단지 외식업체에서 쿠폰을 제공할 때만 방문할 수도 있음

할인 정책 표기

매출 하락

➡ 한번 할인 전략을 사용하면
원래 위치로 돌려놓기 쉽지 않음

그림 6-28 마케터는 장기적인 시각으로 가격 결정을 해야 함

이 있는 고객은 절대로 그보다 높은 가격을 지불하려 하지 않을 것이다. 그 손님은 단지 외식업체에서 쿠폰을 제공할 때만 방문할지도 모른다. 만약 할인정책을 포기한다면, 외식업체의 매출은 하락할 것이다. 한번 할인 전략을 사용하면 그것을 원래 위치로 돌려놓기가 쉽지 않다.

쿠폰을 사용한 고객이나 가격이 낮은 시기에 방문했던 고객들은 경계심이 발동할 수 있다. 만약 그들이 소지한 쿠폰이 기간이 만료되었거나 그들이 방문하려는 시간에 할인시간이 지났다면 그들은 구매를 포기할 가능성이 높다. 따라서 고객의 수가 줄어드는 것을 두려워하는 외식업체 경영자는 계속 할인을 해 주게 된다. 머지않아 쿠폰의 만기일과 서비스타임(happy hour)의 시간대는 무의미해지는 상황이 된다.

만약 외식업체에서 가격촉진 정책을 원한다면, 먼저 촉진을 위한 아이템뿐만 아니라 촉진가격을 적용할 기간을 결정해야 한다. 그런 다음 메뉴의 가격 결정을 위한 한계가

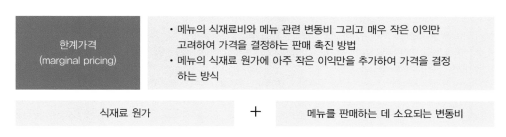

한계가격 (marginal pricing)	• 메뉴의 식재료비와 메뉴 관련 변동비 그리고 매우 작은 이익만 고려하여 가격을 결정하는 판매 촉진 방법 • 메뉴의 식재료 원가에 아주 작은 이익만을 추가하여 가격을 결정 하는 방식

식재료 원가	**+**	메뉴를 판매하는 데 소요되는 변동비

그림 6-29 한계가격 사용의 이해

격(marginal pricing) 기법을 사용하길 권한다.

한계가격이란 메뉴의 식재료 원가에 아주 작은 이익만을 추가하여 가격을 결정하는 방식이다. 한계가격을 계산하기 위해서는 식재료 원가에 메뉴를 판매하는 데 소요되는 변동비를 합산해야 한다. 이와 같은 변동비는 정확한 계산이 어려우며, 그 이유는 원가를 발생시키는 많은 요인들이 명확하지 않기 때문이다. 예를 들어, 노무비(인건비)를 가격촉진을 하려는 메뉴의 총원가에 배분하려는 경우 추가적으로 채용한 종업원의 노무비도 이미 고정비로 간주된다.

한계가격법을 사용할 때 간단한 방법은 메뉴의 식재료 원가를 계산하고 그것을 준비하고 제공하는 데 필요한 기타 변동비를 충당하기 위한 작은 이익(약 10%)을 추가하는 것이다. 예를 들어, 파스타의 식재료 원가가 3,000원이라면 여기에 최소한 10%를 더하여 총 변동비는 3,300원이라고 가정한다.

이와 같은 현금성 원가는 해당 메뉴의 손익분기점이라고 생각되는 가장 낮은 수준의 가격이다. 실제로 손님에게 부과해야 할 가격은 3,300원과 일반적인 승수를 감안한 가격 사이에서 결정되어야 한다. 즉, 마케터가 기존에 메뉴의 가격을 결정하기 위하여 승

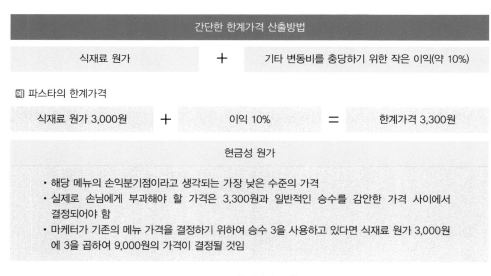

그림 6-30 **한계가격 산출방식**

loss leader	lost leader
• 최소의 이익만을 포함	• 현금성 원가만을 커버
• 작은 이익을 얻기 위한 메뉴 아이템	• 현금성 원가의 충당을 위한 메뉴 아이템

그림 6-31 **로스리더와 로스트리더의 이해**

수 3을 사용하고 있다면 식재료 원가 3천 원에 3을 곱하여 9천 원의 가격이 결정될 것이다. 한계가격이 3,300원과 9천 원 사이에서 6천 원으로 결정되거나 또는 9천 원의 가격에 1+1 전략을 사용함으로써 하나의 가격은 4,500원이 되도록 할 수 있다.

이 외에도 변동비 아래로 가격이 내려가지 않도록 설정하는 촉진전략이 있는데, 그중 하나가 최소의 이익만을 포함한 로스리더(loss leader) 전략과 다른 하나는 현금성 원가만을 커버하는 로스트리더(lost leader) 전략이다. 만약 외식업체가 작은 이익만을 추가하는 로스트리더 전략을 사용한다면 큰 이익을 얻지는 못해도 고정비를 충당하는 데 도움이 될 것이다.

4 외식업체 가격 전략을 위한 고려사항

외식업체는 메뉴의 가격 구조를 결정할 때에 다음과 같은 요소들을 고려해야 한다.

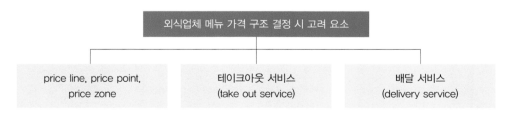

그림 6-32 **메뉴 가격 구조 결정 시 고려사항**

1) Price Line, Price Point, Price Zone

메뉴 카테고리 내의 모든 메뉴는 가장 높은 가격에서 가장 낮은 가격까지의 price zone(가격범위 또는 가격분산)이 합리적으로 설정되어야 한다. 그 범위는 소비자들의 수용가격 범위를 기준으로 설정하는 것이 이상적이다. 예를 들어 햄버거 전문점에서 소비자들이 지불할 용의가 있는 가격수용범위와 지불용의가 있는 적정가격 수준(적정수용가격)에 대한 조사가 다음과 같이 이루어졌다고 가정해 본다.

햄버거 전문점의 소비자 조사 사례

1. 가격수용범위 : 1,000~7,000원
2. 적정수용가격 : 4,000원

   햄버거 전문점의 price zone은 소비자들의 가격수용범위를 크게 벗어나지 않는 것이 좋다. price zone이 확정되면 소비자의 적정수용가격 수준인 4,000원을 참고하여 목표 객단가를 정하고 Price Point를 정한다. 경영자는 price zone과 price point를 기준으로 다양한 메뉴를 이용하여 price line을 만들어서 고객들의 차별화된 제품과 서비스

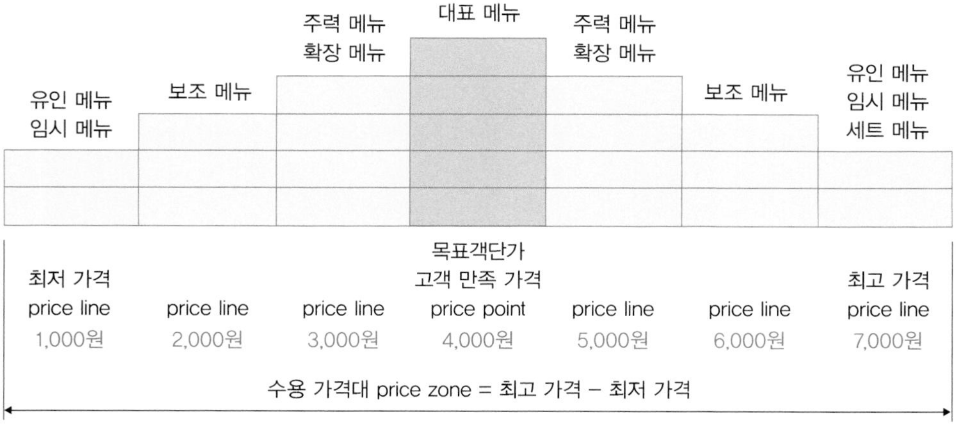

그림 6-33 **외식업체 메뉴의 가격구조**

그리고 가격에 대한 욕구를 충족시켜 줄 필요가 있다. 구체적인 내용은 〈그림 6-33〉과 같다.

2) 테이크아웃 서비스

외식업체의 메뉴 중 일부를 테이크아웃(take out)이 가능하도록 만들고 싶다면, 약간의 가격인상이 필요하다. 만약 외식업체 매장을 퀵서비스 형태로 운영하고 싶다면, 테이크아웃 서비스는 기본이 될 것이다. 이와 같은 경우 메뉴는 이러한 서비스를 고려하여 가격을 설정해야 한다. 그러나 만약 테이블 서비스 외식업체라면 테이크아웃 서비스를 제공하기 위해서는 포장비용과 같은 비용이 더 많이 소요된다. 또한 전화주문시스템의 비용은 물론이고 추가 인건비도 고려해야 한다.

반면에 테이크아웃 고객은 외식업체에서 테이블을 점유하지 않으므로 운영상의 번잡함을 초래하지 않으면서 고객의 수를 늘릴 수 있는 좋은 방안이기도 하다. 중요한 점은 모든 원가를 포함시켜야만 적정가격을 산출할 수 있다는 점이다. 만약 필요하다면, 혼란을 피하기 위하여 테이크아웃용 메뉴를 별도로 인쇄할 수도 있다.

최근에 많은 피자 전문점들이 테이크아웃 메뉴의 경우 20%를 추가로 할인해 주는 정책을 도입하고 있다. 배달 서비스가 많은 피자 전문점의 경우 배달로 인하여 발생하

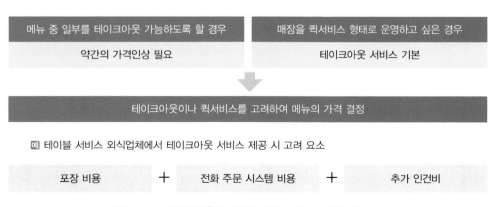

그림 6-34 **테이크아웃과 테이블 서비스 시 고려해야 할 요소**

테이크아웃 고객	• 테이블을 점유하지 않으므로 운영상의 번잡함을 초래하지 않음
	• 고객의 수를 늘릴 수 있는 좋은 방안

• 모든 원가를 포함시켜야만 적정 가격을 산출할 수 있음
• 혼란을 피하기 위하여 테이크아웃용 메뉴를 별도로 인쇄할 수 있음

🔳 피자 전문점의 테이크아웃 메뉴 20% 추가 할인 정책
➡ 배달로 인하여 발생하는 추가 비용을 절감할 수 있다는 점에서 테이크아웃을 권장하기 위한
   전략적 판단

그림 6-35 **테이크아웃 서비스 시 고려사항**

는 추가비용을 절감할 수 있다는 점에서 테이크아웃을 권장하기 위한 전략적 판단이라 할 수 있다.

3) 배달 서비스

배달 서비스(delivery service)는 고객의 수를 늘리기 위한 또 다른 외식업체의 운영방식이다. 그러나 일부 매장에는 이러한 서비스가 적절하지 않을 수도 있으므로 경영자는 신중한 결정이 필요하다. 배달은 수요를 예측하기 어려운 서비스 중 하나이다. 인력고용이나 활용에도 많은 어려움이 따르며, 별도의 보험가입도 필요하다. 또한 최소 주문량을 확보하기 위한 노력이 무엇보다 중요하다. 경우에 따라서는 배달지역을 제한해야 하는 경우도 있다.

특히 품질 관리가 지속적으로 이루어지기 힘들기 때문에 배달하는 메뉴의 수와 형태를 제한하는 것이 필요하다. 품질 관리는 외부용역업체에 배달을 하청하는 경우 더욱

지속적인 품질 관리의 어려움	➡	배달하는 메뉴의 수와 형태의 제한 필요

외부 용역업체에 배달을 하청하는 경우 품질 관리가 더욱 힘듦

그림 6-36 **배달 서비스 이용 시 고려사항**

배달 속도에 관한 미국의 연구 결과

- 고객들이 배달업체를 선택할 때 가장 중요하게 고려하는 요소

예 피자 전문점의 배달 시간

➡ 피자 전문점이 30분 이내 배달을 표준으로 설정하고 준수하려고 노력한 것을 보면 배달 시간의 중요성을 충분히 인식할 수 있음

그림 6-37 **배달 서비스에서 속도의 중요성**

힘들다. 만약 이와 같은 위험을 충분히 수용할 용의가 있다면, 배달 서비스를 위하여 높은 가격을 지불할 의향이 있는 고객을 유치함으로써 충분한 보상을 받을 수 있다.

이러한 보상은 외식업체가 정확하게 배달시간을 엄수하고 배달에 따른 편리함을 선호하는 고객들이 많아야 얻을 수 있는 성과이다. 실제로 미국에서의 연구결과에 따르면 고객들이 배달업체를 선택할 때에 가장 중요하게 고려하는 요소가 배달 속도라고 한다. 예를 들면 피자 전문점이 30분 이내 배달을 표준으로 설정하고 준수하려고 노력한 것을 보면 배달 시간의 중요성을 충분히 인식할 수 있다. 다만, 빠른 배달을 위해서 발생할 수 있는 위험을 고려하여 고객과 외식업체 모두에게 가장 큰 효익이 돌아가는 배달정책을 수립해야 한다.

5 매출 증대와 고객 만족을 위한 가격 전략 사례

가격은 외식업체의 마케팅에서 가장 중요한 역할을 하는 믹스요소 중 하나이다. 다양한 마케팅 믹스요소 중에서 가장 강력하면서도 다양한 활용이 가능하다는 측면에서 '가격 전략'이라는 이름으로 현장에서 많이 이용된다. 외식업체들의 가격 전략에 대한 관심은 매우 높은 편이다. 하지만 너무 일반화된 형태만 이용하고 있으며, 음식, 서비

미국	한국
• 가격 전략만을 전문적으로 컨설팅하는 기업 존재 • 가격 전략은 과학적이고 세심하게 접근해야 하는 분야로 알려져 있음	• 외식업체들의 가격 전략에 대한 관심은 매우 높은 편임 • 매우 일반화된 형태만 이용하고 있음 • 음식, 서비스, 물리적 환경, 목표고객을 충분히 고려한 통화적인 접근은 아직 이루어지지 않음

그림 6-38 **가격 전략의 중요성을 인지하고 과학적인 접근 필요**

스, 물리적 환경, 목표고객을 충분히 고려한 통합적인 접근은 아직 이루어지고 있지 못한 형편이다.

1) 소비자의 준거가격을 높이는 방법

준거가격이란 소비자가 특정한 상품이나 서비스를 반복구매하면서 고정관념화된 가격을 의미한다. 예를 들어 외식업체에서 소주를 마실 때의 가격은 4,000원이라는 표준화된 가격이 모든 소비자의 잠재의식 속에 숨어 있다. 이러한 준거가격은 소비자가 제품이나 서비스를 선택할 때 구매의사 결정의 기준선으로 이용된다. 소비자는 준거가격보다 판매가격이 높으면 비싸다고 인식하고 준거가격보다 판매가격이 낮으면 싸다고 인식한다. 결과적으로 소비자들은 특별한 경우가 아니라면 싸다고 인식되는 제품이나 서비스를 결정할 가능성이 높다. 왜냐하면 소비자의 구매의사 결정에 가장 큰 영향을 미치는 마케팅 믹스요소가 가격이기 때문이다.

좋은 제품을 만들기 위하여 좋은 재료 등을 사용하여 제품의 판매가격이 높아지는 경우가 있다. 〈그림 6-39〉의 햄버거가 그런 경우이다. 일반적으로 소비자들은 햄버거에 대한 준거가격이 3,000원~4,000원 내외인 경우가 많다. 그래서 아무리 수제버거라 하더라도 6,500원이라는 가격은 선뜻 받아들이기 힘들다. 이유는 이미 설명한 바와 같이 고정화된 햄버거 가격에 대한 인식 때문이다.

그림 6-39 햄버거의 준거가격을 높이기 위한 식재료 원가 제시 사례

이런 경우 외식업체의 경영자는 소비자가 가지고 있던 준거가격을 높이기 위한 합리적이고 과학적인 방법을 찾아야 한다. 어떤 방법이 가장 좋을까? 〈그림 6-39〉의 사례에서는 수제버거를 만들기 위하여 이용된 식재료를 소비자가 직접 구매하는 경우를 가정하여 햄버거의 전체 원가를 제시하고 있다. 소비자가 직접 할인마트에서 식재료를 구매하여 만들어도 5,700원의 비용이 소요된다고 주장한다. 소비자의 입장에서는 차라리 이 햄버거를 사서 먹는 것이 더 유리하다고 판단하도록 유인하는 내용의 테이블 시트는 결과적으로 준거가격을 높이는 역할을 한다. 이렇게 비싼 햄버거도 충분히 있을 수 있다고 인정하는 순간부터 소비자의 수제버거에 대한 준거가격은 6,000~7,000원이 적정하다고 인식한다.

2) 중심화 경향을 이용하는 방법

사람들이 무엇인가를 평가할 때 최저나 최고보다는 중심에 가깝게 평가하려는 경향이 있듯이 제품을 구매하는 행동에서도 소비자들은 중심에 있는 가격을 선택하려는 경향이 강하다. 〈그림 6-40〉에서 메뉴간의 특별한 경향성이 존재하지 않는다고 가정하면, '기존 메뉴판'의 경우 소비자들은 저렴한 가격의 메뉴를 선택할 가능성이 높다. 이때 외

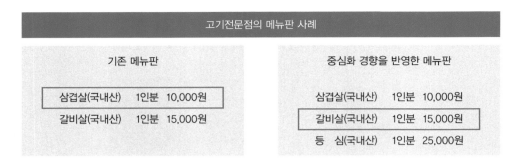

그림 6-40 **소비자의 중심화 경향을 이용한 메뉴판(Menu Book) 사례**

식업체들은 매출 증대를 위하여 객단가를 높여야 하는 욕구를 느끼게 된다. 어떻게 하는 것이 가장 이상적인 방안일까? 다양한 방법이 제시될 수 있지만 가격 전략 측면에서 바라본다면 소비자의 중심화 경향을 이용하는 것이 가능하다. 〈그림 6-40〉의 새로운 메뉴판에 등심이라는 고가의 메뉴가 등장하게 되면 그동안 가장 낮은 가격의 메뉴를 선택하던 고객들이 중간 가격대의 메뉴를 선택하는 확률이 높아진다.

이러한 사례에 의문이 생긴다면 실제로 실험을 해 보기를 권한다. 물론 이런 상황은 몇 가지 가정이 필요하다. 중간 가격대의 메뉴가 실제로 외식업체의 대표 메뉴로서 상당한 가치가 있어야 한다. 즉 소비자들이 만족할 수 있는 메뉴여야 한다.

3) 가치인식을 높이는 방법

가치를 수학식으로 표시하면 〈그림 6-41〉과 같다.

$$가치 = \frac{품질}{가격}$$

그림 6-41 **가치의 공식(가격의 관계식)**

즉 가치는 가격이 낮을수록 높아지고 품질이 높아질수록 상승한다. 소비자들이 어

동일한 품질의 국내산 삼겹살을 판매하는 A점포와 B점포

A점포
1인분 : 8,000원

B점포
1인분 : 10,000원

소비자들은 A점포의 삼겹살이 가치가 높다고 판단하고 구매를 결정함

그림 6-42　가격이 가치에 미치는 영향(가격의 사례)

떤 제품의 구매를 결정할 때 비교하는 대표적인 요인으로 가치를 이야기한다. 가능한 가치가 높다고 인식되는 제품을 선택한다. 따라서 외식업체들은 가능한 소비자들이 높은 가치를 인식하도록 노력해야 한다.

예를 들어 삼겹살의 가치를 높게 인식하게 만들기 위해서 외식업체들은 2가지 중 하나의 의사결정을 할 수 있다. 하나는 가격을 낮추는 것이다. A점포와 B점포가 동일한 품질의 국내산 삼겹살을 판매하는데 A점포는 1인분에 8,000원을, B점포는 1인분에 10,000원을 받는다면 소비자들은 A점포의 삼겹살이 가치가 높다고 판단하고 구매를 결정한다.

두 번째는 동일한 가격일 때 품질이 높은 제품을 가치가 높다고 인식하는 경우이다. A점포와 B점포가 삼겹살을 1인분에 10,000원에 판매하고 있는데, A점포의 삼겹살은 국내산이고 B점포의 삼겹살은 수입산이면, 소비자들은 A점포의 삼겹살이 가치가 높다고 인식하여 구매를 결정한다. 이상의 두 가지 상황을 정리하면 〈표 6-1〉과 같다.

이상의 가격 전략은 다양한 연구를 거쳐서 검증이 이루어진 이론에 기초하고 있다. 특히 현장에서 쉽게 활용할 수 있도록 매우 유용성이 큰 내용만을 선별하였다. 그러나 우리가 제품과 서비스의 가격을 설정하고 소비자 만족을 얻을 수 있는 가격 전략을 수립하기 위해서는 매우 많은 조사 분석과 노력이 필요하다. 혹시라도 가격을 단기적인 매출 증대를 위하여 소비자를 속이는 수단으로 사용해서는 안 된다. 만약 그런 의도로

그림 6-43 **품질이 가격에 미치는 영향(품질의 사례)**

표 6-1 **소비자가 인식하는 가치의 비교**

구분		가격	품질	가치(=품질/가격)	구매
상황 1	A점포	8,000원	국내산	높음	○
	B점포	10,000원	국내산	낮음	
상황 2	A점포	10,000원	국내산	높음	○
	B점포	10,000원	수입산	낮음	

가격을 활용한다면, 머지않은 시기에 고객의 커다란 저항에 직면하여 큰 낭패를 보게 될 것이기 때문이다. 소비자 구매심리에 가장 큰 영향을 미치는 것으로 알려진 가격 전략은 외식업체에서도 세심한 주의가 필요하다.

4) 가격차별화 전략

외식업체 경영자는 매일 더 비싼 가격을 지불할 의사가 있는 고객과 함께 가격이 더 낮으면 구매할 의사가 있는 잠재고객들을 만나게 된다. 만약 외식업체에서 판매되는 동일한 메뉴라 하더라도 고객들이 지불할 의향이 있는 각각 다른 가격을 파악할 수만 있다면 그들이 서로 간에 알아차리지 못하도록 각자 원하는 가격을 제시함으로써 경영자는 최대의 매출을 올릴 수 있게 될 것이다.

이와 같이 외식업체 경영자라면 누구라도 각기 다른 고객이 자신의 제품과 서비스에 매기는 각기 다른 가치를 발견하고 이를 기반으로 가격을 결정하고자 한다. 가격차별화 전략의 구성 요소는 '같은' 제품을 '상이한' 고객에게 '상이한' 가격에 팔 수 있도록 도와준다. 그리고 그와 같은 가격차별화 전략의 목표는 수요가 많을 때를 그렇지 않을 때로 옮기거나 수요가 적을 때는 이를 자극하여 수요를 늘리는 것이다.

다만 경영자나 마케터가 가격차별화 전략을 실행하기 위해서는 다음과 같은 선행조건을 검토하는 것이 필요하다. 먼저 각기 다른 세분 고객들이 동일한 제품에 대하여 느끼는 가치가 달라야 한다. 즉 차별화된 가격으로 구매하려는 고객집단이 존재해야만 한다. 둘째, 동일 제품에 대하여 가치를 다르게 느끼는 세분 집단이 분리 가능하고 각 집단의 크기가 충분히 커서 활용 가능성이 있어야 한다. 셋째, 가격차별화로 인한 효익이 비용을 초과해야 한다. 즉 차별화로 인한 수익의 증가분이 차별화를 위하여 지출한 비용보다 커야 한다. 넷째, 고객들이 차별화된 가격으로 인하여 혼란을 느끼지 않아야 하며, 특히 비싼 가격을 지불한 고객이 불만을 가져서는 안 된다.

라피 모하메드(Rafi Mohammed)에 따르면 가격차별화 전략은 크게 7가지로 나눌 수 있는데, 이중 외식업체에 유용한 5가지 방법을 살펴보면 〈그림 6-44〉와 같다.

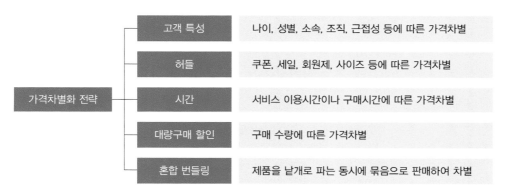

그림 6-44 **라피 모하메드의 가격차별화 전략 유형**

6 심리학을 활용한 가격 전략

외식업체에서 다양한 심리학적 가격 결정 방법에 따라 설정된 음식 가격을 발견하는 것은 어렵지 않다. 가장 대표적인 것으로 일반적으로 거래되는 기준가격보다 저렴하게 보이려는 단수가격 전략이 있다. 그 외에도 일반적인 가격과 차이가 많이 나도록 보이려는 가격 전략이나 주변 사람을 의식하는 소비자를 위한 고가전략 등 다양한 심리학적 가격 전략이 있다.

마케터들은 시장의 특성에 따라서 일반적이거나 대중적인 가격과의 차이를 두려고 한다. 특히 가격구조와 관련된 소비자들의 비합리적인 구매행동을 심리학적으로 분석하여 가격을 결정하는 심리학적 가격 결정법을 많이 활용한다. 예를 들면, 단수가격 결정법, 단계가격 결정법, 명성가격 결정법, 유도가격 결정법 등이 여기에 해당된다.

1) 단수가격 전략

이미 앞에서 간략하게 설명한 바 있는 단수가격 결정법은 제품의 판매가격에 단수를 붙이는 것으로 판매가에 대한 고객의 수용도를 높이고자 할 때 이용하는 방법이다. 예를 들어 판매가격이 10,000원인 상품에 9,990원이라는 가격을 붙이면 그 차이는 겨우 10원에 불과하지만 소비자들은 10,000원보다 훨씬 싸다는 느낌을 갖게 된다. 단수에는 짝수보다도 5, 7, 9와 같은 홀수를 많이 쓰는 것이 더 큰 차이를 느끼게 만드는 것으로 알려져 있다.

천 원대 제품의 경우 판매가격이 '00'으로 떨어지지 않도록 80이나 90로 끝내면 고객에게 더욱 강한 인상을 줄 수 있다. 실제로 '0' 이외의 단수는 소비자들에게 싸다는 이미지를 준다. 사람은 10, 20, 30처럼 '0'으로 끝나는 숫자를 하나의 단위로 여긴다. 1만 원과 9,990원은 불과 10원 차이밖에 안 나지만 사람들에게 큰 차이를 느끼게 한다. 마지막 단위가 '0' 이외의 단수로 끝나면 '싸다'는 인상을 주고 '0'으로 끝나면 '비싸다'는 인상을 준다. 마지막 단위가 8이나 9로 끝나는 경우와 '0'인 경우는 이미지상 큰 차이를 주지만 8원과 9원, 4원과 5원처럼 단수끼리는 그다지 큰 차이를 주지 않는다.

단수를 사용해 이익을 높이는 방법도 있다. 가격이 잘 알려져 있지 않은 제품은 1천 원을 1,090원으로 설정해도 잘 팔린다. 이것은 고객이 1,090원을 1,100원에서 할인한 가격이라 생각하기 때문이다. 이렇게 단수 가격을 활용하면 이익을 높이는 것도 가능하다. 일본에서는 마지막 단위에 8을 잘 사용하는데, 이는 일본인들에게 번성을 의미하는 숫자이기 때문이라고 한다. 미국에서는 9로 끝나는 경우가 많다. 10개의 제품 가격을 얼마나 정확하게 기억하고 있는가를 실험했더니 7, 6, 5, 4 등의 단수를 사용해도 대부분의 고객은 9라고 대답했다. 따라서 미국에서는 다른 단수보다 조금이라도 이익을 높일 수 있는 9라는 숫자를 사용하게 되었다. 한편, 국내의 경우 '8'과 '9'를 함께 사용하고 있다.

다만 묶음 판매하는 경우는 0으로 끝나도록 설정하는 것이 좋다. 예를 들면, 미국 슈퍼마켓 랄프스(Ralphs)에서는 코카콜라 2ℓ 1개에 89센트, 칫솔 1개에 1달러 99센트로 역시 9로 끝나는 가격을 설정하고 있다. 그러나 GE의 전구는 2개에 3달러, 케레스토의 치약은 2개에 5달러, 목캔디가 2봉지에 3달러 식으로 설정하고 있다. 랄프스만 그런 것이 아니라 다른 소매업체들도 동일한 방식으로 가격을 설정하고 있다. 이는 재고정리를 위해 끝 단위를 절사한 것이라는 인상을 주기 때문이다. 컴퓨터 관련 제품을 판매하는 한 체인점은 9, 7, 1의 세 가지 단수에 한정하는 재미있는 단수 가격정책을 실시하고 있다.

전단지 대상 제품들에도 우선순위가 있다. 가장 주력하고 있는 제품에는 1, 두 번째로 주력하고 있는 제품은 7, 나머지 제품들은 단수를 9로 설정하고 있다. 이는 주력제품인 컴퓨터를 구입하려고 마음먹은 후에는 스캐너나 키보드 등 관련제품에 대한 가격 저항이 약해지므로 가능한 이익을 높이려는 전략이다. 최근에는 '세 개째 무료', '두 개째 50% 할인' 등의 가격 설정이 유행이다. 세 개째 무료라는 것은 1개당 33% 할인이라는 말과 같다. 두 개째 50% 할인은 1개에 25% 할인한다는 의미이다. 하지만 '세 개째 무료', '두 개째 50% 할인'이라고 표현하는 이유는 무료나 50% 할인 같은 강렬한 표현이 소비자에게 저렴하다는 이미지를 줄 수 있으며, 소비자의 일괄 구매를 유도할 수 있기 때문이다.

2) 명성가격 결정법과 관습가격 결정법

명성가격 설정법은 가격품질연상 효과를 최대한 활용하는 전략으로 '가격이 높을수록 고급'이라는 소비자의 심리를 이용하여 고가격을 매기는 것으로 파인 다이닝과 같은 고급 음식점에서 유효한 전략이다.

관습가격 결정법은 고객의 마음속에 이미 가격이 결정되어 있는 경우 활용하는 전략이다. 외식업체의 메뉴 중 자장면, 냉면이나 삼겹살과 같이 대중성이 큰 메뉴의 가격설정 시 고려해야 하는 심리적 가격설정 방법이다. 일반적으로 고객이 심리적으로 느끼는 관습가격 이상으로 가격이 책정되면 저항이 거세지기 때문에 중량이나 품질의 조정을 통하여 간접적인 조정 방법이 자주 사용된다.

명성가격 설정법
- 가격 품질 연상효과를 최대한 활용하는 전략
- '가격이 높을수록 고급'이라는 소비자의 심리를 이용하여 고가격을 매기는 것
- 파인 다이닝과 같은 고급음식점에서 유효한 전략

관습가격 결정법
- 고객의 마음속에 이미 가격이 결정되어 있는 경우 활용하는 전략
- 레스토랑의 메뉴 중 대중성이 큰 자장면, 냉면과 같은 메뉴의 가격 설정 시 고려해야 하는 심리적 가격 설정 방법
- 일반적으로 고객이 심리적으로 느끼는 관습가격 이상으로 가격이 책정되면 저항이 거세지기 때문에 중량이나 품질의 조정을 통한 간접적인 조정 방법을 자주 사용함

그림 6-45 **명성가격과 관습가격의 이해**

3) 유인가격 결정법

유인가격 결정법은 고객의 반응을 유도하기 위하여 정책적으로 낮은 가격을 설정하는 전략이다. 고객들은 특별히 할인을 받았다고 느끼는 특별가격에 높은 반응을 보인다. 음식점에서 특정메뉴에 대하여 정상적인 이익보다 낮거나 또는 원가 이하의 가격을 설정하여 서비스를 제공하는 경우가 있는데, 이를 유인 메뉴(loss leader)라고 한다. 이는 보다 많은 고객을 유치하고자 하는 경우에 이용된다.

할인점 등에서 라면이나 배추와 같은 제품을 원가 이하로 한정판매하는 경우가 종종 있는데, 이러한 전략은 유인 메뉴 제품을 이용하여 고객을 유인한 후 다른 제품의 매출을 통하여 이익을 올리기 위한 전략이다. 따라서 음식점에서도 이와 같은 유인 메뉴를 이용하여 수익성을 개선하기 위한 다양한 전략의 개발이 요구된다. 이와 같은 전략은 단순히 고객의 유인이라는 차원을 넘어서서 외식업체의 인지도를 높이고 고객충성도를 높이는 데 기여하기도 한다.

7 메뉴 가격과 가치의 이해

1) 가치의 정의

1988년 자이사믈(Zeithaml) 연구에 따르면, 가치는 〈그림 6-46〉과 같이 4가지로 구분할 수 있다.

가치를 어떻게 정의하느냐에 따라서 외식업체의 가격 결정 전략과 구체적 실행 계획은 많은 차이가 날 수 있다. 예를 들어 가치를 '저렴한 가격'으로 정의하는 경영자라면 대표 메뉴를 저렴하게 설정하고 낮은 가격을 선호하는 고객을 타깃으로 하거나 그것이 어렵다면 유인 메뉴를 이용하여 고객의 방문을 유도하는 방법을 사용하게 된다. 가

그림 6-46 **다양한 가치의 정의**

치를 어떻게 정의하고 어떤 가격 전략을 사용해야 하는지를 〈표 6-2〉에서 자세히 확인할 수 있다.

표 6-2 **가치의 다양한 정의에 따른 가격 전략**

가치의 정의	가격 전략	사례
가치는 '저렴한 가격'	• 가격이 낮을수록 가치가 높음 • 화폐로 표시되는 가격에 초점 • 소비자는 할인메뉴를 구매하거나 쿠폰을 이용할 때 가치가 높다고 생각 • 가격차별화 또는 가격 할인전략이 주효	맥도날드는 행복의 나라와 같은 저렴한 메뉴를 구색용으로 추가하여 고객을 유인함
가치는 '가격대비 품질'	• 소비자는 자신이 지불한 것 이상의 무엇인가(품질)를 얻었을 때 가치가 높다고 생각 • 일정가격 수준에서 고객이 원하는 품질이 어느 정도 되는지를 파악하는 것이 중요 • 저가보다는 고객이 원하는 품질수준을 찾아내고 그에 적합한 가격을 찾아야 고객 만족 가능 • 고객을 세분화하고 세분화된 고객에 따라 차별화된 가격설정	일본의 사이제리아는 음료 서빙을 원하는 고객에게는 높은 가격을 받고, 낮은 가격을 원하는 고객에게는 셀프로 음료를 판매함으로써 서비스의 유무에 따라 가격차별화를 실시함
가치는 '소비자가 얻으려는 모든 것'	• 소비자가 외식업체에서 얻는 효익에 초점을 맞춘 것으로 경제학에서 말하는 효용과 가장 유사 • 소비자는 그들이 원하는 수준의 품질을 얻으면 가격은 얼마든지 신경을 쓰지 않는다고 가정	• 멋진 프로포즈를 하려는 남자의 경우 음식의 가격보다는 자신의 프로포즈를 위한 분위기와 최상의 음식에 초점을 둠 • 고객을 접대하기 위한 기업인의 경우도 훌륭한 접대만 이루어진다면 가격은 크게 고려대상이 되지 않음
가치는 '소비자가 지불한 것에 대해 받는 것'	• 지불한 것이란 금전적인 요소뿐만 아니라 시간, 노력 등의 모든 것을 감안 • 받는 것도 유형의 것뿐 아니라 무형의 것도 모두 포함되는 개념임	• 번들링 가격을 선호함 • 외식업체의 핵심제품이나 서비스 이외에 다양한 사이드 메뉴나 서비스를 제공함으로써 고객 만족을 높일 수 있음

2) 가격과 소비자 인식 및 구매의도의 관계

외식업체에서 제시하는 가격은 가치(value)에 기반을 두어야 한다. 가치를 반영하여 가격을 결정했을 때, 외식업체는 수익과 성장을 이룰 수 있다. 다만 가치를 어떻게 결정할 것인가가 문제이다. 학자들 간에도 가치에 대한 개념 정의가 일치하지 않고 있다. 또한 가치는 인간의 지각에 의존하는 개념이라서 획일적으로 정의하기 어렵다. 따라서 외식업체의 경영자는 가치에 대한 다양한 개념을 확인하고 각각의 정의에 따른 자신만의 가치를 찾아야 한다.

일반적으로 가치는 사람들이 제품이나 서비스를 구매할 때 기대하는 이익이나 효용으로 정의된다. 소비자들은 구매의사를 결정할 때 가격보다 가치를 더 중요하게 고려한다. 따라서 어떤 제품이나 서비스를 판매하려면 가격은 고객들이 제품에 두는 가치에 근거해서 결정해야 한다. 특히 가치는 소비자 구매행동에 영향을 미치는 '품질지각, 희생, 위험지각, 구매의도' 사이의 관계에서 〈그림 6-47〉과 같이 핵심적인 역할을 한다.

결과적으로 가치는 소비자가 외식업체에서 얻는 것과 그것을 위해 희생하는 것 사이의 상충관계(trade-off)로 파악할 수 있다. 소비자는 가격보다 상위의 개념인 가치에 근

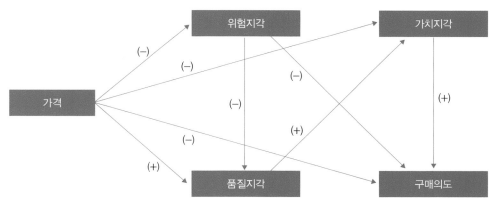

주 : (−)는 인과관계가 부의 관계인 경우, (+)는 정의 관계인 경우. 예를 들어, 가격과 가치지각의 인과관계는 가격이 상승(↑)하면 가치지각이 감소(↓)

그림 6-47 가격, 품질지각, 가치지각, 구매의도 사이의 관계
자료 : 김영갑(2009), 외식경영연구 12권 4호

거하여 구매의사 결정을 한다. 다만 그러한 가치는 동일한 제품이나 서비스에 대해서도 개인의 특성과 상황에 따라서 다를 수 있다. 따라서 소비자들은 최상의 품질이나 가치의 제품만을 선택하거나 가장 저렴한 것만을 선택하지 않는다. 자신의 상황에 따라서 적절한 수준을 선택할 가능성이 가장 높다.

3) 가치인식을 높이는 방법

가치는 정해진 기준이 없으며, 소비자에 따라서 그리고 구매상황 등에 따라서 항상 변하게 되어 있다. 가치는 숫자로 표현될 수 없는 인간의 뇌에서 순간순간 정해지는 것이므로 경영자의 노력에 따라서 높일 수도 있고 낮출 수도 있는 대상이다. 소비자가 인식하는 가치를 높이기 위한 프로세스를 살펴보면 〈그림 6-48〉과 같다.

외식업체 경영자는 개별적인 메뉴나 케이터링 서비스, 기타 메뉴의 가격을 결정하기 전에 일반적인 고객들이 외식업체에 방문했을 때 얼마나 소비할지 또는 소비하기를 원하는지를 파악해야 한다. 좀 더 구체적으로 이야기하면 제공되는 서비스 수준과 같은 외식업체의 업태를 고려할 때, 고객이 지불할 용의가 있는 객단가가 얼마인지 확인해야 한다. 외식업체 경영자는 과거의 판매기록을 검토함으로써 이러한 자료를 찾아낼 수 있다. 만약 새롭게 개업한 외식업체라면 환경분석을 수행함으로써 적절한 객단가를 수집할 수 있다.

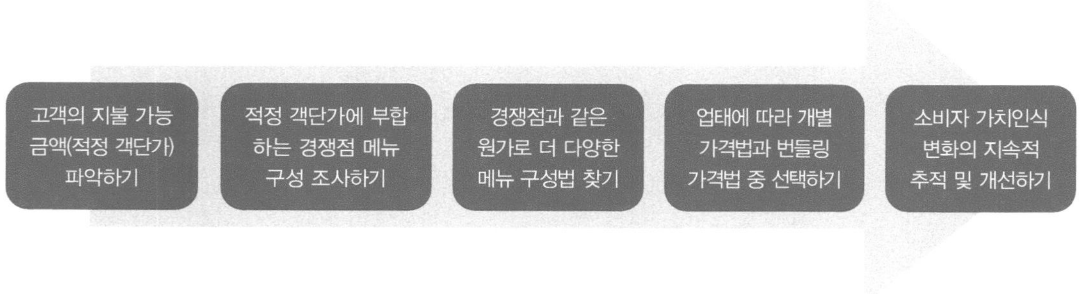

| 고객의 지불 가능 금액(적정 객단가) 파악하기 | 적정 객단가에 부합하는 경쟁점 메뉴 구성 조사하기 | 경쟁점과 같은 원가로 더 다양한 메뉴 구성법 찾기 | 업태에 따라 개별 가격법과 번들링 가격법 중 선택하기 | 소비자 가치인식 변화의 지속적 추적 및 개선하기 |

그림 6-48 **소비자가 인식하는 가치를 높이는 프로세스**

객단가 (customer transaction)

외식업체 고객의 1인당 평균매입액을 말한다. 일정기간의 매출액을 그 기간의 고객 수로 나누어 산출하는 것으로 매출액을 분석하는 중요한 자료로 활용된다. 즉 매출액은 '고객 수×객단가'로 계산되므로, 향후 매출을 증대시키기 위하여 객단가를 향상시킬 필요가 있다.

외식업체 경영자가 점심시간 객단가를 1만 원으로 추정하였다면, 점심시간에 방문할 고객들이 최소한 1인당 1만 원은 소비할 것으로 기대한다. 이제 외식업체 경영자는 고객 1인당 1만 원의 매출을 올리기 위한 최적의 방안을 결정해야 한다.

객단가가 정해진 경우 최적의 메뉴 구성 방법

객단가를 1만 원으로 추정한 음식점이 메인메뉴의 가격을 9,900원으로 설정하였다면, 일반적인 고객은 음료, 애피타이저, 디저트 등을 추가로 주문하지 않을 가능성이 매우 높다. 그러나 만약 해당 점포가 메인메뉴의 가격을 6,900원에서 7,900원 사이로 설정하였다면, 고객들은 음료나 디저트 또는 다른 메뉴들을 추가로 주문할 가능성이 높아진다. 고객들은 1만 원으로 하나의 품목이 아닌 여러 개의 품목을 구매하는 경우 그들이 더 높은 가치를 얻었다고 인식한다. 따라서 경영자는 목표 객단가를 달성하면서도 고객들이 다양한 메뉴를 통하여 높은 가치를 인식하도록 메뉴를 구성해야 한다. 메뉴를 세트화하는 것이 대표적인 예이다.

경영자의 성향에 따라서 세트 메뉴를 활용한 번들링 가격 결정을 선호하는 경우도 있지만, 일품요리식 가격 결정을 더 선호하는 경영자도 있다. 고급 외식업체(Fine dining)와 카페테리아 같은 곳에서는 일품요리식 가격 결정을 선호한다. 반면에 패스트푸드 레스토랑, 패밀리 레스토랑, 캐주얼 다이닝에서는 번들링 형태의 가격 결정을 애용한다.

보통 객단가가 낮은 외식업체나 가치지향적인 고객들은 번들링의 형태를 선호한다. 고급외식업체에서는 고객들이 물이나 빵을 포함해서 모든 개별 품목에 대하여 각각의 가격을 별도로 계산하는 것을 선호한다. 카페테리아의 고객들 역시 고급외식업체와 같은 가격구조를 선호한다. 즉, 일품요리식 가격 결정이 적절하다. 그러나 패스트푸드 레스토랑에서는 고객들이 기대하는 'value meals(세트 메뉴)'와 같은 메뉴를 제공하는 것이 매우 중요하다. 패밀리 레스토랑과 캐주얼 다이닝에서는 일품요리와 번들링 가격 결정이 결합된 메뉴가 주로 제공된다. 또한 그들은 무한리필과 같은 서비스를 제공하기도 한다.

일반적으로 가치는 소비자의 눈과 마음속에 존재한다. 외식업체 경영자는 고객들의 가치인식을 적절하게 조절할 수 있어야 한다. 하지만 그것이 쉬운 일은 아니다. 비록 경영자가 오늘은 그것을 훌륭하게 수행하였다 하더라도 내일은 바뀔 수도 있다는 사실을 알고 끊임없이 집중해야 하는 과제임을 인식해야 한다.

가치는 다양한 마케팅요인 중에서 품질, 가격, 서비스와 가장 연관성이 깊다. 특히 품질과 가격은 상관관계가 매우 높다. 고객들은 높은 가격이 높은 품질을 보장한다고 기대한다. 서비스와 가격 사이에도 유사한 관계가 존재한다. 고객들은 더 높은 가격은 훌륭한 서비스와 연계되는 것으로 인식한다. 시간이 흐르면서 경영자들은 고객이 원하는 것이 무엇인지를 알게 될 것이다. 그런 후에 그들의 욕구를 파악하고 그에 따라 지속적으로 가격 결정 전략을 수정해야 한다.

8 가격 관리 원칙과 통합적인 가격 전략

이익을 늘리기 위하여 노력하는 외식업체들은 어떤 노력을 하고 있을까? 대부분의 외식업체들은 신메뉴를 개발하여 고객의 수요를 늘리려고 안간힘을 쓰고 있다. 또 다른 업체들은 마케팅 활동을 강화하기 위하여 마케팅 예산을 증액하는가 하면 SNS 등을 이용한 인터넷 마케팅을 강화하고 있다. 대기업 수준의 외식업체라면 인기 연예인을 모델로 고용하고 광고에 집중하기도 한다. 반면에 원가절감을 통해 이익을 증가시키려고 노력하는 업체들도 많다. 과연 이런 노력이 외식업체들의 이익을 증가시키는 데 가장 효율적인 방법일까?

이익을 늘리는 데 가장 효율적인 방법은?
가격 전략 > 변동비 절감 > 판매량 증대 > 고정비 절감

그림 6-49 **이익을 증대하는 효율적인 방법**

외식업체에서 이익을 늘리기 위한 전략으로 가격을 결정하고 관리하는 경영자가 얼마나 될지 궁금하다. 최근 외식업체들의 가격시스템을 확인해 보면, 경영자는 차치하고 마케팅담당자조차도 무관심으로 일관한다. 많은 외식업체와 개인사업자들이 가격을 단순히 경쟁업체와 비슷한 수준에서 결정하거나 관습적인 가격을 그대로 답습하고 있음을 현장에서 쉽게 발견할 수 있다. 가격 결정과 관리가 중요한 이유는 기업이 이익을 내면서 지속적으로 성장하게 만들어 줌과 동시에 사업목표의 달성, 고객 만족까지도 이룰 수 있게 만들어주기 때문이다. 이러한 목적 달성을 위해 외식업체는 가격 관리 원칙을 수립하고 가격을 통합적으로 관리하는 시스템을 구축할 필요가 있다.

1) 가격 관리 원칙의 수립

외식업체들이 가장 선호하는 가격 결정 방법은 관습적인 방법, 경쟁자 기준 방법, 비용기준 방법 등이다. 관습적이란 기존의 가격수준을 그대로 따라 하는 것이다. 전통적으로 사용해 온 방법이기 때문에 가장 안전하다고 생각한다. 비용기준 방법은 제품을 만드는 데 들어간 비용에 일정한 이익을 붙여서 가격을 결정하는 방식이다. 기업의 이익을 보장하는 확실한 방법인 듯하지만 판매량에 따라서 손실이 발생하기도 하고, 더 높은 가격을 받을 수 있음에도 이를 포기하는 사례도 생긴다. 경쟁자 기준 방법은 우리 주변에서 외식기업이나 사업자들이 가장 선호하는 방법이다. 어떤 고민도 없이 경쟁자와 비슷한 가격을 책정하면 되기 때문이다.

최근에는 과도한 판매촉진 등으로 인하여 기업들의 가격 결정과 관리에 대한 원칙들이 무너지는 경우가 종종 발생하고 있다. 외식업체들은 소비자에 대한 가치가 상실되는 위험을 무릅쓰고 큰 홍보효과를 얻겠다는 목표로 순간적인 할인 행사 등을 실시하고 있다. 고객은 단순히 음식의 대가만을 지불하는 것이 아니라 업체의 가치에 대한 대가를 지불한다고 생각한다. 외식업체의 일관된 '가격설정 및 관리원칙'이 수립되고 유지되지 않는다면 소비자들은 해당 음식점에 대한 가치를 의심하게 될 것이다. 추가적으로 준거가격마저 무너짐으로써 기존에 만족하면서 이용하던 이용동기까지도 사라지게 된다.

전략적인 가격 결정과 관리는 제품과 서비스의 가치를 기초로 해야 한다. 그래서 가치를 측정하고 자신들만의 가치를 알리는 커뮤니케이션이 중요해진다. 다음으로 경쟁자를 따라 하지 말고 자신만의 기준으로 선도해야 한다. 그러기 위해 고객을 세분화하고 다양한 서비스로 차별화함으로써 경쟁자들과는 구별되는 가격체계를 만들어야 한다. 마지막으로 수익성 지향적인 원칙을 고수해야 한다. 이윤을 극대화하기 위해 가격과 판매량 사이의 최적조합을 찾는 노력이 필요하다. 다만 가격은 기업의 전략에 기초해야 한다. 무조건적이고 획일적인 가격 전략은 업체의 성장에 결코 도움이 되지 않는다. 단기적으로는 시장점유율은 높이고 브랜드 인지도를 높이기 위한 가격 전략이 필요할 수도 있고, 장기적으로는 수익극대화를 통한 업체의 성장에 집중해야 하는 경우도 있다.

가격은 기업의 이익을 창출하는 가장 강력한 수단으로 외식업체의 가치를 소구하는 결정적 도구이다. 메뉴의 개발과 마케팅에만 집중하던 외식업체들은 지금부터라도 가격 전략을 주도하는 담당자를 별도로 임명하고 이들을 통하여 기업의 가치와 이익을 증대시키는 노력을 기울여야 한다.

2) 통합적인 가격 관리 시스템 구축

가격을 결정하고 관리하는 가격 전략이 마케팅 믹스의 일부로만 여겨지다 보니 그 중요성을 간과하는 경우가 많다. 외식업체의 생존에 큰 영향을 미치는 중요한 요소임에도 불구하고 그동안 경영자나 마케팅 담당자들이 소홀히 다루어 온 것이 사실이다. 시장상황에 따라가기와 같은 주먹구구식 가격 결정과 관리를 하는 업체는 전략적인 가격정책으로 시장을 미리 예측하고 관리하는 업체와의 경쟁에서 결코 이길 수 없음을 인식해야 한다.

외식업체 내에는 다양한 부서들이 존재한다. 각각의 부서는 서로의 이해관계에 따라서 주장하는 가격에 대한 정책적 관점이 모두 다르다. 예를 들어 주방과 같은 제조부서에 해당되는 곳의 관리자는 자신의 음식에 대한 높은 가치를 주장하면서 높은 가격을 받기를 원한다. 낮은 가격으로 인해 고객들이 과다하게 방문하는 것을 꺼리기도 한다. 빠른 제공이 요구되면 음식의 질이 떨어질 것을 두려워하기도 한다.

외식업체의 재무담당 부서에서는 이익에만 초점을 맞추어 메뉴별 공헌이익을 극대화시키기 위한 가격을 주장하게 된다. 마케팅을 담당하는 임원은 판매량의 극대화를 위해서 무엇이든 하려고 한다. 예를 들면, 50% 이상의 할인을 해서라도 매출액만 높이면 된다고 주장할 수도 있다. 물론 여기에는 각 점포의 점장들도 동조하기도 한다. 그들은 이익보다는 매출액이 더 중요한 경우가 많기 때문이다.

이와 같이 외식업체의 각 부문별 가격 결정과 관리에 대한 의견은 모두 상이한 것이 일면 당연한 주장이다. 경영자는 이러한 각각의 주장을 유기적으로 조정하고 통합적으로 가격 전략을 수립, 시행하는 노력을 기울여야 한다. 만약 그렇지 못하면 외식업체는 내부환경과 경제상황에 따라 끌려 다니는 주먹구구식 가격정책으로 인한 피해를 보게 될 것이다.

학습요약

① 가격 결정의 목표는 장기적으로 '투자수익률'을 위한 것이지만, 단기적으로는 사업의 유지와 고품질 이미지, 판매량의 극대화를 통한 이익의 극대화이다.

② 가격은 준거가격 범위 내에서 결정해야 한다. 가격은 품질연상 효과(고가격, 고품질)가 있으며, 금전적인 가격 외에 비금전적인 원가도 포함하고 있다.

③ 가격 결정에서 가장 중요한 것은 지불한 가격보다 획득한 편익이 더 커야 한다. 그래야 고객 만족이 일어나며 이는 긍정적 구전효과와 재방문으로 이어질 가능성이 높다.

④ 외식업체를 위한 가격 결정 방법은 매우 중요하며 그 활용성을 인식해야 한다. 그러기 위해서는 우선 메뉴의 식재료 원가를 산출할 수 있어야 한다. 그로 인해 가격 팩터법을 이용해야 하며, 메뉴 엔지니어링을 통해 가격 문제점을 개선하고 지속적으로 메뉴를 개선·개발해야 한다.

⑤ 외식업체의 판매촉진 방법으로 가격인하, 할인정책 등은 신중하고 넓은 시야를 가지고 장기적으로 생각해야 한다. 자칫하다가는 돌이킬 수 없는 해악을 초래할 수 있다.

⑥ 외식업체의 가격 전략 중 꼭 고려해야 되는 것은 가격분산 범위이다. 수용가격 범위 내에서 적정수준의 가격을 제시해야 한다. 또한 테이크아웃 서비스와 테이블 서비스 시 고려해야 하는 요소와 원가가 다르다. 배달 서비스 시 가장 중요한 요소는 배달 속도이다.

⑦ 외식업체는 준거가격을 높이려는 노력을 시도해야 한다. 또, 사람들은 최저나 최고보다는 중심에 가깝게 평하려는 중심화 경향이 있다. 중심화 경향을 이용한 메뉴전략은 소비자와 경영자 모두를 만족시킨다. 단, 소비자들이 만족할 수 있는 대표 메뉴이어야 한다.

⑧ 가치의 공식은 가격분의 품질이다. 가치를 높이려면 품질을 높이거나 가격을 낮추면 된다. 가치는 품질, 가격, 서비스와 연관성이 깊다. 특히 가격과 상관관계가 높다. 가격이 높으면 품질과 서비스가 훌륭할 것으로 기대한다.

⑨ 가격차별화 전략은 같은 제품을 상이한 고객에게 다른 가격에 판매할 수 있는 전략이다. 고객 특성, 허들, 시간, 대량구매 할인, 혼합 번들링 등을 이용할 수 있다.

⑩ 심리학을 이용한 가격 전략으로는 단수가격 결정법, 명성가격 설정법, 유인가격 결정법 등이 있다.

⑪ 이익을 증대하기 위한 가장 효율적인 방법은 가격 전략이다. 그렇기 때문에 가격 관리의 원칙을 수립해야 한다. 이는 서비스를 기초로 해야 한다.

연습문제

1 자신이 자주 가는 외식업체 중 가격의 분산범위(Price Zone과 Price Point를 기준으로 Price Line을 만들어서) 메뉴가 어떻게 구성되어 있는지 표를 만들고, 수용 가능 적정금액이 얼마인지 확인해 보기 바랍니다.

2 자신이 이용하는 매장에서 중심화 경향에 해당하는 메뉴들을 평가해 보기 바랍니다.

3 외식업체에서 단수가격 결정법, 명성가격 설정법, 유인가격 설정법을 이용한 사례를 조사해서 정리하여 보기 바랍니다.

7장

메뉴 원가 관리

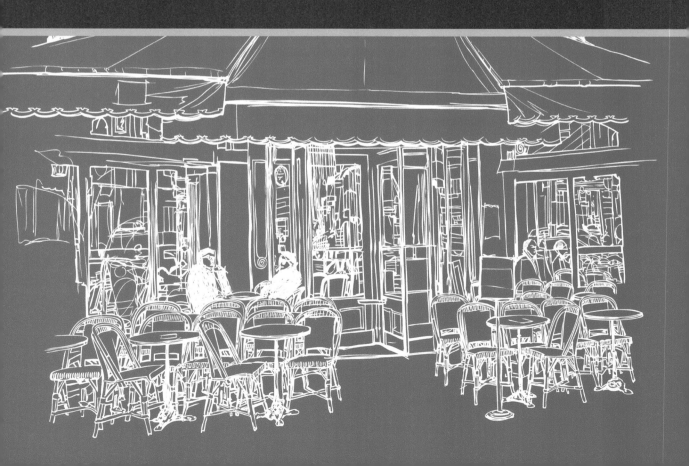

1. 메뉴 원가 관리의 개요
2. 원가 관리의 목적과 필요성
3. 원가계산 방법
4. 개별원가계산 사례
5. 원가 관리를 위한 분석기법
6. 식재료 원가의 관리방법

학습목표

- 원가의 개념과 메뉴 원가 관리란 무엇인지 설명할 수 있다.
- 외식업체에서 왜 원가 관리가 필요한지 그리고 원가를 관리하는 활동의 목적이 무엇인지 설명할 수 있다.
- 외식업체에서 활용 가능한 다양한 원가계산 방법을 설명할 수 있다.
- 개별원가계산을 위한 직접재료비 산출 방법과 제조원가 명세서 산출 방법을 설명할 수 있다.
- 원가 관리 목적의 레시피를 이용한 원가 관리법과 손익분기점 분석법을 설명할 수 있다.
- 식재료 원가에 영향을 미치는 요인을 이해하고, 이를 통제함으로써 식재료 원가를 관리하는 방법을 이해하고, 일련의 프로세스를 설명할 수 있다.

1 메뉴 원가 관리의 개요

1) 메뉴 원가 관리의 정의

우리는 일상생활 속에서 다양한 제품을 구매하거나 외식을 하면서 돈을 지불하게 된다. 이러한 물건이나 서비스를 획득하기 위해서는 어떤 형태든지 희생을 치르게 되는데, 이와 같이 특정 재화나 용역을 얻기 위해서 치른 희생을 원가(costs)라 한다. 이것을 좀 더 일반화해서 말하면 특정 목적을 달성하기 위해 치른 자원의 희생, 즉 경제적 효익의 희생을 화폐 단위로 측정한 것을 원가라 한다.

> **원가(costs)**
>
> • 특정 목적을 달성하기 위해 치른 자원의 희생
> • 경제적 효익의 희생을 화폐 단위로 측정한 것

그림 7-1 **원가의 정의**

메뉴의 원가 관리는 재료비 관리를 핵심으로 한 일련의 경영관리활동으로, 원가가 표준원가와 큰 차이가 나지 않도록 관리하면서 기업의 경영의사결정에 유용한 원가정보를 제공한다.

메뉴를 위한 원재료의 구입에서 메뉴의 판매에 이르기까지 원가 흐름을 계산하는 원가 관리는 협의의 개념인 제품 원가를 측정하는 단계부터 실제원가와 표준원가를 비교하여 그 차이를 분석함으로써 비효율적인 요소를 제거하는 단계 그리고 고객 만족을 극대화시킴과 동시에 기업경영목표를 달성하기 위한 총체적 경영관리활동 등을 포함하는 개념으로 파악할 수 있다. 이러한 메뉴의 원가 관리활동을 효율적으로 수행하기 위한 기본적인 절차는 〈표 7-1〉과 같이 3단계 또는 4단계를 거치면서 상호간의 피드백 과정을 거칠 때 더욱 효율적인 관리활동이 된다.

표 7-1 **원가 관리 활동의 프로세스**

3단계	목표 설정	목표 대비 성과 측정	표준과의 차이 수정	
4단계	목표 설정	실제 결과 측정	표준과의 비교	수정

2) 원가의 분류

원가의 분류는 획일적으로 정할 수 없는 특징을 가지고 있다. 따라서 여러 가지 사용 목적에 따라서 다음과 같이 다양하게 분류할 수 있다.

그림 7-2 **원가의 분류**

(1) 자산과의 관련성에 따른 분류

원가는 자산과의 관련성에 따라서 ① 소멸원가와 ② 미소멸원가로 분류할 수 있는데, 이를 설명하기 위해서는 자산과 원가의 정의를 명확히 알아야 한다. 원가는 재화나 용역을 얻기 위하여 희생된 경제적 효익으로 정의되고, 자산은 과거의 거래나 사건의 결과로 획득된 미래의 경제적 효익, 즉 현금창출능력을 의미한다. 이러한 비용과 자산의 개념을 기초로 소멸원가와 미소멸원가를 정의하면, 소멸원가는 이미 용역잠재력이 소멸되어 미래의 경제적 효익을 획득할 수 없는 비용이 되는 것이고, 미소멸원가는 자산으로서 미래에 비용화될 원가에 해당되는 것이다.

(2) 추적 가능성에 따른 분류

원가는 추적 가능성에 따라서 ① 직접원가와 ② 간접원가로 구분하는데, 특정대상과 관련하여 어떤 원가가 추적 가능할 때에 그것을 직접원가라 한다. 직접원가는 실질적 또는 경제적으로 특정부문이나 메뉴에 직접 관련시킬 수 있는 원가이다. 예를 들면 외식업체에서 스테이크의 주재료인 쇠고기의 원가는 해당 스테이크 메뉴의 직접원가가 된다.

외식업체 스테이크의 주재료인 쇠고기의 원가 = 해당 스테이크 메뉴의 직접원가

그림 7-3 **원가와 직접원가의 예**

이에 반해 어떤 원가가 특정대상과 관련을 맺고 있다 하더라도 그 대상까지 실질적 또는 경제적으로 추적하기 곤란한 경우에는 그 원가를 간접원가라고 한다. 예를 들면, 외식업체에서 메뉴의 조리를 위해 사용하는 수도료와 전기료, 가스요금과 같은 수도광열비 등은 간접원가가 된다.

외식업체의 수도광열비		
수도료	전기료	가스요금

그림 7-4 **간접원가의 예**

(3) 원가행태에 따른 분류

원가행태란 조업도 수준의 변화에 따른 원가의 반응양상을 지칭하는 말로, 조업도 수준이 증가함에 따라 원가발생액이 일정한 양상으로 변화할 때 그 변화양상을 말한다. 일반적으로 이용되고 있는 기본적 원가행태에는 ① 순수변동원가, ② 준변동원가, ③ 순수고정원가, ④ 준고정원가의 4가지 유형이 있다.

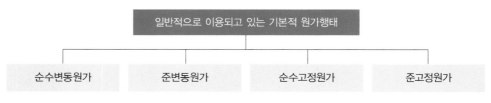

그림 7-5 **원가행태에 따른 분류**

① 순수변동원가

변동원가(variable costs)란 조업도의 변동에 직접적으로 비례하여 증감하는 원가를 말한다. 따라서 변동원가는 조업도 수준의 증가 또는 감소에 따라 그 원가총액이 증가하거나 감소하는 원가로서, 단위당 변동원가는 조업도에 관계없이 일정한 특징이 있다. 변동원가는 다시 순수변동원가와 준변동원가로 구분되는데, 순수변동원가란 조업도 수준의 변동에 따라 직접적으로 비례하여 변동하는 원가로서, 조업이 중단되었을 때 원가가 전혀 발생하지 않는 것을 말한다. 예를 들어 외식업체의 직접재료비 등은 메뉴의 판매에 비례하여 발생하고 판매가 전혀 이루어지지 않으면 발생하지 않는 순수변동원가이다. 순수변동원가를 그래프로 나타내면 〈그림 7-6〉과 같다.

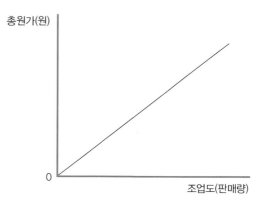

그림 7-6 **순수변동원가**

② 준변동원가

준변동원가는 조업도의 변화와 관계 없이 발생하는 일정액의 고정원가와 조업도의 변화에 따라 단위당 일정비율로 증가하는 변동원가의 두 부분으로 구성된 원가를 말하며, 혼합원가라고도 한다. 따라서 준변동원가는 조업도가 0일 때에도 고정원가 부분만큼의 원가가 발생하며, 조업도가 증가함에 따라 이에 비례하여 선형으

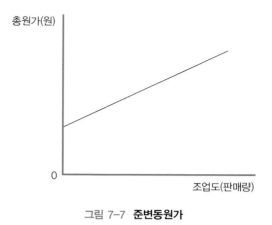

그림 7-7 **준변동원가**

로 증가한다. 이를 그래프로 나타내면 〈그림 7-7〉과 같다.

전기료와 수도료와 같은 수도광열비가 대표적인 준변동원가의 예이다. 전기료나 수도료 또는 가스요금과 같은 원가는 전혀 사용하지 않더라도 기본요금 등의 고정비적 성격의 원가가 발생하고, 판매량, 즉 조업도가 증가함에 따라 원가가 추가로 발생하는 구조를 가지고 있으며, 계획 및 통제목적을 위해서는 준변동원가를 고정원가부분과 변동원가부분으로 분리하여 관리할 필요가 있다.

③ 순수고정원가

순수고정원가는 조업도 수준에 관계 없이 항상 일정하게 발생하는 원가를 의미한다. 즉 가격변화와 같은 외부 요인이 없는 한 조업도가 증가하거나 감소하더라도 이에 영향을 받지 않고 총액이 일정한 원가를 의미한다. 따라서 순수고정원가를 그래프로 나타내면 〈그림 7-8〉과 같이 조

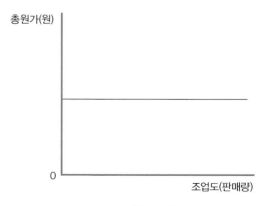

그림 7-8 **순수고정원가**

업도가 0인 점에서부터 수평선으로 나타난다. 이러한 순수고정원가의 예로는 외식업체의 임차료나 관리비 등을 들 수 있다.

④ 준고정원가

준고정원가란 〈그림 7-9〉에 나타난 바와 같이 특정범위의 조업도에서는 일정한 금액이 발생하지만, 조업도가 이 범위를 벗어나면 일정액만큼 증가하거나 감소하는 원가를 말한다. 투입요소의 불가분성 때문에 준고정원가는 이와 같이 계단형의 원가행태를 지닌다. 예를 들어 튀김기에 한 번 식용유를 채우면 1인분의 재료를

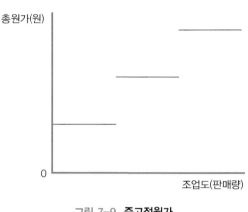

그림 7-9 **준고정원가**

튀기든 100인분의 재료를 튀기든 기름의 비용은 고정되어 있지만, 만약 튀김기 1회분의 식용유로 100인분까지만 튀긴 후 교체하도록 되어 있다면 식용유의 원가는 계단형의 원가행태를 보이게 된다.

4) 제조활동과의 관련성에 따른 분류

① 제조원가

하나의 메뉴를 생산하기 위해서는 원재료와 이 원재료를 조리할 조리사가 있어야 하며, 조리과정에 다양한 설비와 기타 용역이 필요하게 된다. 이와 같이 메뉴를 완성하는 과정에 소요되는 모든 요소의 원가를 제조원가라 한다. 제조원가는 보통 직접재료원가와 직접노무원가 및 제조간접원가의 세 가지로 나누어진다.

직접재료원가란 완성품을 생산하는 데 이용되는 원재료의 원가 중 특정 제품에 대해

직접 추적이 가능한 원가를 말한다. 예를 들면 스테이크 메뉴의 주재료인 쇠고기는 메뉴를 완성하는 데 반드시 필요한 구성요소로서, 어떤 메뉴에 이용되었는지를 쉽게 추적할 수 있다. 이와 같은 원재료의 사용은 조업도, 즉 메뉴의 판매량에 따라서 변화하기 때문에 직접재료원가는 변동원가행태를 나타낸다.

직접재료원가

완성품을 생산하는 데 이용되는 원재료의 원가 중 특정 제품에 대해 직접 추적이 가능한 원가

그림 7-10 **직접재료원가의 정의**

한편 재료 중에서 어떤 메뉴를 생산하는데 필수적이기는 하지만 특정 메뉴와 관련하여 추적이 곤란한 것이 존재하는데, 이러한 재료에 대한 원가를 간접재료원가라 한다. 간접재료원가는 제조간접원가의 구성요소로서 총투입액으로 그 원가를 계산할 수 있다. 예를 들어 모든 메뉴에 필수적으로 들어가는 야채나 조미료 등은 특정 메뉴를 위하여 발생한 금액이 얼마인지를 추적할 수는 없으므로 간접재료원가가 된다.

직접노무원가란 특정 메뉴에 대하여 직접 추적할 수 있는 노무에 지출된 인건비를 의미한다. 예를 들면 샐러드만 조리하는 조리사가 소비한 시간에 대하여 지급하는 시간급이 직접노무원가가 된다. 조리사가 생산에 실제로 소비한 시간은 생산조업도에 따라 변화하기 때문에 직접노무원가도 변동원가행태를 나타낸다.

직접노무원가

특정 메뉴에 대하여 직접 추적할 수 있는 노무에 지출된 인건비

그림 7-11 **직접노무원가의 정의**

한편 특정 메뉴나 제품에 직접적으로 추적할 수 없는 노동에 지급된 원가는 간접노

무원가이며, 이는 제조간접원가에 포함되어야 할 원가항목이다. 예를 들어 특정 메뉴의 제조에 관련되지 않는 주방관리자 등에 대한 노무비는 간접노무원가이다.

직접재료원가와 직접노무원가를 제외한 모든 제조원가를 제조간접원가라 한다. 제조간접원가는 ① 간접재료원가와 ② 간접노무원가 및 ③ 기타 제조원가로 구성되는데, 기타 제조원가는 주방설비 등에 대한 감가상각비, 메뉴제조와 관련된 수도광열비 등이 해당된다. 다만 제조간접원가는 조리부문의 생산활동과 관련되어 발생한 원가만을 포함하므로, 제조활동과 직접적인 관련이 없이 단지 판매 및 관리활동과 관련해서 발생한 원가는 제조간접원가에 포함시켜서는 안 된다.

② 비제조원가

비제조원가는 제조활동과 직접적인 관련이 없이 단지 판매활동 및 일반관리활동과 관련하여 발생하는 원가로서 보통 판매비와 일반관리비라는 두 항목으로 구성되어 있다.

판매비는 고객으로부터 주문을 받아 고객에게 제품을 제공하는데 소요되는 비용을 말한다. 이러한 비용에는 광고비·판매수수료 등이 있다. 이에 반해서 일반관리비란 기업이라는 조직을 운영하고 스탭을 유지하기 위해 필요한 비용을 의미하는데, 예를 들면 경영자와 경리직원에 대한 급료, 관리부서가 있는 건물에서 발생하는 비용 등이 여기에 해당된다.

2 원가 관리의 목적과 필요성

1) 원가 관리의 목적

원가 관리는 외식업체의 재무제표 작성에 필요한 원가자료를 제공하는 기능을 가지고 있으며, 대차대조표상의 식음료 재고자산금액과 손익계산서상의 식음료매출원가 및 기

그림 7-12 **원가 관리의 목적**

타 비용 등의 원가자료를 제공하는 기능을 갖는다. 또한 경영활동을 하는데 있어 요구되는 원가에 대하여 실제로 발생한 원가가 표준원가 또는 예산과 일치하지 않을 때 경영자가 필요한 조치를 강구할 수 있는 유용한 정보를 제공함으로써 원가통제가 가능하도록 해 준다.

이외에도 원가 관리는 경영관리의 중요한 도구로서 차기 업적수행을 위한 예산을 편성함에 있어 체계적이고 논리적인 재무계획을 세우기 위한 기준을 정하는 데 필요한 정보를 제공하는 역할과 함께 고객과 경영자를 동시에 만족시킬 수 있는 합리적인 가격을 책정하기 위한 기초가 되는 원가자료를 제공하는 기능을 수행하게 되며 경영의 구조적 변화를 가져오는 장단기 의사결정에 필요한 정보를 제공하는 역할도 원가 관리의 목적에 해당한다. 이와 같이 다양한 원가 관리의 목적을 정리하면 〈그림 7-12〉와 같다.

2) 원가 관리의 필요성

메뉴 원가 관리의 목적은 일정 수준의 품질과 양을 유지하면서 원가를 최소화하기 위해 원가 차이의 발생 시 그 원인을 파악하여 불합리한 원가 요소를 제거하고 식음료경영의 합리화를 도모하기 위한 것으로써 그 필요성을 상세히 살펴보면 〈그림 7-13〉과 같다.

원가 관리가 필요한 이유로는 경영성과와 재무상태 관리, 원가통제를 위한 정보의 제공, 공헌이익을 활용한 이익 관리, 조직 구성원의 관리와 동기 부여, 경영계획을 위한 원가보고서 작성 등이 있다.

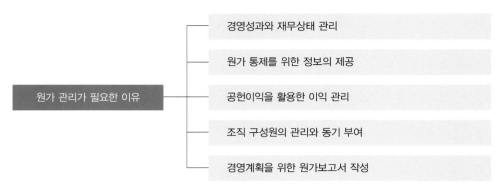

그림 7-13 **원가 관리의 필요성**

또한 외식메뉴는 일반기업의 제품과는 달리 다품종 소량 체재로 생산된다는 점, 정확한 수요예측이 어렵다는 점, 생산과 소비의 동시성, 부패성이 강한 점 등 제품 자체의 특수성과 일정 규모 이상의 외식업체들의 경우 다양한 수요자의 구미에 맞는 제품을 판매해야 하는 특수성 때문에 수많은 재료를 사용하다 보니 정확한 원가계산이 어렵다는 한계성도 가지게 된다.

3 원가계산 방법

외식업체도 일반기업과 같이 경제원칙에 따른 각종 생산수단을 통하여 경제적 가치인 재화(메뉴)와 용역(서비스)을 생산하고, 이것을 고객에게 공급하는 과정에서 이익을 얻고 성장을 도모한다. 앞서 재화나 용역을 창출하는 과정에서 소비되는 경제적 가치가 원가임은 설명한 바 있다. 기업들은 원가 관리의 기초자료로서 이러한 원가를 일 단위, 월 단위 또는 특정 회계기간 단위로 집계하여 이해관계자의 의사결정에 유익한 정보를 제공하게 된다. 일반적으로 외식업체에서 이용하는 원가계산 방법은 〈그림 7-14〉와 같

그림 7-14 **원가계산 방법의 분류**

이 제조 형태, 측정 방법, 계산 범위를 기준으로 분류하며 각각의 방법에 대한 세부적인 내용은 아래와 같다. 단, 계산 범위에 따른 분류는 본서에서 생략한다.

1) 제조 형태에 따른 분류

(1) 개별원가계산

개별원가계산(job-order costing)은 개별 작업별로 원가를 계산하는 방법을 의미한다. 여기서 개별 작업이란, 하나의 메뉴를 생산하는 작업이 될 수도 있고 묶음으로 생산하는 메뉴가 될 수도 있다. 중요한 것은 메뉴별로 투입되는 재료와 비용이 명확하게 구분이 가능한지의 여부이다.

(2) 종합원가계산

종합원가계산(process costing)은 개별 메뉴나 작업별로 원가를 계산하지 않고 공정이나 부문별로 전체 원가를 집계한 후 전체 생산량에 원가를 균등 배분하는 원가계산 방법이다.

2) 측정 방법에 따른 분류

(1) 실제원가계산

사전에 정해진 표준이 아니라 실제 구입 가격 및 실제 사용수량을 기준으로 제품의 원가를 계산하는 것을 실제원가계산이라 하며, 이러한 계산방법을 사후원가계산이라고도 한다. 식재료의 실제원가계산은 일 단위 또는 월 단위로 하며, 실제 재고조사를 통해 계산하는 원가는 월말 또는 기말 손익계산서에 이용된다.

(2) 표준원가계산

사후적으로 계산되는 실제원가계산 방식에 반해 사전에 정해진 표준 가격 및 표준사용량을 바탕으로 제품의 원가계산을 하는 것을 표준원가계산이라고 한다. 이는 미리 과학적인 방법에 의하여 표준이 될 각 요소의 금액을 결정한 후, 이 표준에 의하여 원가계산을 하고, 동시에 실제원가계산도 하여 그 차액을 산출함으로써 차액의 원인을 분석하여 관리하기 위한 계산방법이기도 하다.

또한 표준원가는 특정한 상황에서 발생하게 될 원가의 예측치이고, 표준원가계산의 발전은 실제원가계산의 결함을 보완하기 위해 원가 관리의 기초로 시작되었으며, 개념이 점차 발전됨에 따라 추정원가계산으로 발전하여 현재의 표준원가계산에 이르게 되었다. 원가계산을 함에 있어서 표준원가계산을 하는 목적을 구체적으로 살펴보면 다음과 같다.

① 제품의 표준화와 작업방법의 표준화 및 공정의 표준화를 도와준다.
② 표준원가와 실제원가의 차이를 통하여 경영자들의 주의를 집중하게 한다.
③ 차이의 원인분석을 위한 하나의 수단을 제공한다.
④ 원가계산 절차를 간소화함으로써 원가계산제도의 운영비를 절감한다.
⑤ 가격 결정 및 경영계획수립에 필요한 기초자료를 제공한다.

표준원가계산에 있어서 가장 중요한 것은 표준의 설정기준을 세우는 것이다. 외식사업경영에 있어서 원가표준은 사업의 특수성을 고려하여 노무비 표준과 제조간접비 표준은 제외하고 직접재료비 표준에 의한 표준원가를 산정하는 것이 일반적이며, 그 절차는 다음과 같다.

㉮ 재료소비량의 표준 설정

외식 메뉴를 생산하는 데 소요되는 재료의 수량을 결정하기 위해 재료에 대한 화학적·물리적 분석과 산출률 그리고 표준조리법에 의한 재료의 명세와 과거의 평균 재료소모량, 품질에 대한 표준, 표준단위의 크기 등에 따라 수량을 결정하며, 정상적인 생산활동 하에서 발생되는 손실량을 감안하여 표준을 설정하게 된다.

㉯ 재료의 가격 표준 설정

식재료가격의 표준은 재료의 구매·운반·취급 등이 일정 수준의 양호한 능률을 지속할 때 달성 가능한 수치로 결정되어야 한다. 이를 위해 과거의 구매가격을 원가법에 의해 산정하거나 최근 구매가격의 통계적 방법에 의한 추세 예측을 활용하기도 한다. 산정된 재료의 표준 가격과 실제 가격의 차이는 시장상황, 구매습관, 수급상황, 계절적 요인, 경기변동 등에 기인하는 경우가 많으며, 대량구매·다량저장관리방법 등을 통해 재료가격의 인하 내지 안정에 힘써야 한다.

외식업체의 수익 구조에서 원가 관리가 차지하는 위치와 역할은 상당히 중요하고, 특히 컴퓨터의 이용으로 관리기술과 분석기법에 있어 혁신적인 변혁이 이루어지고 있다. 표준원가계산이란 미리 재료비를 결정하여 사전 원가를 결정하는 것으로, 표준원가의 계산을 위해서는 다음과 같은 분석자료가 요구된다.

- 표준구매명세서(standard purchase specification)
- 표준양목표(standard recipe)

- 표준산출량(standard yield)

- 표준분량크기(standard portion size)

- 메뉴품목별 판매수량집계표

- 메뉴품목별 판매가

- 사용재료의 매입원가

(3) 실제원가계산과 표준원가계산의 비교

표준원가는 실제원가를 통제하기 위한 목적으로 산출되었으므로 계산된 실제원가를
표준원가와 비교함으로써 경영성과를 판단하여야 한다. 일반적으로 원가 차이는 실제
원가가 표준원가를 초과하는 경우와 미달하는 경우로 나누어 분석할 수 있으나, 초과
하여 불리한 차이가 발생하는 경우에 한해 〈그림 7–15〉와 같이 가격 차이와 수량 차이
를 구분하여 비교·분석할 수 있다.

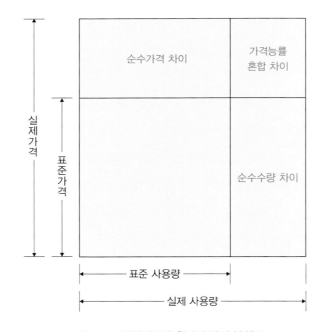

그림 7–15 **직접재료비 원가의 차이 분석도**

- 직접재료비 순수가격 차이=(실제가격−표준가격)×표준사용량
- 직접재료비 순수수량 차이=(실제사용량−표준사용량)×표준가격
- 직접재료비 가격−수량 혼합 차이=(실제가격−표준가격)×(실제사용량−표준사용량)

위에서와 같이 직접재료비 차이는 가격 차이, 수량 차이, 혼합 차이에 의하여 이루어지고 있음을 알 수 있다. 여기서 문제가 되는 것은 혼합 차이로서 그 차이를 가격 차이와 수량 차이로 대변할 때 어느 쪽에도 포함시킬 수 있으나 일반적으론 가격 차이로 취급한다. 그 이유는 가격 차이는 통제 불가능한 내부 요인에 의하여 발생하게 되는데 원가통제적 입장에서 소비량 차이는 엄격하게 계산할 필요가 있으므로 이를 가격 차이에 포함시키게 되는 것이다.

4 개별원가 계산 사례

본 사례는 손익계산서 작성을 위한 원가계산보다 현재 판매되고 있는 상품의 가격 적정성을 판단하기 위한 목적이므로 특정시점을 기준으로 실제 개별원가를 계산해 보았다.

품목은 계산의 편의성과 이해가 쉬운 커피를 선택했으며, 커피 중에서도 다른 식재료가 거의 첨가되지 않는 아메리카노를 대상으로 하였다. 실제원가의 계산방식은 〈그림 7-16〉과 같은 원가구조를 기초로 하되, 제조간접비는 없다고 가정한다. 아메리카노를 제조하기 위하여 소요되는 직접재료비 산출 내역서는 아이스커피의 경우 〈표 7-2〉와 같다. 따뜻한 커피의 경우 아이스커피에 비하여 직접재료비가 낮은 것을 〈표 7-3〉에서 확인할 수 있다.

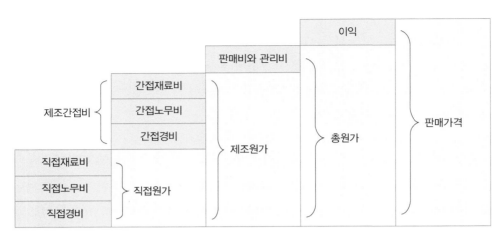

그림 7-16 **원가 구성**

표 7-2 **아이스커피의 직접재료비 산출 내역서**

No.	품명	규격	가격	수량	단가(원)		비고
1	커피(아이스)	원두 1kg	30,000	100잔	20g/60ml	600원	2shot
2	물	2L	600	20잔	100ml	30	농심 백산수
3	얼음	3kg	3,480	15잔	200g	232	풀무원 돌얼음
4	컵	12oz	62,000	1,000	62		
5	뚜껑		26,000	1,000	26		씨씨마트
6	빨대	일자	41,000	10,000	4.1		
7	홀더	12/16oz	27,000	1,000	27		무지
8	캐리어	2인	16,000	100	160	80	무지
합계					1,061		

컵/뚜껑 사이즈별 1개당 가격				
사이즈	숏 8oz	톨 12oz	그란데 16oz	벤티 20oz
가격	54/21	62/26	79/26	115/27

- 용기업체 : 씨씨마트(http://ccmartpack.com)
- 커피용기 기준 : 스타벅스

※ 참고
 - 홀더와 캐리어 무지 사용(로고 인쇄된 제품은 무지 가격보다 25% 높음)
 - 물과 얼음은 가장 낮은 가격을 기준으로 함

표 7-3 **따뜻한 커피의 직접재료비 산출 내역서**

No.	품명	규격	단위	수량	단가(원)		비고
1	커피(핫)	원두 1kg	30,000	100잔	20g/60ml	600	2shot
2	물	2L	600	20잔	300ml	90	농심 백산수
3	컵	12oz	44,000	1,000	44		
4	뚜껑		25,000	1,000	25		씨씨마트
5	빨대	일자	61,000	20,000	3.1		
6	홀더	12/16oz	27,000	1,000	27		무지
7	캐리어	2인	16,000	100	160	80	무지
	합계				842		

컵/뚜껑 사이즈별 1개당 가격				
사이즈	숏 8oz	톨 12oz	그란데 16oz	벤티 20oz
가격	37/21	44/25	61/25	78/25

- 용기업체 : 씨씨마트(http://ccmartpack.com)
- 커피용기는 스타벅스에서 사용하는 기준을 활용함

직접재료비 외에 직접노무비와 직접경비를 산출하여 작성한 제조원가 명세서는 〈표 7-4〉와 같다. 이 표에서 노무비는 소규모 커피 전문점에서 2인이 손익분기점 수준인 100잔의 커피를 판매하는 것을 가정하여 계산하였다. 즉 월 360만 원의 노무비가 발생하는데, 1개월 동안 3천 잔의 커피를 판매하는 경우 단위당 1,200원의 노무비가 발생하는 것으로 산출할 수 있다.

아이스커피의 제조원가 명세서에서 경비의 산출근거는 다음과 같다.

첫째, 수도광열비는 수도요금, 가스요금, 전기요금이 월 50만 원 발생한다고 가정하고 월 손익분기점 판매량인 3,000잔을 기준으로 한 잔당 약 167원의 수도광열비를 배분하였다.

둘째, 감가상각비는 인테리어와 기물 구입비로 5천만 원의 투자가 이루어졌다는 가정 하에 감가상각기간 5년, 월 판매량 3,000잔을 기준으로 한 잔당 약 277원의 감가상

표 7-4 **아이스커피 제조원가 명세서** (단위 : 원)

내역		금액	구성비(%)
제조원가		3,038	100
직접재료비		1,061	34.9
노무비		1,200	39.5
경비	소계	777	25.6
	복리후생비	–	–
	수도광열비	167	4.8
	감가상각비	277	8.0
	세금과공과	–	–
	임차료	333	9.6
	보험료	–	–
	수선비	–	–

자료 : 한국은행 2014년 기업경영분석 자료 재구성

각비를 배분하였다.

셋째, 임차료는 부가가치세를 제외하고 월 100만 원을 지불하는 것으로 가정하였다. 즉 100만 원을 3,000잔으로 나누어 한 잔당 333원을 배분하였다.

사례에서는 한 잔의 커피를 현재 시점에서 제조할 때를 기준으로 한 개별원가계산을 개략적으로 살펴보았다. 재료비와 노무비 그리고 경비는 직접원가만 발생하는 것을 기준으로 했으며 조사시점에서 쉽게 파악 가능한 원가를 기준으로 계산하였으므로 자신의 상황에 따라서 원가계산을 다양한 방법으로 해 보아야 한다.

제조원가 이외에 커피 전문점에서 지출하게 되는 판매비와 관리비가 있다. 신용카드 수수료와 기타 비용을 고려하여 약 433원의 비용이 발생한다고 가정하면 아이스커피 한 잔의 총원가는 3,471원이 된다. 이를 원가구조 모형에 넣어보면 〈그림 7-17〉과 같다. 여기서 이익을 얼마로 책정하느냐에 따라서 판매가격이 정해진다.

지금까지 제시한 커피의 개별원가 계산 사례는 실무적인 차원에서 가능한 쉽게 메뉴의 원가를 계산할 수 있도록 간략하게 제시하였다. 따라서 전문적인 원가계산법과 다소 차이가 있거나 실제 커피 전문점을 경영하는 매장마다의 특성에 따라 원가의 차이

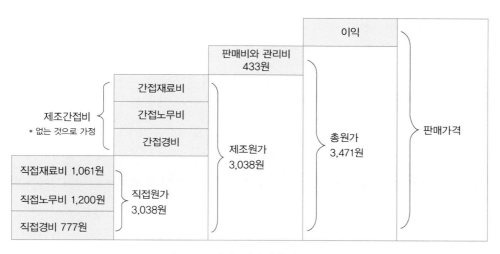

그림 7-17 **아이스커피의 원가구성 사례**

가 날 수 있으므로 독자들은 자신의 점포나 기타 조사 중인 브랜드를 대상으로 직접 원가계산을 해보기를 권한다.

5 원가 관리를 위한 분석기법

1) 레시피에 의한 원가산출

표준조리지시서와 표준량에 의해 요리가 준비되고 생산되는 각 단계별 절차를 완벽하게 준수하기 위한 레시피(recipe)가 작성되면, 레시피에 의한 원가를 산출함으로써 원가 관리를 위한 기준으로 활용할 수 있다.

커피의 적정 원가 비중을 30% 전후라고 했을 때, 커피의 원가가 1,000원일 경우 판매가격은 3,300원이 되어야 한다는 것으로 해석할 수 있다. 다만 각각의 메뉴별로 식재료비율을 맞추어야 한다는 의미는 아니다. 식재료비율은 매출액 대비 전체 식재료비율이 그 수준을 유지하면 된다. 원가율은 개별 메뉴뿐만 아니고 전체 매출에 대한 비율로 생각한다. 단, 메뉴별 식재료 원가의 편차가 너무 많이 나게 메뉴를 구성한 경우 높은 원가의 메뉴로 고객의 주문이 편중될 때 수익 부분에서 문제가 생길 수 있기 때문에 주의해야 한다.

단순히 경쟁업체의 가격을 자신의 메뉴 가격으로 결정하지 않고, 우리 매장의 실정에 맞는 적정 가격을 설정하는 것은 경영자의 책임이라고 말할 수 있다. 또한 경영자는 원가율을 낮추기 위해 노력해야 한다. 이에 원가율을 어떻게 관리해야 하는지 검토하기로 한다.

원가율을 관리하는 데는 레시피라는 도구가 필요하다. 매출원가를 조절하기 위해서는 우선 각각의 메뉴에 대하여 정확한 원재료비를 산출하고, 레시피에 근거하여 원가를 정확히 파악할 필요가 있다. 레시피란 메뉴를 제조하는 방법을 문서화하는 것이다.

레시피를 작성하는 목적은 크게 세 가지로 정리할 수 있다. 첫 번째는 재료의 맛과 품질이 고르지 못한 것을 방지하기 위함이며, 두 번째는 경영측면에서 정확한 원가를 산출하기 위한 근본이 되는 자료이기 때문이다. 이를 위해 레시피를 다음 〈표 7-5〉와 같이 원재료비를 산출할 수 있는 양식으로 준비하면 좋다. 세 번째는 레시피가 매뉴얼로서 기능한다. 표준화된 레시피는 동일한 품질의 메뉴를 제조할 수 있도록 직원교육에 활용할 수 있다. 이렇게 표준화된 레시피를 준수하면 일정한 맛을 유지할 수 있고

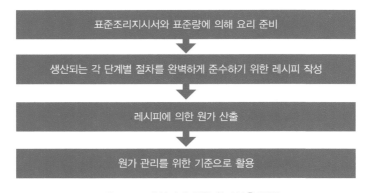

그림 7-18 **레시피에 의한 원가산출 방법**

표 7-5 레시피 견본

레시피							

메뉴명	Ice 아메리카노					매장명	***
						작성일자	2015. 08. 01
						판매가	3,300원/레귤러/1잔

No.	재료명	표준단가		실수량	단위	소요단가	제조법
		수량	가격				
1	커피	3kg	30,000	20	g	600	
2	물	2L	600	100	ml	30	
3	얼음	3kg	3,480	200	g	232	
4	컵	12oz	62,000	1,000	ea	62	1. 에스프레소 추출하기
5	뚜껑		26,000	1,000	ea	26	2. 1회 용기에 얼음 담기
6	빨대	일자	41,000	10,000	ea	4.1	3. 물 담기
7	홀더	12oz	27,000	1,000	ea	27	4. 3에 1을 담기
8	캐리어	2인	16,000	100	ea	80	
9							

제품사진

제품 원가 : 1,061원

매출이익 : 2,239원

원료비율 : 30%

자료 : 카페벙커

식기	식기		개 정 기 록					
	단가		년 월 일			년 월 일		
			작성	검토	승인	작성	검토	승인
	관련 식기							

자료 : 김영갑 외(2016). 카페창업론. 교문사

- 한 잔 분량의 우유를 거품을 충분히 내며 데운 후, 추출된 에스프레소를 부어 줌
- 커피와 우유, 우유 거품 층이 삼박자를 이룰 때 가장 고소하고 부드러우면서 진한 에스프레소의 맛이 느껴짐
- 바리스타의 능력에 따라 맛이 달라지기 쉬움

스타벅스

- 잔에 분량의 에스프레소와 우유를 지정된 양으로 붓고, 우유 거품은 mm 단위로 스푼을 이용해 덜어 넣도록 교육함
- 표준화된 레시피를 활용하여 바리스타 간의 편차가 적음
- 일정한 품질로 고객의 만족도를 향상시킬 수 있음
- 원재료 손실률 감소

그림 7-19 **바리스타 학원과 스타벅스 레시피의 차이**

식재료비의 낭비도 줄일 수 있다.

예를 들어, 바리스타 학원에서 교육하는 정식 카푸치노 제조방법은 한 잔 분량의 우유를 거품을 충분히 내며 데운 후 추출된 에스프레소에 붓는 것이다. 이렇게 만든 카푸치노는 커피와 우유, 우유거품 층이 삼박자를 이룰 때 가장 고소하고 부드러우면서 진한 에스프레소의 맛이 느껴진다. 하지만 제조하는 바리스타의 능력에 따라 맛이 달라지기 쉽다. 반면 스타벅스처럼 운영과 제조 효율이 극대화된 매장의 경우, 잔에 분량의 에스프레소와 우유를 지정된 양으로 붓고, 우유 거품은 mm 단위로 스푼을 이용해 덜어 넣도록 교육한다. 이렇게 표준화된 레시피를 활용하면 바리스타 간의 편차가 적어 일정한 품질로 고객의 만족도를 향상시킬 수 있으며, 원재료 손실률도 줄일 수 있다.

2) 메뉴의 손익분기점 분석

외식업체는 매출이 메뉴에 의하여 이루어진다는 특징이 있다. 메뉴를 계획하고 만들기 전에 어떤 한 특정 메뉴가 얼마만큼의 수익을 어느 정도의 객단가로 달성할 수 있을지,

경비 중 고정비의 비율은 어느 정도 유지해야 하는지를 정확히 파악해야만 효율적인 외식업체의 경영이 가능해진다. 이와 같은 외식업체의 손익분기점은 다음 식에 의해 산출 가능하다.

$$\text{손익분기점(BEP)} = \frac{\text{고정비}}{\text{고객평균단가} \times \text{고정비 비율}} \times \text{고객평균단가}$$

예를 들어 고정비의 비율이 30%이고 고정비가 월간 300만 원이며 고객평균단가가 10,000원인 메뉴를 가진 외식업체의 손익분기점은 다음과 같다.

$$\text{손익분기점} = \frac{3,000,000}{10,000 \times 0.3} \times 10,000 = 10,000,000원$$

또 몇 명의 고객이 1개월 동안 이용하여야 손익분기점에 이를 수 있는가를 살펴보면 다음과 같다.

$$\text{손익분기 고객 수} = \frac{\text{고정비}}{\text{고객평균단가} \times \text{고정비 비율}} = \frac{3,000,000}{10,000 \times 0.3} = 1,000명$$

즉 월간 1,000명이 그 메뉴를 구매해야 손익분기점에 이를 수 있게 된다. 또 외식업체의 목표이익이 3,000,000원이라면 이를 달성하기 위해 이루어야 하는 매출액은 다음과 같이 산출 가능하다.

$$목표매출액 = \frac{고정비 + 목표이익}{고객평균단가 \times 고정비\ 비율} \times 고객평균단가$$

$$= \frac{3,000,000 + 3,000,000}{10,000 \times 0.3} \times 10,000 = 20,000,000원$$

즉 20,000,000원의 매출이 달성되면 목표이익 3,000,000원이 실현되는 것을 알 수 있다.

예를 들어, 어느 외식업체의 특정 메뉴품목의 평균판매가격이 10,000원, 변동비가 단위당 5,000원이라고 가정하고 고정비가 월 300,000원 소요된다면 메뉴를 몇 개 판매해야 손익분기점에 이를 수 있을지를 계산하는 과정은 다음과 같다.

$$손익분기점 = \frac{고정비}{1 - \dfrac{변동비}{판매가}}$$

위 공식을 통해 손익분기매출수량을 계산해 보면 60개임을 알 수 있고, 추가로 100,000원의 이익을 달성하고자 한다면 고정비에 목표이익을 더하여 계산함으로써 80개를 판매해야 한다는 사실을 알 수 있다.

6 식재료 원가의 관리방법

원가요인을 관리하기 위해서는 외식업체의 원가에서 가장 많은 비중을 차지하는 식재

표 7-6 **식재료 원가에 영향을 미치는 요인**

식재료 원가에 영향을 미치는 요인	
• 메뉴	• 부패
• 판매의 배합	• 재고수준 및 재고회전율
• 소비자의 구매 성향	• 저장온도
• 판매배합에 있어 계절적 변화	• 불충분한 보안
• 판매가격	• 식재료 취급방법
• 표준	• 낭비와 생산일정
• 인적 자원	• 과도한 사전 조리
• 장비와 시설	• 산출률
• 납품업자	• 음식의 변동
• 규격과 규정	• 표준조리방법
• 검수	• 판매 누락

료 원가에 영향을 미치는 요인을 파악하는 것이 가장 중요하다. 이를 간략히 정리해 보면 〈표 7-6〉과 같으며, 그 중에서도 주요 영향요인을 살펴보면 다음과 같다.

1) 메뉴

메뉴를 매트릭스분석을 통해 관리할 경우 수익성과 인기도가 높은 이상적인 메뉴는 현재 상태를 최대한 유지하도록 노력하고, 인기는 있으나 이윤이 적은 메뉴는 가격을 인상하거나 원재료비율이 낮은 메뉴와 혼합 또는 분량을 조절하여 수익성을 개선하도록 한다.

수익성은 높으나 인기가 낮은 메뉴는 가격을 낮추어 인기를 상승시키거나 고급재료를 보충하여 고객수요를 유도하며, 수익성도 낮고 인기도도 낮은 메뉴의 경우는 메뉴에서 제거하는 것을 적극 고려하도록 한다.

2) 판매의 배합

메뉴의 표준원가는 수시로 변할 수 있다. 특히 제품판매의 배합(sales mix)에 따라 변하는 경우가 많다. 식재료의 원가와 이익은 메뉴별 판매 비율에 따라서 변한다. 따라서 원가를 낮추고 이익을 극대화시키기 위해서는 효과적인 인적 판매와 촉진을 이용하여 이상적인 목표 판매배합을 달성해야 한다.

3) 소비자의 구매성향

다양한 환경요인에 따라 소비자의 구매성향(market consumption trends)은 항상 변하게 되어 있다. 이러한 변화는 원가구조에도 영향을 미친다. 이유는 소비자의 욕구에 맞춘 메뉴를 개발하여 내놓게 되기까지 과도기에 발생하는 원가요인이 있기 때문이다. 따라서 관리자들은 원가와 이익에 영향을 미치는 환경요인에 주의를 기울이고 항상 적절히 대처해야 한다.

4) 판매배합의 계절적 변동

표준원가나 이익은 하절기와 동절기, 졸업 시즌과 입학 시즌, 크리스마스, 여름의 청량음료나 아이스크림의 판매행태 등에 따라 변한다. 그러나 관리자가 이러한 계절적 변동요인(seasonal variations)을 예측하고 소비자에게 소구할 수 있는 판매정책을 사전에 수립한다면 원가나 이익면에서 유리한 위치를 점할 수 있다.

5) 판매가격

판매가격(sales prices)은 고객수요에 가장 큰 영향을 미치는 원인 중 하나로서 경쟁전략에 있어 매우 중요한 위치를 점하는 요인이다. 판매가격 자체가 원가에 영향을 주지는 않지만, 원가율에는 영향을 주게 된다. 따라서 관리자는 원가 관리를 위해 가격을 인상하기보다는 원가절감을 통해 경쟁력을 확보하는 전략을 선택해야 한다.

6) 표준

표준은 그 자체로서 의미를 갖기보다는 실제원가와의 비교를 통한 관리의 기준으로서 더 큰 의미를 갖는다. 표준이 없다면 원가 관리나 제품의 품질 관리에서도 많은 문제가 발생하게 된다.

7) 판매량

많은 사람들이 판매량(sales volume)이 증가하면 원가율이 낮아질 것이라고 생각하지만, 반드시 그렇지는 않다. 판매량이 증가함에 따라 원재료의 대량구매가 가능해지고, 이에 따라 규모의 경제효과가 나타나서 원가율이 낮아질 수 있다는 것이 일반적인 논리임에는 틀림없다. 그러나 원재료를 대량으로 취급하게 되면 낭비되고 부패되며 손실되는 부정적인 영향도 커진다는 사실을 고려해야 한다.

특히 일정한 판매량을 넘어서는 경우 고정비가 증가하면서 오히려 이익이 감소하는 경우도 있다. 따라서 관리자는 이익을 극대화하는 최적의 판매량을 예측하고 원가를 관리해야 한다.

8) 인적 자원

인적 자원(human resources)의 질은 원가에 많은 영향을 미치게 된다. 숙련도나 기본적인 소양 등에 의해 생산성뿐만 아니라 재료의 손실에도 많은 영향을 미치기 때문이다. 숙련되지 못하고 훈련되지 못한 주방근무자는 아주 비효율적이어서 실제원가를 표준원가나 예산보다 더 높이는 요인이 될 수 있다. 따라서 성공적인 원가 관리를 위해서는 인적 자원에 대한 교육훈련이 필수적이다.

> **POINT** 원가 관리를 위한 인적 자원 교육훈련 필요
> 성공적인 원가 관리를 위해서는 인적 자원에 대한 교육훈련이 필수적임

학습요약

① 메뉴의 원가 관리란 재료비 관리를 중심으로 한 일련의 활동으로서 원가가 표준원가와 큰 차이가 나지 않도록 관리하면서 기업의 경영의사결정에 유용한 원가정보를 제공하는 경영관리활동이다.

② 원가는 사용목적에 따라 다양한 분류가 존재하는데, 다음과 같은 분류가 이용된다.
- 자산과의 관련성에 따른 분류: 소멸원가, 미소멸원가
- 추적 가능성에 따른 분류: 직접원가, 간접원가
- 원가 행태에 따른 분류: 순수변동원가, 준변동원가, 순수고정원가, 준고정원가
- 제조활동과의 관련성에 따른 분류: 제조원가, 비제조원가

③ 원가 관리는 외식업체의 재무제표 작성에 필요한 원가자료를 제공하는 것을 기본 기능으로 하는데, 구체적인 목적은 다음과 같다.
- 재무제표 작성을 위한 원가자료의 제공
- 원가통제에 필요한 원가자료의 제공
- 예산편성 및 통제에 필요한 원가자료의 제공
- 판매가격 결정에 필요한 원가자료의 제공
- 경영계획 설정에 필요한 원가자료의 제공

④ 원가 관리의 필요성은 다음과 같다.
- 메뉴의 원가 관리를 위하여
- 표준원가의 계산을 위하여
- 판매분석을 위하여
- 변동원가계산의 편리성을 위하여
- 원가보고서 작성을 위하여
- 적정한 이익의 관리를 위하여

⑤ 외식업체의 원가계산은 실제원가계산, 표준원가계산 그리고 이 둘의 비교 등을 통해 이루어지며, 최근에는 활동기준원가계산과 같은 방법 등이 혼용되기도 한다.

⑥ 개별원가계산은 제조간접비가 없다고 가정하면, 직접재료비, 직접노무비, 경비(복리후생비, 수도광열비, 감가상각비, 세금과공과, 임차료, 보험료, 수선비)의 합계로 산출할 수 있다.

⑦ 외식업체에서 원가 관리를 위하여 쉽게 활용할 수 있는 방법은 크게 두 가지가 있다. 하나는 레시피를 활용하여 원가를 산출하고 관리하는 방법이고, 다른 하나는 손익분기점을 이용한 원가 관리 방법이다.

❽ 식재료 원가에 영향을 미치는 요인은 메뉴, 판매의 배합, 소비자의 구매성향, 판매배합에 있어 계절적 변화, 판매가격, 표준, 인적 자원, 장비와 시설, 납품업자, 규격과 규정, 검수, 부패, 재고수준 및 재고회전율, 저장온도, 보안 문제, 식재료 취급방법, 낭비와 생산일정, 과도한 사전조리, 산출률, 메뉴의 변동, 표준조리방법, 판매누락 등이 있으므로 원가 관리를 위하여 각각의 요소에 대한 관리체계를 갖추어야 한다.

연습문제

1 소규모 음식점에서 표준원가와 실제원가를 계산하고 관리하는 사례는 찾아보기 힘들다. 이와 같이 음식점에서 원가를 계산하고 관리하지 않는 이유는 무엇 때문일까? 현실적으로 원가 관리가 크게 필요하지 않다는 인식이 강한 것인지, 아니면 원가 관리 자체가 어떤 것인지 몰라서 안 하는 것인지 간략하게 조사하여 보기 바랍니다.

2 귀하의 입장에서 작은 음식점이라도 원가를 계산하고 관리하는 것이 필요하다고 생각한다면, 소규모 음식점 사장님을 대상으로 원가 관리의 필요성을 설득하기 위한 시나리오를 작성해 보기 바랍니다.

3 평소에 자주 이용하는 삼겹살 전문점을 대상으로 손익분기점을 분석해 보기 바랍니다. 매월 얼마의 매출을 올려야 손익분기점을 달성할까요?

4 만약 분석대상 삼겹살 전문점의 경영자가 매월 1천만 원의 순이익을 목표로 한다면, 얼마의 매출을 달성해야 할까요?

5 위의 손익분기매출액을 달성하기 위해서 해당 점포는 객단가를 얼마로 설정하고 하루 몇 명의 고객을 수용해야 할까요?

8장

메뉴북의 역할과 디자인

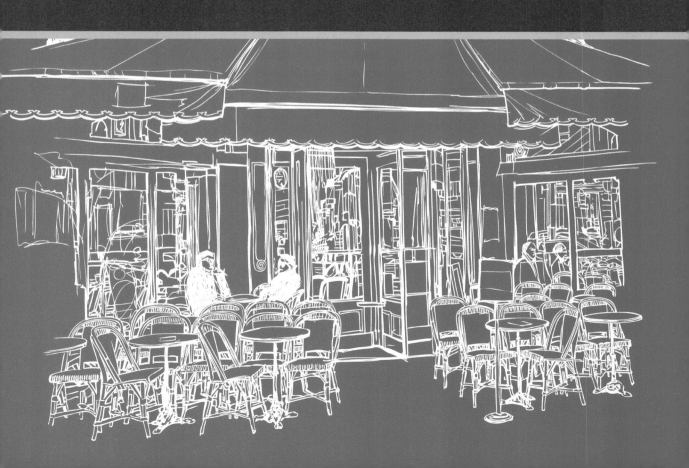

학습내용

1. 메뉴북의 역할
2. 메뉴북 디자인
3. 메뉴북 내용의 진실

학습목표

• 외식업체에서 메뉴북이 어떤 역할을 하는지, 이와 같은 역할이 얼마나 중요한 의미를 갖는지 설명할 수 있다.
• 메뉴북의 디자인이 심미적인 특성에 치우치기보다는 실용성과 외식업체의 성과에 미치는 영향을 고려해야 한다는 내용을 설명할 수 있다.
• 고객이 메뉴북을 보고 느끼는 기대감과 구매 후 느끼는 결과가 동일하게 만들어야 한다는 내용을 설명할 수 있다.

메뉴의 계획과 개발이 완료되면, 외식업체 경영자는 개발된 메뉴를 외식업체가 추구하는 전략과 메뉴 구성에 적합하도록 소비자에게 어필할 수 있는 도구를 만들어야 하는데, 이러한 도구를 메뉴북이라고 한다. 일반적으로 메뉴북이라고 하면 단순히 외식업체가 판매하는 메뉴를 선택할 수 있게 도와주는 차림표로서의 역할만 생각하기 쉽지만 잘 만들어진 메뉴북은 차림표 이상의 역할을 수행한다.

1 메뉴북의 역할

대부분의 외식업체가 제작하여 사용하는 메뉴북은 〈그림 8-1〉과 같이 '최초의 판매수단'부터 '고객과의 약속'까지 매우 다양한 역할을 수행하는 도구이다.

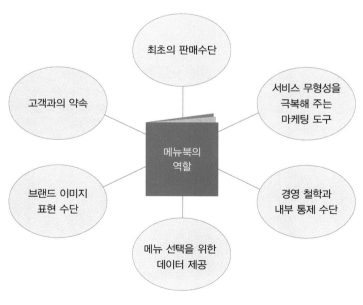

그림 8-1 **메뉴북의 역할**

이와 같은 메뉴북의 6가지 역할을 세부적으로 살펴보면 다음과 같다.

1) 최초의 판매수단

메뉴북은 고객이 외식업체에서 최초로 접하는 커뮤니케이션 도구이다. 고객은 메뉴북을 살펴본 후, 음식을 주문한다. 즉, 메뉴북은 고객에게 외식업체에서 판매하는 음식을 안내하고, 고객은 그 메뉴북을 보고 음식을 선택한 후 주문한다. 따라서 메뉴북은 세일즈 직원이면서 서비스 직원이다. 외식업체의 서비스는 메뉴북으로부터 시작된다고 볼 수 있다.

외식업체를 방문하는 고객은 입구에서부터 또는 좌석에 앉은 후 가장 먼저 메뉴북을 접하게 된다. 메뉴북을 펼치는 순간부터 고객의 진정한 구매가 시작된다고 보아도 무방하다. 외식업체의 파사드를 거치고 내부의 분위기를 느끼며 좌석에 도착한 고객은 외식업체에 대한 인상을 메뉴북을 통해 정리한다. 따라서 외식업체는 메뉴북에서 강한 인상을 남길 수 있어야 한다. 직원의 표현이 없더라도 메뉴북만으로도 적절한 커뮤니케이션이 이루어질 수 있어야 한다.

그림 8-2 **최초의 판매수단 사례**

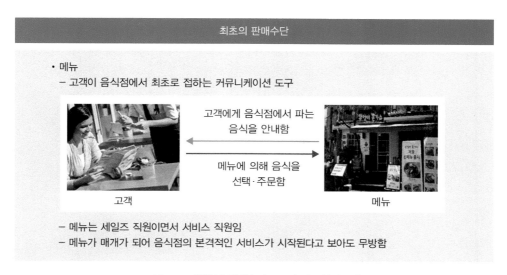

- 메뉴
  - 고객이 음식점에서 최초로 접하는 커뮤니케이션 도구

고객에게 음식점에서 파는
음식을 안내함

메뉴에 의해 음식을
선택·주문함

고객   메뉴

  - 메뉴는 세일즈 직원이면서 서비스 직원임
  - 메뉴가 매개가 되어 음식점의 본격적인 서비스가 시작된다고 보아도 무방함

그림 8-3 **최초의 판매수단으로써 메뉴북의 역할**

2) 서비스의 무형성을 극복해 주는 마케팅 도구

메뉴북은 서비스의 무형성을 보완해 주기 위한 유형화 수단이다. 즉 서비스는 눈에 보이지 않고, 고객이 구매 전에 미리 판단하기가 어렵기 때문에 메뉴북을 통해 서비스 내용을 알 수 있게 해준다는 것이다. 그리고 외식업체가 판매하는 메뉴의 품목, 가격, 내용을 전달하는 마케팅 도구의 역할도 병행한다.

메뉴북은 고객이 구매를 시작하기 전의 기대감에 가장 큰 영향을 준다. 외식업체가 판매하는 메뉴의 유형을 한눈에 파악하게 만들기 때문이다. 만약 고객이 메뉴에 대한 혼란을 느끼면, 선택에 어려움을 겪게 된다. 메뉴북은 소비자의 지불 가능 수준에 따라서 적절하게 배열되어야 하고, 무엇보다도 쉽고 편하게 메뉴를 선택할 수 있어야 한다. 그리

그림 8-4 **서비스 무형성을 극복해 주는 마케팅 도구 사례**

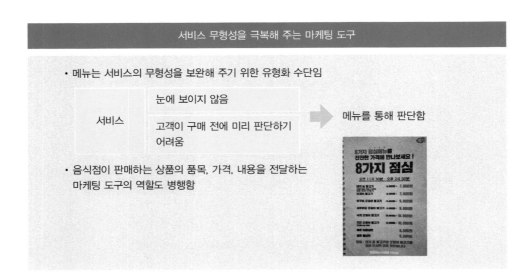

- 메뉴는 서비스의 무형성을 보완해 주기 위한 유형화 수단임

| 서비스 | 눈에 보이지 않음 |
| | 고객이 구매 전에 미리 판단하기 어려움 |

→ 메뉴를 통해 판단함

- 음식점이 판매하는 상품의 품목, 가격, 내용을 전달하는 마케팅 도구의 역할도 병행함

그림 8-5 **마케팅 도구로써 메뉴북의 역할**

고 메뉴의 내용을 잘 전달해야 한다.

3) 고객과의 약속

외식업체를 이용하는 고객은 음식을 미리 먹어보고 구매할 수 없으므로 메뉴북의 내용을 믿고 구매를 결정한다. 따라서 메뉴북은 외식업체와 고객과의 약속이라는 의미를 갖는다. 고객이 제공받는 이미지, 느낌, 표시된 가격, 예상되는 품질 및 서비스는 메뉴북을 보고 상품을 구매하려는 고객에게는 바로 기대하는 가치가 된다. 즉 음식은 주문 후 생산을 하게 되므로 고객이 실체를 보고 구매하는 것이 아니라 메뉴북을 통해 느낀

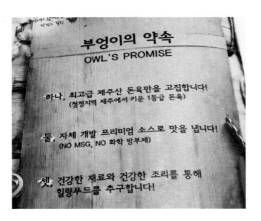

그림 8-6 **고객과의 약속 사례**

- 고객은 직접 음식을 보고 구매할 수 없으므로 메뉴를 믿고 구매를 결정함
- 메뉴는 고객과 약속한 가치임

상품을 구매하려는 고객이 기대하는 가치

- 메뉴를 통해 고객이 받는 이미지
- 느낌
- 표시된 가격
- 예상되는 품질 및 서비스

음식은 주문 후 생산하게 되므로 고객이 실체를 보고 구매하는 것이 아닌,
메뉴를 통해 느낀 가치를 주문하는 것임

그림 8-7 **메뉴북의 고객과의 약속에 대한 역할**

가치를 주문하게 된다는 것이다.

메뉴북의 역할 중 가장 중요한 것은 신뢰를 쌓는 것이다. 고객 만족은 기대와 성과와의 차이로 결정된다. 처음의 기대와 실제 성과에 차이가 나는 것은 불만족을 야기하는 가장 큰 문제이다. 메뉴북은 고객에게 제공하는 유·무형의 메뉴와 서비스를 구성하는 모든 요소를 표시하여 기대를 형성한다. 따라서 메뉴북은 고객이 외식업체에 체류하는 시간뿐만 아니라 외식업체를 떠난 이후에도 계속해서 브랜드와 메뉴를 기억할 수 있게 만들어야 한다.

4) 경영철학과 내부 통제 수단

메뉴북은 고객뿐만 아니라 직원들도 외식업체의 모든 것을 이해하고 행동할 수 있게 제작되어야 한다. 메뉴북은 외식업체의 경영방침이 집약되어 있는 도구 중 하나이다. 메뉴북이 기초가 되어 주방의 설비, 종업원의 수, 재료의 선택 등이 결정된다. 그러므로

그림 8-8 **경영철학과 내부 통제 수단 사례**

메뉴북이 결정되기 전에는 주방설계나 외식업체의 규모가 결정될 수 없다. 메뉴북은 결코 타 점포나 브랜드를 흉내내거나 생각나는 대로 만들어서는 안 되며, 외식업체의 경영방침을 토대로 만들어져야 한다.

메뉴북은 가장 간단명료한 외식업체의 서비스 매뉴얼이어야 한다. 메뉴북은 외식업체 직원을 위한 교육훈련용 교안인 동시에 외식업체의 목표와 비전 그리고 경영전략 및 전술을 포함하고 있어야 한다.

경영 철학과 내부 통제 수단

- 직원들도 메뉴북을 통해 음식점의 모든 것을 이해하고 행동하게 됨
- 메뉴는 음식점의 경영 방침이 집약되어 있는 도구임
  - 메뉴를 토대로 주방의 설비, 종업원의 수, 재료의 선택 등이 결정됨
  - 메뉴와 서비스 방식이 결정되기 전에는 주방 설계나 음식점의 규모가 결정될 수 없음

  메뉴는 결코 흉내를 내서도, 생각나는 대로 만들어서도 안 되며, 음식점의 경영 방침을 토대로 작성되어야 함

그림 8-9 **메뉴북의 경영철학과 내부 통제 수단으로서의 역할**

5) 브랜드 이미지 표현

메뉴북은 외식업체의 콘셉트와 이미지를 표현하는 수단이다. 메뉴북에는 품목, 특별요

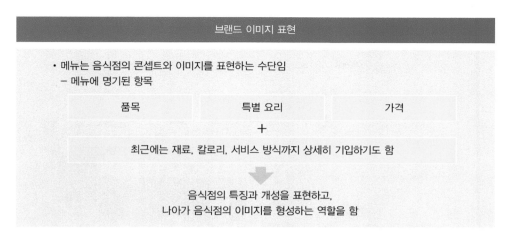

그림 8-10 **메뉴북의 브랜드 이미지 표현 수단으로서의 역할**

리, 가격이 명기되어 있다. 최근에는 재료, 칼로리, 서비스 방식까지 상세하게 기입하는 메뉴북도 있다. 따라서 외식업체의 특징과 개성을 표현하고, 나아가서는 외식업체의 이미지를 형성하는 역할을 한다.

6) 메뉴 선택을 위한 데이터 제공

메뉴북은 외식업체 이용객의 선호도를 파악하는 기초가 된다. 고객들은 메뉴북을 기초로 주문을 하므로 어떤 음식이 많이 선택되고, 어떤 위치의 메뉴가 판매되지 않는지 분석함으로써 고객이 선택하고 좋아하는 메뉴를 알 수 있게 도와준다. 결과적으로 메뉴북은 고객이 원하는 음식을 개발, 개선, 판매할 수 있게 지원해 준다.

외식업체의 입장에서는 매일, 매주, 매달

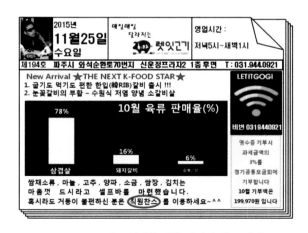

그림 8-11 **메뉴 선택을 위한 데이터 제공 사례**

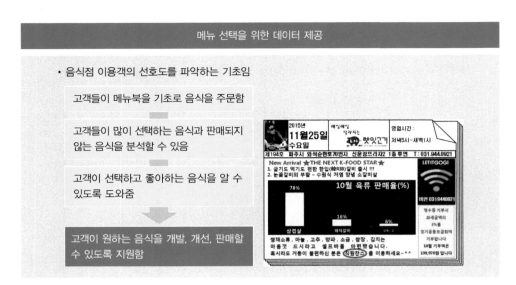

그림 8-12 **메뉴북의 메뉴 선택 데이터 제공 수단으로서의 역할**

변화하는 메뉴 판매 데이터를 메뉴북을 통해 고객에게 전달하는 것이 어렵다고 생각할지 모른다. 하지만 최근에는 전자 메뉴북이 대중화되고 있으며, 메뉴북을 손쉽게 변경할 수 있는 구조의 제품들도 많이 출시되고 있어서 관심만 있다면 얼마든지 고객에게 메뉴 판매에 대한 자세한 데이터를 제공할 수 있다.

2 메뉴북 디자인

1) 메뉴북 디자인 요소

메뉴북의 디자인 요소란 '메뉴북의 디자인에 꼭 필요한 성분 또는 조건'을 의미한다. 메뉴북 디자인은 '언어, 배치와 활자, 조화, 크기와 포맷, 정확성' 등에 의하여 이루어진다. 이러한 요소들은 메뉴북의 기능성뿐만 아니라 심미성까지 고려하여 적절하게 조화를

그림 8-13 **메뉴북 디자인 요소**

이루어야 한다.

외식업체 메뉴북의 중요성이 대두되면서 많은 비용을 투자하는 사례가 최근 늘고 있다. 푸드스타일링을 가미한 음식 촬영, 전문적인 디자이너의 디자인 등이 결합되어 심미성은 매우 높아지고 있다. 하지만 메뉴북은 멋지게 보여주는 것이 최종목표는 아니다. 메뉴북의 다양한 역할에 충실해야 한다. 무엇보다도 소비자가 원하는 메뉴를 쉽게 선택할 수 있어야 한다. 또한, 경영자가 경영목표를 달성할 수 있는 수단이 되어야 하고, 서비스의 주체인 직원의 역할도 충분히 고려되어야 한다.

따라서 기능성과 심미성을 조화시킴과 동시에 실용성까지 갖춘 메뉴북의 개발을 위해 다양한 유형의 메뉴북을 참고하고 연구해야 한다. 그러기 위하여 〈그림 8-13〉과 같은 메뉴북의 디자인 요소에 대한 자세한 내용을 검토할 필요가 있다.

(1) 언어

메뉴북은 표준어를 주로 사용해야 하지만 목표고객을 고려한 인터넷 언어 또는 조어 사용도 고려할 수 있다. 외국인 고객이 많은 외식업체는 외국인을 고려한 외국어 표기도 필요하므로 농림축산식품부에서 배포하는 한식 메뉴의 외국어 표기를 참조한다.

(2) 폰트와 배치

메뉴북은 시선의 이동점을 고려하여 대표 메뉴, 주력 메뉴, 인기 메뉴를 배치하지만 실제로는 디자인에 의하여 시선집중점을 만들 수 있다는 사실을 기억해야 한다. 메뉴북에 사용하는 활자는 음식의 유형, 분위기 등을 고려하여 선택하고 이미지와 폰트의 저작권을 침해하지 않도록 유의해야 한다.

(3) 조화

메뉴북의 외관 및 디자인은 실내 디자인과 분위기 등 외식업체의 콘셉트와 일치해야 한다.

(4) 크기와 포맷

메뉴북의 크기는 외식업체 콘셉트에 맞는 적정 크기를 선택해야 한다. 너무 크거나 너무 작은 경우 이용에 불편할 수 있고, 외식업체의 콘셉트와 조화를 이루지 못할 수도 있다. 메뉴북은 단일 페이지부터 수십 장의 페이지로 구성할 수 있으며, 속지의 교환 가능성을 고려하면 지속적인 관리에도 유리하다.

(5) 정확성

메뉴북에 표시되는 모든 내용은 실제와 정확하게 일치해야 한다. 특히 메뉴의 가격과 특성을 정확히 이해할 수 있어야 한다.

(6) 관련성

메뉴북은 외식업체의 다양한 유형물 및 소품, 소모품과의 연관성을 고려하여 설계하고 디자인해야 한다.

2) 메뉴북 표현 요소

메뉴북의 표현 요소란 '외식업체가 추구하는 목적을 달성하기 위하여 메뉴북에 포함되어야 하는 성분 또는 조건'을 의미한다. 앞서 살펴본, 메뉴북 디자인 요소가 외형적인 부분의 내용이라면 메뉴북 표현 요소는 내부적인 부분에 대한 내용이라고 볼 수 있다.

외식업체가 성공적인 메뉴북을 만들기 위해서는 〈그림 8-14〉와 같은 8가지의 요소에 대한 면밀한 검토와 연구가 필요하다.

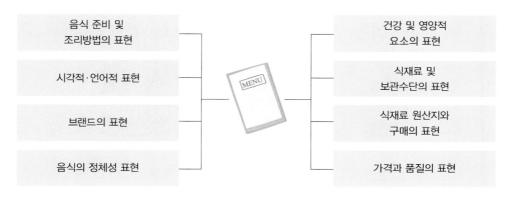

그림 8-14 **메뉴북의 표현 요소**

물론 메뉴북을 제작하면서 이와 같은 요소를 모두 표현하기는 쉽지 않다. 따라서 외식업체의 목표고객과 이용동기, 욕구 등을 면밀히 파악해서 가장 적절한 표현의 수준을 정해야 한다. 다만, 법률이나 조례에서 표기를 의무화하는 내용은 반드시 포함시킨다.

(1) 음식을 준비하는 과정과 조리방법의 표현

메뉴의 준비과정 또는 조리방법을 표현하는 것이 외식업체의 장점을 부각시키는 데 필요하다면, 볶음요리, 찜요리, 튀김요리 등과 같은 표현을 메뉴북에 넣는다. 특히 메뉴를 준비하는 과정에

그림 8-15 **음식을 준비하는 과정과 조리방법의 표현 사례**

차별화된 노하우가 있다면 반드시 포함시키는 것이 좋다.

(2) 음식에 대한 시각적, 언어적 표현

외식업체의 메뉴북을 살펴보면, 메뉴명과 가격만을 제시하는 경우가 많다. 가능하면 〈그림 8-16〉과 같이 음식에 대한 시각적, 언어적 표현을 구체적으로 제시하는 것이 고객 만족도를 높여준다.

그림 8-16 **음식에 대한 시각적, 언어적 표현 사례**
자료 : 부엉이돈가스 홈페이지(http://www.owlscutlet.co.kr)

(3) 메뉴의 브랜드 표현

메뉴 브랜딩의 중요성이 갈수록 높아지고 있다. 그동안 대부분의 외식업체들은 보통명사와 같은 메뉴명을 그대로 사용했다. 예를 들면, 소보로라는 빵을 판매하는 대부분의 베이커리 전문점은 소보로라는 이름을 그대로 사용한다. 그런데 성심당과 같은 업체들은 '튀김소보로'와 같은 자신만의 브랜드를 붙여서 빵을 판매한다. 그 외에도 성심당은 찹쌀떡에는 '대전부르스', 야채빵에는 '판타롱부추빵'과 같이 메뉴의 특성을 잘 나타내면서 소비자의 관심도를 높이는 메뉴 브랜딩을 적극적으로 시행하고 있다.

그림 8-17 **메뉴 브랜딩 사례**

자료 : 성심당 홈페이지(http://www.sungsimdang.co.kr)

(4) 메뉴의 정체성 표현

메뉴의 정체성이란 메뉴의 변하지 않는 본질을 의미한다. 즉 외식업체가 추구하는 메뉴의 근본적인 특성이라고 할 수 있다. 예를 들면, 한식뷔페 자연밥상은 '자연을 담은 한식뷔페'로 메뉴의 정체성을 표현하고 있다.

좀 더 구체적으로 살펴보면, 약선 발효음식을 추구하는 자신들의 정체성을 전달하기 위하여 '효소담아 건강담아 자연담은 자연밥상'이라는 표현을 사용하고 있다.

그림 8-18 **메뉴의 정체성 표현 사례**

그림 8-19 **메뉴의 정체성 표현 사례**

(5) 건강 및 영양요소에 대한 표현

경제가 발전하고 라이프 스타일이 변하면서 외식이 증가하고 있다. 이와 더불어 외식에 대한 불신도 그만큼 늘고 있다. 외식으로 섭취하는 음식은 정크 푸드와 같이 건강에 좋지 않은 음식이 많고, 영양의 불균형을 초래하는 음식도 많다는 인식이 커지면서 소비자들은 건강과 영양요소에 대한 정보를 원하고 탐색하기 시작했다.

적극적인 외식업체들은 이런 고객의 니즈에 부응하기 위하여 메뉴북에 해당 정보를 세심하게 표현하고 있다. 예를 들면, 〈그림 8-20〉과 같이 영영성분을 구체적으로 표현하는가 하면, 어떤 성분이 건강에 어떤 영향을 미치는지에 대한 정보를 제공하기도 한다.

그림 8-20 **건강 및 영양요소에 대한 표현 사례**

자료 : 롯데리아 홈페이지(http://www.lotteria.com)

(6) 식재료와 보관방법에 대한 표현

소비자들은 메뉴의 품질이 곧 식재료의 품질에 의해 결정된다는 점을 잘 알고 있다. 그래서 가능하면 좋은 식재료를 쓰는 외식업체를 선호하게 된다. 그런데 아무리 좋은 식재료를 써도 보관과정에서 변질되는 경우가 발생하면, 좋은 식재료는 의미를 잃게 된다. 그래서 외식업체들은 〈그림 8-21〉과 같이 식재료의 상태와 보관방법까지 고객에게

그림 8-21 식재료와 보관방법에 대한 표현 사례

자료 : 맥도날드 홈페이지(http://www.mcdonalds.co.kr)

제시하는 노력을 기울이고 있다.

(7) 식재료 원산지와 구매방법에 대한 표현

외식업체가 구매하는 식재료의 원산지와 구매방법은 소비자의 구매의사 결정에 큰 영향
을 미치는 변수이다. 짬뽕 전문점으로 유명세를 떨치고 있는 이비가짬뽕의 사례만 보더
라도 식재료의 중요성을 잘 알 수 있다. 〈그림 8-22〉에서 보는 바와 같이 지역농산품을
고집하는 이비가짬뽕은 '통영 굴, 청양 고추'를 이용하기 위하여 계약재배를 하고 있다.

그림 8-22 **식재료 원산지와 구매방법에 대한 표현 사례**
자료 : 이비가짬뽕 홈페이지(http://www.ebiga.co.kr)

(8) 가격과 품질에 대한 표현

메뉴의 가격은 곧 품질을 의미하기도 한다. 자칫 너무 저렴하게 가격을 책정하면 고객들이 메뉴의 품질을 의심해서 구매를 포기하고, 너무 비싸게 책정하면 구매를 망설인다. 따라서 메뉴의 가격을 결정한 후, 메뉴북에 가격을 표시할 때는 매우 신중해야 한다. 고객을 유인하기 위하여 저렴한 메뉴를 판매하는 경우는 실속 있는 메뉴임을 전달해서 안심하고 구매할 수 있게 도와야 한다. 반대로 고가격의 메뉴인 경우는 충분한 가치가 있다는 사실을 잘 표현해야 소비자가 망설이지 않고 구매한다.

3) 메뉴북 디자인 체크리스트

〈표 8-1〉은 앞에서 살펴본 내용을 기초로 작성한 체크리스트이다.

표 8-1 메뉴북 디자인을 위한 체크리스트

A. 메뉴북의 역할에 충실한가?

구분	내용	평가
최초의 판매수단	고객이 외식업체에서 최초로 접하는 상품이며, 커뮤니케이션 도구의 역할에 충실하다.	
마케팅 도구	외식업체가 판매하는 상품의 품목, 가격, 내용을 전달하는 도구의 역할에 충실하다.	
고객과의 약속	직접 음식을 보고 구매할 수 없으므로 메뉴북을 믿고 구매할 수 있다.	
경영철학과 내부 통제수단	직원들이 메뉴북을 통해 외식업체의 경영철학과 준수해야 할 규정과 지침을 이해하고 행동할 수 있다.	
브랜드 이미지 표현 수단	외식업체의 특징과 개성을 표현하고, 나아가서는 외식업체의 이미지가 형성하는 역할에 충실하다.	
메뉴 선택을 위한 데이터 제공	고객이 상황에 따라서 만족할 수 있는 메뉴를 쉽게 선택할 수 있는 데이터를 제공하는 역할에 충실하다.	

주 : 반영 정도를 3점(충분히 반영), 2점(보통), 1점(전혀 반영되지 않음)으로 평가

B. 메뉴북 디자인 요소가 충분히 고려되었는가?

구분	내용	평가
언어	• 표준어를 주로 활용하지만 외국인을 고려한 외국어 표기도 고려하였다. • 농림부의 한식 메뉴의 외국어 표기를 참조하였다.	
배치와 활자	• 주력 메뉴와 인기 메뉴를 시선 이동점을 고려하여 배치하기도 하지만 실제로는 디자인에 의하여 시선집중점을 만들었다. • 활자는 음식의 유형, 분위기 등을 고려하여 선택했다.	
주변과의 조화	• 메뉴북의 외관 및 디자인은 실내 디자인과 분위기 등 외식업체의 콘셉트와 일치시켰다.	
크기와 포맷	• 외식업체 콘셉트에 맞는 적정 크기를 선택하였다. • 단일 페이지부터 수십 장의 페이지로 구성되며 속지의 교환 가능성을 고려했다.	
정확성	• 메뉴의 가격과 특성을 정확히 이해할 수 있다.	
기타 관련성	• 외식업체의 다양한 소모품들과의 연관성을 고려한 설계 및 디자인이 되었다.	

주 : 반영 정도를 3점(충분히 반영), 2점(보통), 1점(전혀 반영되지 않음)으로 평가

C. 메뉴북 표현 요소가 충분히 고려되었는가?

구분	내용	평가
메뉴를 준비하는 과정과 조리방법의 표현	메뉴를 만들기 위한 준비과정부터 조리방법을 충분히 표현하였다.	
메뉴에 대한 시각적, 언어적 표현	메뉴의 사진이 실물과 동일하면서 표현력이 뛰어나며, 언어적으로도 충분히 표현하였다.	
메뉴 각각의 브랜드 표현	메뉴 브랜딩이 차별화되었고, 고객의 인식에 긍정적인 영향을 미치도록 충분히 표현하였다.	
메뉴의 정체성 표현	메뉴가 가진 본래의 의미와 정체성을 충분히 표현하였다.	
건강 및 영양요소에 대한 표현	메뉴가 고객의 건강에 긍정적인 영향을 주며, 영양학적으로도 긍정적이라는 점을 충분히 표현하였다.	
식재료와 보관방법에 대한 표현	식재료의 보관방법이 위생적으로 고객이 안심할 수 있는 수준이라고 충분히 표현하였다.	
식재료 원산지와 구매방법에 대한 표현	식재료의 원산지와 식재료를 구매하는 방법에 대하여 충분히 표현하였다.	
가격과 품질에 대한 표현	메뉴의 가격과 품질에 대하여 고객이 원하는 수준으로 충분히 표현하였다.	

주 : 반영 정도를 3점(충분히 반영), 2점(보통), 1점(전혀 반영되지 않음)으로 평가

4) 메뉴북 디자인 연구

(1) 메뉴북 디자인 실태 연구

권순자·이준현(2010)은 인천지역 외식업체의 메뉴북 디자인 실태조사를 다음과 같이 실시하였다. 먼저 기존 문헌들(Lee 1995 Kim 1998a Won 등 2001 Kim 2004)을 참고하여 표지 색과 재질, 속 재질, 메뉴북 형태, 활자 크기를 달리했는지 여부, 사진 매수, 메뉴의 그룹별 구분 여부, 메뉴에 대한 설명 유무, 수익 메뉴 강조 여부, 메뉴북의 부분 교체 가능성 여부 등으로 확인하였다.

조사 결과에 따르면, 외식업체 메뉴북 디자인은 전반적으로 '수익 메뉴 강조, 사진사용, 메뉴 설명, 메뉴북의 부분 교체 가능성, 메뉴의 그룹별 구분' 등이 미비하였다. 특히

표 8-2 **메뉴북 디자인 실태 연구 내용**

구분	미비 요소
한식당	메뉴 설명, 수익메뉴 강조, 부분 교체 가능성
일식당	메뉴 설명
중식당	부분 교체 가능성
카페테리아	메뉴의 그룹별 구분

자료 : 권순자·이준현(2010). 인천지역 일부 외식업체의 메뉴북 디자인 실태조사. 한국식생활문화학회지, 25(2), pp.179–188.

한식당은 메뉴 설명, 수익 메뉴 강조, 부분 교체 가능성, 일식당은 메뉴 설명, 카페테리아는 메뉴의 그룹별 구분, 중식당은 부분 교체 가능성이 미비하였으며, 서비스 수준이 보통 이하인 업체에서는 사진 사용, 수익 메뉴 강조, 부분 교체 가능성, 메뉴 설명, 메뉴의 그룹별 구분이 미비함을 발견하였다.

(2) 판촉을 위한 메뉴북 디자인 연구

이준환 등(2010)은 〈그림 8-23〉과 같은 연구모형으로 희소성 메시지와 조절초점을 활

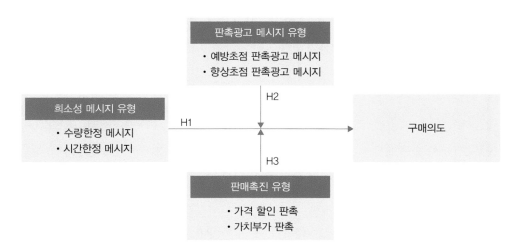

그림 8-23 **희소성 메시지와 조절초점을 활용한 레스토랑 판촉전략에 관한 연구모형**
자료 : 이준환·김용주·성정연(2010). 희소성 메시지와 조절초점을 활용한 레스토랑 판촉전략에 관한 연구.
호텔경영학연구, 19(6), pp.77–97.

희소성 메시지 유형의 예
• 수량한정 메시지 : 10개 한정 • 시간한정 메시지 : 1시간 한정

판촉광고 메시지 유형의 예
• 예방초점 판촉광고 메시지 : 이번 기회를 절대 놓치지 마세요 • 향상초점 판촉광고 메시지 : 이번 기회를 꼭 누리세요

판매촉진 유형의 예
• 가격 할인 판촉 : 5천 원 할인 • 가치부가 판촉 : a 구매 시 b 추가 제공

그림 8-24 **희소성 메시지와 조절초점을 활용한 레스토랑 판촉전략에 관한 연구 결과**
자료 : 이준환·김용주·성정연(2010). 희소성 메시지와 조절초점을 활용한 레스토랑 판촉전략에 관한 연구.
호텔경영학연구, 19(6), pp.77-97.

용한 레스토랑 판촉전략에 관한 연구를 실시하였다.

연구결과는 판매촉진 상황에서 희소성 메시지의 경우는 시간한정보다 수량한정 메시지를 더 부각시키는 것이 좋고, 예방초점 판촉광고 메시지와 가격 할인 판촉에 초점을 두고 판촉행사를 진행하는 것이 효과적인 전략방향임을 제시하고 있다.

(3) 메뉴북의 시선 이동 연구

메뉴북의 시선 이동 연구는 그동안 소비자를 대상으로 주로 이루어졌는데, 최정길·이병우(2008)의 연구에서는 소비자와 제공자를 각각 실험하여 결과를 도출하였다.

해당 연구의 설문조사 결과에 따르면, 고객은 시선이 가장 먼저 가는 곳의 메뉴를 선택할 확률이 높다고 나타났다. 그리고 고객들은 메뉴 선택 시 메뉴의 위치 이외에 중요한 요인으로 고객 기호 속성, 메뉴 디자인 속성, 아이템 위치 속성의 순으로 답하였다.

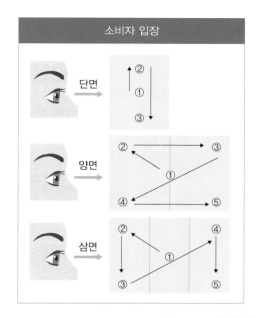
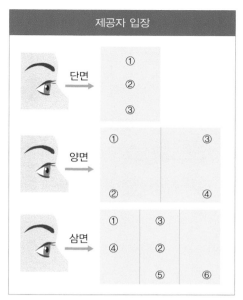

그림 8-25 **메뉴판 위에서의 시선 이동 연구**

자료 : 최정길·이병우(2008). 메뉴판 위에서의 시선 이동과 메뉴 선택에 관한 실험 연구. 호텔경영학연구, 17(2), 83~100.

그림 8-26 **메뉴 선택 시 메뉴 위치 이외에 중요한 요인**

자료 : 최정길·이병우(2008). 메뉴판 위에서의 시선 이동과 메뉴 선택에 관한 실험 연구. 호텔경영학연구, 17(2), 83~100.

(4) 메뉴북 디자인 유형에 따른 선호도 연구

박범진 등(2014)이 수행한 메뉴북 디자인 유형 중 사진과 설명 유무에 따른 고객 선호도에 관한 연구에서는 메뉴북 4종류의 유형에 따른 고객 선호도를 알아보기 위하여 설문조사를 실시하였다.

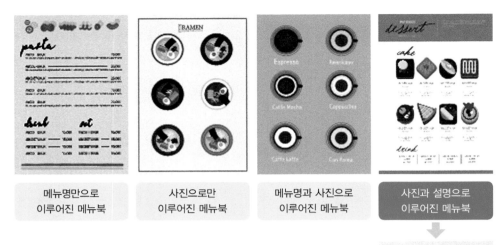

그림 8-27 메뉴북 디자인 유형 중 사진과 설명 유무에 따른 고객 선호도

자료 : 박범진·송은주·김근아(2014). 메뉴북 디자인 유형 중 사진과 설명 유무에 따른 고객 선호도에 관한 연구.

식공간연구, 9(2), pp.53~67.

연구결과에 따르면, '메뉴명만으로 이루어진 메뉴북, 사진으로만 이루어진 메뉴북, 메뉴명과 사진으로 이루어진 메뉴북, 사진과 설명으로 이루어진 메뉴북 중 사진과 설명으로 이루어진 메뉴북의 선호도가 가장 높게 나타났다.

(5) 메뉴북을 활용한 판매전략 연구

이상우·전현모(2012)의 외식기업의 메뉴 분석 방법을 이용한 메뉴 판매 전략 사례 연구에서는 〈그림 8-28〉과 같은 4단계의 분석방법을 이용하여 외식업체의 메뉴 판매 전략을 검증하였다.

연구결과에 따르면 메뉴북의 특정 기호 표시가 메뉴 판매량에 영향을 미치는 것으로 나타났으며, 그에 따라 원가율 및 공헌이익이 변화하는 것으로 확인되었다. 따라서 외식업체는 메뉴 분석을 통해 전략적 판매촉진을 실시해야 한다고 주장하였다.

| 1단계 | • 메뉴 변동 없는 조사 대상 선정
• 메뉴 분석을 위한 자료 수집 |

| 2단계 | • 직전 2개월 간 ABC분석으로 A그룹 선정
• A그룹 중 공헌이익 상위 10개 메뉴 선정
• A그룹 중 원가율 하위 10개 메뉴 선정 |

| 3단계 | • 공헌이익과 원가율의 교집합 메뉴 선정
• 선정된 6개의 메뉴, 메뉴북에 ★ 표시 |

| 4단계 | • 4개월 동안 ★ 표시 메뉴북으로 판매
• ★ 표시 전후의 실제 원가, 객단가 비교
• 메뉴 분석을 활용한 판매전략 수립 |

그림 8-28 **메뉴 분석 방법을 이용한 메뉴 판매 전략 사례 연구 단계**
자료 : 이상우·전현모(2012). 외식기업의 메뉴 분석 방법을 이용한 메뉴 판매 전략 사례 연구. 외식경영연구, 15(2), pp.219~240.

3 메뉴북 내용의 진실

메뉴북에 사용되는 문구와 삽화 또는 이미지는 메뉴의 진실과 관련된 법령을 위반해서는 안 된다. 다만 국내에서는 메뉴북에 표시하는 사항을 세부적으로 규정하거나 제한하고 있지는 않다.

우리나라의 경우 원산지 표시 및 가격, 1인분의 양 등을 법령으로 규정하여 메뉴북이나 적절한 방법으로 표시하도록 규정하고 있으므로 메뉴북을 제작하는 시점에 개정이나 추가로 제정된 법령이 없는지 반드시 확인을 해야 한다. 구체적인 사례를 정리하면 다음과 같다.

그림 8-29 **메뉴북의 내용**

그림 8-30 **메뉴의 표시 규정**

1) 외식업체 메뉴판의 원산지 표시 방법

국립농산물품질 관리원의 원산지 표시제 주요 문답자료(2016.04)에 따르면, 소비자들이 알아볼 수 있도록 모든 메뉴판 및 게시판(메뉴판과 게시판 중 어느 한 종류만 사용하는 경우에는 그 메뉴판 또는 게시판을 말함)에 표시해야 하며, 원산지 표시 글자 크기는 음식명 글자 크기와 같거나 크게 해야 한다.

2) 원산지 표시판을 사용할 경우의 표시 방법

〈그림 8-31〉과 같은 기준에 따른 원산지 표시판을 규정에 따른 위치에 부착하는 경우 메뉴판 및 게시판에는 원산지 표시를 생략할 수 있다.

그림 8-31 **원산지 표지판 규정**

자료 : 국립농산물품질 관리원 홈페이지(http://www.naqs.go.kr) 원산지 표시제 주요 문답자료(2016. 4)

3) 메뉴 가격의 표시 방법

국립농산물품질 관리원의 원산지 표시제 주요 문답자료(2016.04)에 따르면, 점포 면적이 150평방미터 이상인 일반 외식업체와 휴게 외식업체는 〈그림 8-32〉와 같이 외부에

그림 8-32 **음식점 외부 메뉴 가격 표시 방법**

자료 : 대한민국정부포털
(http://www.korea.go.kr)

그림 8-33 **음식점 부가가치세 표시 방법**
자료 : 대한민국정부포털(http://www.korea.go.kr)

도 가격을 표시해야 한다. 그리고 모든 외식업체의 가격표시는 봉사료와 부가가치세를 포함한 최종 결제 금액으로 표시해야 한다. 고기를 판매하는 외식업체는 1인분씩 판매하더라도 〈그림 8-34〉와 같이 100g당 가격을 반드시 표시해야 한다. 그 외에 식품위생법에 따라 영양 표시를 해야 하는 경우도 있으므로 유의해야 한다.

그림 8-34 **고기 가격 표시 방법**
자료 : 대한민국정부포털(http://www.korea.go.kr)

외식업체의 영양 표시

식품위생법 제10조에 의거, 식품접객업에서 조리·판매하는 식품인 경우 2010년부터 제과·제빵류, 아이스크림류, 햄버거, 피자에 대하여 열량·당류·단백질·포화지방·나트륨을 표시하도록 규정하고 있다.

법으로 규정하는 것 외에도 제공하는 메뉴를 잘못 표기하는 것은 고객을 혼란스럽게 하여 고객의 불만이 발생할 수 있는 부정적인 요인이다. 따라서 외식업체의 메뉴북은 고객 불만 요소를 사전에 예방하고 고객 만족도를 높일 수 있도록 지속적으로 연구·개발해야 한다.

4) 미국 NRA의 메뉴의 정확성에 대한 권고

미국의 레스토랑협회(NRA, National Restaurant Association)에서는 1977년 '메뉴의 정확성' 보고서를 작성하여 고객으로 하여금 혼란을 줄 수 있는 11개 항목을 지적하고, 올바로 표기하도록 권장하고 있다. 구체적인 내용을 살펴보면 다음과 같다.

(1) 양(Quantity)

1인분의 양은 정확해야 한다. 메뉴에 오믈렛이 점보사이즈의 계란으로 만들어졌다고 표기되어 있다면, 그러한 제품을 사용해야만 한다.

오믈렛이 점보 사이즈 계란으로 만들어졌다고 표기된 경우

표기된 대로 점보 사이즈의 계란을 사용해야 함

점보	연방정부에서 지정한 신선한 계란을 판매하는 곳에서 사용되는 6가지의 크기 중 하나

(2) 품질(Quality)

레스토랑은 실제로 제공하지 않는 품질 수준을 광고해서는 안 된다. 메뉴에서 등급을 위반하여 과대광고로 표시하지 않도록 주의를 기울여야 한다. 쇠고기를 묘사하기 위하여 "한우 1등급"이라는 표현을 사용하기 위해서는 실제로 식재료를 구입 시 그러한 등급의 제품을 구매하여 사용해야만 한다.

> **'한우 1등급'이라는 표현을 사용하기 위한 방법**
> 실제로 식재료 구입 시 1등급 제품을 구매하여 사용해야 함

(3) 가격(Price)

메뉴에는 모든 관련 가격이 드러나도록 해야 한다. 예를 들어, 음료 리필 등에 추가로 지불해야 하는 가격이 있다면, 메뉴북에 그것을 명확하게 알 수 있도록 표기해야만 한다. 부가가치세가 별도로 부과되는 경우도 마찬가지로 표기해야 한다.

> **음료 리필 등에 추가로 지불해야 하는 가격이 있는 경우**
> • 메뉴북에 추가 지불 가격을 명확하게 표기해야 함
> • 부가가치세가 별도로 부과되는 경우도 표기해야 함

(4) 브랜드명(Brand name)

품질과 마찬가지로 대용 아이템을 사용하면서 유명 브랜드 제품의 브랜드명을 사용해서는 안 된다. 코카콜라를 원하는 고객에게 펩시로 대신해서 제공할 수는 없는 것과 마찬가지다. 브랜드명과 관련된 문제점은 그것이 명백하지 않은 데서 발생한다.

(5) 제품인증서(Product identification)

연방정부는 식품에 대하여 몇 가지 표준인증제를 실시하고 있다. 이러한 표준이란 식품이 표준화된 이름으로 지칭되는 것을 의미한다. '오렌지 주스'는 '오렌지 맛 주스'와는 다른 것이다. '메이플 시럽'과 '메이플 맛 시럽'도 역시 마찬가지다. 레스토랑 비즈니스를 하는 사람들 간에 이러한 용어를 잘못 사용하는 일이 비일비재하므로 정확하게 사용하려는 노력이 요구된다.

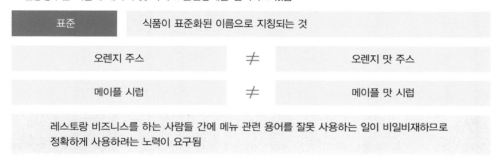

그림 8-35 **표준인증제**

(6) 원산지(Point of origin)

원산지란 해당 제품이 생산되었거나 제조된 국가를 의미한다. 우리나라의 경우 외식업체의 원산지 표시제도가 2008년 12월 22일부터 전면적으로 실시되고 있으며, 해당 식재료는 쇠고기, 돼지고기, 닭고기, 쌀, 김치류 등이 해당된다. 원산지를 표시하는 방법은 국내산의 경우는 식육의 종류 즉, 한우, 젖소, 육우 등으로 구분하여 표시하고, 수입산의 경우는 원산지 국가명을 메뉴판이나 게시판 등에 표기해야 한다.

• 한국 : 외식업체의 원산지 표지 제도의 전면적 실시(2008년 12월 22일)

• 원산지를 표시하는 방법

국내산의 경우	수입산의 경우
식육의 종류인 한우, 젖소, 육우 등으로 구분하여 표시	원산지 국가명을 메뉴판이나 게시판 등에 표기

그림 8-36 **원산지**

(7) 판촉 용어(Merchandising terms)

때때로 메뉴 아이템을 묘사하기 위하여 과대문구를 사용함으로써 문제가 발생하는 경우가 있다. 통조림을 활용하여 만든 메뉴 아이템을 신선한 재료로 만든 것처럼 묘사해서는 안 된다.

통조림을 활용하여 만든 메뉴 아이템
신선한 재료로 만든 것처럼 묘사해서는 안 됨

(8) 보존상태(Preservation)

'fresh'라는 용어를 사용할 때는 주의해야 한다. 이러한 용어는 식재료가 냉동, 캔입, 병입 또는 건조 등의 상태가 아닌 경우에만 사용이 가능하다.

(9) 조리 방법(Means of preparation)

많은 고객들은 조리방법이 표기된 특별한 메뉴 아이템을 선택할지도 모른다. 건강에 관심이 많은 고객들은 기름에 튀긴 치킨요리보다는 구운 치킨요리를 더 선호한다.

건강에 관심이 많은 고객의 선호도

기름에 튀긴 치킨요리 < 구운 치킨요리

(10) 삽화와 이미지

레스토랑 운영자들은 메뉴에 조리된 음식 사진을 넣기를 좋아한다. 그리고 메뉴 보드에도 이러한 사진을 넣는 것을 선호한다. 사진 이용하기를 원한다면 실제 음식과 거의 유사한 사진을 사용하려는 노력이 필요하다.

(11) 영양소

1994년 중반부터 미국은 레스토랑들에 메뉴나 기타 이와 유사한 광고물에는 반드시 영양소 표기를 하도록 강제하고 있다. 또한 표준화된 용어에 대한 가이드라인을 따라야만 한다. 제공되는 메뉴에 'light'나 'lite와 같은 묘사를 사용하고자 한다면, 최소한 1/3 이상의 칼로리를 줄이거나 50% 이상의 지방을 줄여야 한다.

메뉴에 light나 lite와 같은 묘사를 사용하고자 할 경우

최소한 1/3 이상의 칼로리를 줄이거나 50% 이상의 지방을 줄여야 함

학습요약

① 외식업체에서 메뉴북은 단순한 차림표 이상의 역할을 수행한다. 최초의 판매수단, 마케팅 도구, 고객과의 약속, 내부 통제수단의 4가지 역할을 한다.

② 메뉴북 디자인 요소(메뉴북의 디자인에 꼭 필요한 성분 또는 조건)는 언어, 폰트와 배치, 조화, 크기와 포맷, 정확성, 관련성으로 구성된다.

③ 메뉴북 표현 요소(외식업체가 추구하는 목적을 달성하기 위하여 메뉴북에 포함되어야 하는 성분 또는 조건)는 음식을 준비하는 과정과 조리방법의 표현, 음식에 대한 시각적, 언어적 표현, 음식 각각의 브랜드 표현, 음식의 정체성 표현, 건강 및 영양요소에 대한 표현, 식재료와 보관방법에 대한 표현, 식재료 원산지와 구매방법에 대한 표현, 가격과 품질에 대한 표현으로 구성된다.

④ 미국 레스토랑 협회는 메뉴 표시를 위한 11개 항목의 정확성에 대한 내용을 제시하고 있다. 구체적으로는 ① 양(Quantity), ② 품질(Quality), ③ 가격(Price), ④ 브랜드명(Brand name), ⑤ 제품인증서(Product identification), ⑥ 원산지(Point of origin), ⑦ 판촉 용어(Merchandising terms), ⑧ 보존상태(Preservation), ⑨ 조리 방법(Means of preparation), ⑩ 삽화와 이미지, ⑪ 영양소 등이 있다. 국내에서도 원산지 표시 및 영양표시, 1인분의 양 등에 대한 규정이 있다.

연습문제

1 자신이 자주 가는 외식업체 중 3곳의 메뉴북(menu book)을 사진으로 찍은 후, 메뉴북의 디자인 요소와 표현 요소, 진실성 등에 대해 학습한 내용을 바탕으로 비교하고 실제 메뉴북 디자인이 외식업체의 이용 만족도에 미치는 영향을 평가해 보기 바랍니다.

2 최근의 원산지 표시 정책을 확인하고, 메뉴북에 원산지 표시를 어떻게 하는 것이 가장 이상적인지 사례를 들어 설명해 보기 바랍니다.

3 핀터레스트를 이용하여 관심 있는 업종과 업태의 메뉴북을 검색한 후, 가장 마음에 드는 메뉴북을 선택하여 메뉴북의 표현요소에 대하여 평가해 보기 바랍니다.

 9장

메뉴 마케팅

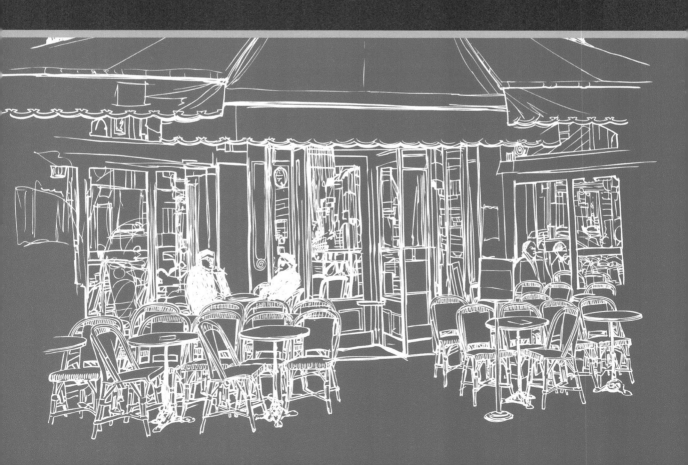

외식업체에서는 메뉴 마케팅을 단순히 메뉴를 많이 판매하여 매출을 증대시키는 활동쯤으로 이해하는 경우가 많다. 과거에는 메뉴를 맛있게 만드는 활동을 마케팅이라고 생각하였다. 즉 메뉴의 맛이 곧 매출을 결정하는 요소라고 여기고 맛있는 메뉴를 개발하여 판매하는데 집중하였다. 여기서 한 가지 문제가 있다. 맛이라는 요소가 매우 주관적이고 정성적이어서 사람마다 다르게 인식한다는 점이다. 절대적으로 맛있다는 메뉴도 시간이 지나면서 소비자에게 외면을 받고 결국 아무도 구매하지 않는 상황에 이르는 경우가 발생하기 시작했다. 이유는 외식업체의 치열한 경쟁 속에서 한계효용이 체감하거나 계속 새로운 메뉴가 출시되면서 기존고객이 이탈하기 때문이라고 볼 수 있다.

결국 외식업체의 메뉴는 맛이라는 요인 이외에도 다양한 요소를 다차원적으로 관리해야 소비자의 시험 구매에 이은 재구매가 반복적으로 이루어진다는 사실이 밝혀지고 있다. 그래서 외식업체는 목표고객에 적합한 메뉴의 가격, 촉진, 서비스, 물리적 증거 등의 요소를 적극적으로 관리할 필요가 있다.

1 메뉴 마케팅의 개요

1) 메뉴 마케팅의 정의

메뉴 마케팅이란 외식업체가 메뉴 계획, 개발, 평가 결과 판매가 확정된 메뉴를 대상으로 목표고객의 시험 구매를 유도하고 지속적인 재구매가 이루어지도록 만드는 총체적인 활동을 의미한다.

메뉴 마케팅

외식업체가 메뉴 계획, 개발, 평가 결과 판매가 확정된 메뉴를 대상으로 목표고객의 시험 구매를 유도하고 지속적인 재구매가 이루어지도록 만드는 총체적인 활동

그림 9-1 메뉴 마케팅의 정의

그림 9-2 **메뉴 마케팅을 위한 촉진활동**

    여기서 총체적인 활동이란 홍보, 광고, 판매촉진, 인적 판매, 스폰서십 마케팅, 구매시점 커뮤니케이션과 같은 촉진(promotion)활동을 의미한다. 즉 본서에서는 메뉴 마케팅을 메뉴의 촉진활동으로 정의하고 세부적으로 다루기로 한다.

2) 메뉴 마케팅의 중요성

외식업체들은 메뉴의 계획과 개발에는 많은 노력을 기울이는 데 반해, 판매를 위한 메뉴 마케팅 활동에는 적절한 투자를 하지 않는 경우가 많다. 외식업체를 알리는 점포 마케팅에는 적절한 투자를 하면서도 새롭게 개발하였거나 메뉴 분석을 통해 리뉴얼한 메뉴를 알리는 활동에는 인색한 경우가 많다. 특히 소상공인일수록 그런 현상은 두드러진다. 대기업의 경우 정기적으로 신메뉴를 출시하고 해당 메뉴를 적극적으로 마케팅하지만, 소규모 점포는 자원이 한정되어 있어 점포 마케팅에 투자하기도 어려운 실정이다.

    과거에는 외식업체를 경영하는 데 있어서 메뉴 마케팅이 필수적인 업무이기보다는 하나의 옵션에 불과했다. 마케팅이란 개념보다는 단순히 판매나 영업이 더 필요하다고 생각했다. 하지만 외식업체들의 경쟁이 치열해지면서 메뉴 마케팅은 다른 외식업체와의 경쟁에서 우위를 지키고, 더 높은 수익률을 달성하기 위해서 반드시 필요한 업무가 되

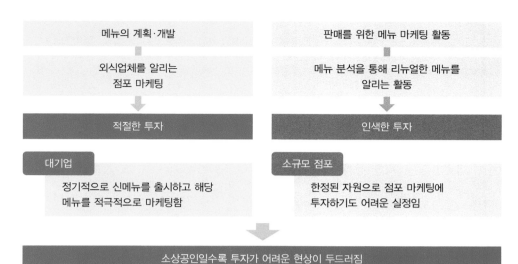

그림 9-3 **메뉴 마케팅의 중요성**

었다. 또, 고객에게 멋진 경험을 제공한다는 측면에서 메뉴 마케팅의 중요성이 강조되고 있다.

메뉴 마케팅에 성공하기 위해서는 다양한 특성의 고객 중에서 목표고객을 찾고 그들의 특성을 이해해야 한다. 그리고 목표고객에게 차별화된 가치를 제공할 수 있어야 한다. 즉 메뉴를 개발하여 출시하고 난 뒤 소비자를 찾지 말고, 먼저 소비자가 무엇을 원하는지 파악하고 그것을 어떻게 만들어야 할지를 연구한 후에 메뉴 개발에 착수해야 한다.

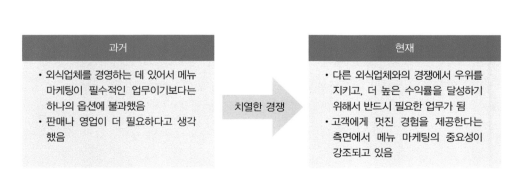

그림 9-4 **메뉴 마케팅에 대한 인식의 변화**

포럼 컴퍼니의 조사에 따르면, 신규고객을 창출하는 데 소요되는 비용을 100이라고 가정하면, 단골고객을 유지하는 데 소요되는 비용은 20 정도라고 한다. 또한 외식업체가 고객유지율을 5%만 증가시킬 수 있다면, 이익을 25%~85%까지 증대시킬 수 있다고 한다. 최근에 방문했던 외식업체에서의 경험을 떠올려보자. 만약 그 업체를 나올 때에 "메뉴가 훌륭하군."이라고 느꼈다면 재방문 가능성은 매우 낮아진다. 그 이유는 우리 주변에는 훌륭한 정도의 메뉴를 제공하는 외식업체가 너무나 많기 때문이다. 반면에 귀하가 외식업체를 나오면서 "이 점포의 메뉴는 정말 특별하군."이라고 말했다면 머지않은 시기에 다시 방문하게 될 가능성이 높아진다. 또한 행복했던 시간을 다른 사람과 공유하기 위하여 지인을 데리고 가든지 아니면 인터넷 등을 이용하여 주변에 전파하고 적극적으로 방문해 볼 것을 권하게 될 것이다.

이상의 이유로 인하여 국내외 모든 외식업체들은 치열한 경쟁 속에서 고객을 유치하기 위해 매우 공격적인 메뉴 마케팅 활동을 펼치고 있다. 그들은 광고 에이전시나 홍보업체에서 일했던 경험이 있는 관리자를 고용하기도 하며, 마케팅 활동에 많은 비용을 지출하기도 한다. 반면에 중소규모의 외식업체는 별도의 마케팅 자원이 거의 없다. 이러한 외식업체의 경영자들은 그들이 가진 자원을 더욱 효율적으로 사용할 수 있어야만 하기 때문에 메뉴 마케팅에 대한 전반적인 지식과 함께 다양한 경험을 기반으로 한 창조적인 마케팅 전략을 끊임없이 찾아야 한다. 결과적으로 외식업체에 메뉴 마케팅이 필요한 이유는 목표고객을 이해하고, 그들이 메뉴를 구매하도록 만들기 위한 다양한 촉진활동을 창출함으로써 외식업체의 목표를 달성하기 위해서이다.

3) 성공적인 메뉴 마케팅을 위한 사전작업

수익성이 높고 소비자가 선호하는 메뉴를 개발하기 위해서는 기존의 메뉴들을 다른 관점에서 바라보는 것이 필요하다. 서로 다른 메뉴들을 연결시켜 보는 것도 유용하다. 독창적이면서 경쟁력을 갖춘 메뉴 개발을 위한 선행과정으로는 기존 메뉴를 분석하고 새롭게 창조하는 작업이 요구된다.

(1) 기존 메뉴 및 목표고객 분석

메뉴 마케팅을 성공적으로 하기 위해서는 먼저 이미 성공한 메뉴의 장점과 단점을 분석해야 한다. 예를 들면 국수 메뉴를 개발하기 위해 벤치마킹 대상인 육쌈냉면을 분석하여 고기를 굽기 위한 설비 등이 단점으로 작용함을 파악하였다. 주택가나 오피스 상권의 경우 고기 굽는 연기와 냄새를 제거해야 하는 문제가 있다. 즉 설비 비용이 과다하게 소요된다.

국수 메뉴를 개발하기 위해 육쌈냉면 벤치마킹	
단점 : 고기를 굽기 위한 설비 비용	주택가나 오피스 상권의 경우 고기 굽는 연기와 냄새를 제거해야 함 ➡ 설비 비용이 과다하게 소요됨

그림 9-5 **성공적인 메뉴 마케팅을 위한 벤치마킹의 예**

두번째는 메뉴의 트렌드를 분석해야 한다. 예를 들면, 최근에는 국수 메뉴를 이용하거나 떡볶이와 같은 분식류의 프랜차이즈가 증가하고 있다. 이런 현상은 국수와 분식류가 대세임을 말해 준다. 소자본으로 창업이 가능한 대표적인 업종이기 때문이다.

국수 메뉴 및 분식류의 프랜차이즈 증가	
업종의 특징	소자본으로 창업이 가능한 대표적 업종

그림 9-6 **성공적인 메뉴 마케팅을 위한 트렌드 분석의 예**

세번째는 목표고객을 분석해야 한다. 예를 들면, 창업하려는 음식점의 상권과 입지를 고려한 목표고객을 명확하게 판단해야 개발하려는 메뉴의 특성을 정할 수 있다. 목표고객의 소득수준과 외식성향 등을 통해 메뉴의 유형을 정한다.

음식점의 상권 및 입지를 고려한 목표고객을 명확하게 판단해야 함
• 개발하려는 메뉴의 특성을 정할 수 있음 • 목표고객의 소득 수준과 외식 성향 등을 통해 메뉴의 유형을 정함

그림 9-7 **성공적인 메뉴 마케팅을 위한 목표고객 분석의 예**

마지막으로 점포의 능력을 분석한다. 자신이 직접 개발하든지 아니면 주방장이 개발하든지 스스로의 능력에 적합한 메뉴를 개발해야 한다. 한식 전문가가 양식을 고려한다거나 전혀 경험하지 못한 분야의 메뉴를 고려하는 것은 매우 위험하다.

(2) 메뉴 개발 아이디어를 위한 브레인스토밍

성공적인 메뉴 개발과 판매를 위해서는 외식업체 경영자, 관리자, 영업직원, 조리직원들의 브레인스토밍이 필요하다. 브레인스토밍은 다음과 같은 두 가지 사항에 유의하여 진행한다.

첫째, 최대한 다양한 메뉴를 제시하도록 한다. 브레인스토밍에 참여하는 사람들은 사전에 많은 메뉴를 경험해 보고 성공적인 메뉴를 취급하는 음식점을 직접 방문하여 시식을 하면서 고객들의 반응을 직접 관찰하는 것이 필요하다.

둘째, 고정관념에서 탈피해야 한다. 이 세상에는 우리가 먹어 보았거나 경험한 메뉴만 존재하는 것은 아니다. 인간이 생각하는 모든 것이 메뉴가 될 수 있다. 한식과 일식을 접목하거나 한식과 인도음식을 접목해 훌륭하고 참신한 메뉴를 창조할 수도 있다.

셋째, 완전히 다른 메뉴들을 접목해 본다. 육류와 해산물을 접목한다거나 면요리와 육류요리를 접목시키는 것처럼 평소에는 결합시키지 않던 식재료를 결합하여 완전히 새로운 메뉴를 창조하는 것이 필요하다. 짬뽕 전문점에서 전복을 넣은 짬뽕을 만들고 스파게티를 접목하여 크림짬뽕을 만드는 것이 그 예라고 할 수 있다.

2 메뉴 마케팅을 위한 촉진활동

1) 광고

광고란 소비자를 대상으로 제품과 서비스의 판매 또는 기업이나 단체의 이미지 증진 등을 목적으로 이에 필요한 정보를 비인적 매체를 통하여 유료로 전달하는 커뮤니케이션 행위를 의미한다.

광고

소비자를 대상으로 제품과 서비스의 판매 또는 기업이나 단체의 이미지 증진 등을 목적으로 이에 필요한 정보를 비인적 매체를 통하여 유료로 전달하는 커뮤니케이션 행위

그림 9-8 **광고의 정의**

따라서 광고는 광고주가 비용을 지불하는 형태로 진행된다. 광고는 대량커뮤니케이션이 가능한 TV, 라디오, 신문, 잡지와 같은 대중매체를 활용하는 것은 물론이고 특정 기업이나 개인을 대상으로 하는 다이렉트 커뮤니케이션도 포함하는데, 최근에는 오프라인 매체와 온라인 매체로 광고 유형을 나누기도 한다. 광고는 다수의 대중에게 짧은 시간 내에 정보를 알리고자 할 때 유용하며, 전체 금액은 고액이라 해도 고객 1인당의 비용으로 환산하면 저렴하다는 장점이 있다. 또한 경쟁시장에서 정보의 늦은 전달이 곧 패배로 직결되는 경우 광고가 대량으로 전달되는 효과를 생각한다면 광고비용은 그에 비해 비교적 낮다고 할 수 있다. 외식업체들도 자사 제품을 일시에 널리 알리는 데 광고를 활용할 수 있다.

반대로 소비자가 광고를 통해 얻는 정보는 간접적이기 때문에 광고를 통해 제품 구매를 설득시키는 데는 한계가 있다는 점에 유의해야 한다. 단순히 광고만으로 높은 매출액을 올리거나 고객충성도를 높이겠다는 것은 위험한 발상이다. 광고는 판매자가 소비자에게 메시지를 반복해서 보여줌으로 대중의 무의식 속에 자리매김하는 하나의 수단이며, 구체적으로 표현하기 위하여 소리, 컬러, 인쇄 등을 이용한다.

그림 9-9 **광고의 구체적 표현을 위한 이용 수단**

따라서 광고는 특정 상품과 서비스의 판매를 위한 목적도 있지만 외식업체 브랜드의 인지도와 호감도를 높이기 위한 목적이 점점 커지고 있는 상황이다.

> **POINT** 특정 상품과 서비스의 판매를 위한 목적도 있지만, 외식업체 브랜드의 인지도와 호감도를 높이기 위한 목적이 점점 커지고 있는 상황임

광고에 활용하는 매체는 TV, 신문, 잡지, 라디오, 인터넷 등 다양하다. 광고매체는 유형별로 특징과 장단점이 있으므로 외식업체와 목표고객의 특성 등을 고려하여 통합적으로 활용하는 지혜가 필요하다. 잡지는 반복적으로 외식업체의 이미지를 효과적으로 알리는 수단이 되므로 목표고객들이 해당 잡지를 읽고 있는지 확인해야 한다. 라디오와 텔레비전은 가장 대중적인 방송매체로 불특정다수의 사람들에게 호소할 수 있어 효과가 크지만 비용이 많이 드는 단점이 있다. 인터넷 광고는 적은 비용으로 많은 소비자를 만날 수 있으며, 고객의 반응도 바로 파악할 수 있다는 장점이 있다. 대표적인 유형으로 인터렉티브 미디어(interactive media) 방식과 배너 광고(banner advertising)가 있

그림 9-10 **외식업체 잡지 광고 매체 사례**

다. 인터렉티브 미디어 광고가 인터넷의 쌍방향성을 활용하여 목표고객을 분석한 후 차별적으로 광고를 하는 것인데 반하여, 배너 광고는 관심이 있는 사람이 클릭하여 자사의 홈페이지에 접속하도록 하는 것으로 가장 광범위하게 쓰이고 있다.

IT기술이 발달하고 고객정보의 축적이 가능해지면서 외식업체의 광고는 대중매체를 이용한 대량마케팅에서 표적고객을 대상으로 하는 다이렉트 광고와 데이터베이스 마케팅으로 변화하고 있다. 외식업체의 경우도 효과적이고 효율적인 광고를 위해서는 전략이 필요하다. 광고전략을 수립하는 과정은 〈그림 9-11〉과 같다.

광고의 전략적 역할 및 목표 수립	
환경분석을 통해 광고가 해결해야 할 과제 도출	촉진 믹스들의 전략적 역할 배분

광고 콘셉트의 개발	
목표 고객에게 전달하고자 하는 핵심가치 전달	목표 고객의 특징과 경쟁적 차별화 포인트 발굴

크리에이티브 아이디어 구현	
창조적인 표현 방식 찾기	구체적인 표현 아이디어 구현

그림 9-11 **광고전략 수립 프로세스**
자료 : 김동훈 외(2003), 촉진관리

2) 홍보

홍보(public relations, publicity)는 불특정 다수를 대상으로 하는 비인적 커뮤니케이션으로 광고와 유사한 특징을 가지고 있지만 비용을 지불하지 않는다는 점에서 차이가 있다.

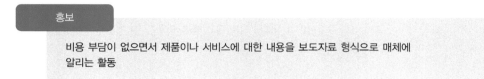

홍보

비용 부담이 없으면서 제품이나 서비스에 대한 내용을 보도자료 형식으로 매체에 알리는 활동

그림 9-12 **홍보의 정의**

따라서 기사나 뉴스에서 상품이나 서비스에 대한 정보의 형태로 제시되기 때문에 광고에 비하여 정보에 대한 신뢰성이 높다는 장점이 있다. 대체로 홍보메시지는 신문, 잡지, 라디오와 같은 대중매체를 통하여 뉴스나 공지사항으로 제시된다.

홍보
메시지

신문
잡지
라디오

대중매체를 통하여 뉴스나
공지사항으로 제시되어
신뢰성 높음

그림 9-13 **홍보 매체의 특징**

최근 외식업체들은 광고비가 상승함에도 불구하고 오히려 효과가 저하되고 있다는 판단을 하면서 광고보다 홍보와 다른 촉진믹스 요소를 통합할 필요성을 인지하게 되었다. 홍보활동은 외식업체 브랜드 인지도를 제고하고, 소비자에 대한 정보 제공 및 교육, 기업 및 상품에 대한 이해 증진, 신뢰의 구축, 소비자에 대한 구매 동기의 부여 등의 이점을 제공하고 있다.

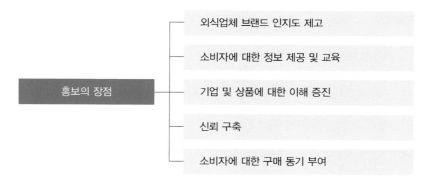

	외식업체 브랜드 인지도 제고
홍보의 장점	소비자에 대한 정보 제공 및 교육
	기업 및 상품에 대한 이해 증진
	신뢰 구축
	소비자에 대한 구매 동기 부여

그림 9-14 **홍보의 장점**

그림 9-15 **TV 맛집 프로그램 홍보 사례**
자료 : KBS 2TV 생생정보

봉평 메밀마을, 평창 가볼만한 곳으로 관광객들에게 호평

매콤 달콤한 메밀 막국수, 고소한 메밀묵 등 메밀은 전국민이 사랑하는 음식 중 하나이다. 전국에 다양한
메밀 생산지가 있지만, 그 중에도 특히 강원도 평창의 봉평 메밀은 전국의 미식가들도 손에 꼽을 정도로
그 맛을 인정하고 있다. 실제 봉평은 전국 최대 메밀 생산지 중 한 곳으로 소설 '메밀꽃 필 무렵'의 배경
으로도 잘 알려져 있다.
메밀로 유명한 봉평 메밀마을이 최근 평창 여행코스, 강원도 평창 봉평 맛집, 휘닉스파크 맛집 등으로 화
제가 되며 새로운 전성기를 맞이하고 있다.

그림 9-16 **봉평 9대 맛집 인터넷 신문 홍보 사례**
자료 : 헤럴드경제(2015. 7. 30)

3) 판매촉진

판매촉진(sales promotion)이란 구매자의 즉각적인 행동 유발이나 단기적인 매출 증대를 위한 모든 형태의 마케팅 커뮤니케이션 활동을 의미한다. 대체로 다른 촉진도구의 기능을 보완하기 위하여 설계되는 활동으로 쿠폰, 견본(샘플), 프리미엄, 추첨이나 경품, 트레이딩 스탬프, 리베이트, 전시회 등은 판매촉진으로 분류될 수 있는 대표적인 예이다. 판매촉진은 약칭으로 '판촉'이라고 표현하기도 한다.

> **판매촉진**
>
> 구매자의 즉각적인 행동 유발이나 단기적인 매출 증대를 위한 모든 형태의 마케팅 커뮤니케이션 활동(약칭 : 판촉)

그림 9-17 **판매촉진의 정의**

판매촉진은 매우 다양하고 광범위하기 때문에 구체적인 분류 기준이 존재하지는 않지만 주어지는 혜택이 가격 혜택에 가까운지, 아니면 비가격적인 혜택인지에 따라서 가격 지향적 판매촉진과 비가격 지향적 판매촉진으로 나눌 수 있다. 그 외에 물리적 증거를 활용한 판매촉진 등의 세부적인 내용을 살펴보면 다음과 같다.

그림 9-18 **판매촉진의 분류**

(1) 가격 할인

메뉴의 가격을 낮추는 것으로 주로 외식업체의 이용을 증대시키기 위하여 사용된다. 고객이 인식하는 구매 가능성을 증대시키며, 때로는 제값에 구매하려는 고객에게까지도 가격 할인을 하는 결과가 되기도 한다. 가격 할인은 수요의 분산을 위해 사용하기도 한다. 예를 들어 저녁이나 주말에는 가격이 비싸지만 평일 점심에는 가격을 할인하면 가능한 고객들은 평일 점심으로 시간을 조정할 것이다.

가격 할인 시 주의할 점은 할인가격이 준거가격(reference price)으로 인식되지 않도록 해야 한다. 제값을 주고 식사하는 사람들이 상대적으로 손해를 본다는 느낌이 들지 않도록 주의해야 하며, 가격 할인이 지속적으로 반복되거나 동종업체들과 경쟁적으로 가격경쟁이 일어날 경우 수익성이 악화되고 브랜드 이미지가 훼손될 가능성도 염두에 두어야 한다.

그림 9-19 **신메뉴 출시 기념 가격 할인 사례**

(2) 마일리지

마일리지는 지속적인 구매를 유도하기 위해 서비스를 이용한 고객에게 보상해주는 제도로, 외식업체에서 가장 많이 활용되는 판매촉진 도구 중 하나이다. 주로 사용한 금액의 포인트를 적립해 금액에 해당하는 선물을 제공하거나 누적된 포인트를 현금처럼 사용할 수 있는 혜택을 제공한다. 본아이에프의 본포인트는 모든 브랜드의 포인트를 통합적으로 누적하여 현금처럼 사용할 수 있는 혜택을 제공하고 있다.

그림 9-20 **Syrup 통합형 적립카드 사례**

(3) 무료샘플/견본

잠재고객들에게 무료로 서비스를 시험할 기회를 주는 것으로 패스트푸드와 같은 물리적 서비스 상품의 경우는 샘플을 효과적으로 사용할 수 있다. 예를 들어 음료수나 샐러드 등의 무상 제공은 신규 고객의 확보에 효과적일 수 있다.

그림 9-21 **맥도날드의 커피 무료샘플 사례**

(4) 경품/경연대회

경연에 있어서 참가자들은 쿠키 만들기, 요리대회 등과 같이 어떠한 요건을 만족시키는 기술을 바탕으로 하여 경쟁을 하는데, 간혹 신제품의 이름이나 기존제품의 신용도를 제안하도록 요구받기도 한다. 이에 반하여 추첨에서는 참가자들이 수상자 추첨에 포함되기 위하여 적절한 양식에 그들의 이름을 적어 제출하기만 하면 된다.

경연과 추첨은 생산자의 마케팅 프로그램에 소비자들을 직접 참여시켜 관심을 높일 뿐 아니라, 수요가 저조한 제품이나 광고 캠페인에 새로운 활기를 더할 수 있다. 쿠폰이 가격에 민감한 고객에게 효과적인 촉진수단인 데 반해, 경연대회와 경품은 자극과 재미를 좋아하는 고객에게 적절한 촉진수단이 되는데, 효과적이기 위해서는 흥미 있고 자극적이어야 한다. 대부분의 행사에 참여하는 고객들은 경품 자체에도 관심이 있지만 이기기를 좋아하는 사람들이기 때문이다.

그림 9-22 **경품 이벤트 사례**

(5) 프리미엄

특정한 제품을 구매한 고객에게 감사의 뜻으로 무료 또는 염가로 제공하는 사은품 또는 서비스이다. 이러한 프리미엄은 제품 자체의 효익으로부터 소비자의 관심을 빼앗아 갈 가능성이 있으나 경쟁제품의 구매자로 하여금 자사의 제품을 사용케 하여 상표대체를 유도하거나 현재의 고객으로 하여금 사용률을 증대하도록 격려하기 위하여 실시된다.

또한 프리미엄은 소비자에게 쉽게 인식될 수 있어야 하며, 상표 이미지와 일치해야 효과를 거둘 수 있다.

그림 9-23 **일정 금액 이상 구매 시 제공하는 프리미엄 사례**

(6) 쿠폰

쿠폰(coupon)이란 외식업체에 제시했을 때, 소비자가 특정한 제품이나 서비스를 구매함에 있어서 일정한 혜택을 제공받을 수 있도록 하는 증명이다. 이러한 쿠폰은 대체로 소비자에게 가격에 대한 혜택을 제공하기 위한 수단이며, 직접 우편이나 신문이나 잡지 등의 인쇄된 간행물을 통하여, 또는 제품포장의 표면이나 내부를 통하여 외식업체가 잠재고객에게 배포한다.

쿠폰은 여러 가지의 목적을 위하여 이용되는데 소비자로 하여금 새로운 또는 개선된 제품을 사용케 하거나, 최초 이용 후 신제품의 반복구매를 격려하거나 기존제품의 사용 빈도를 증대시키기 위하여 이용된다. 또한 쿠폰은 가격인하 혜택에 민감한 고객에게만 가격을 인하하고 다른 고객에게는 정상적인 가격이 적용되는 효과를 내며, 대체로 판매촉진의 기한을 규정함으로써 즉각적인 구매를 유인할 수도 있다.

그림 9-24 **맥도날드의 1+1 쿠폰 사례**

(7) 메뉴모형 쇼케이스

메뉴모형 케이스는 고객에게 자기 점포의 메뉴 내용을 알려주는 중요한 도구의 역할로 깨끗하게 잘 진열된 샘플 케이스는 점포의 세일즈맨의 역할을 하며 고객에게 점포의 첫 인상을 결정하게 하는 요소가 된다. 샘플 케이스는 가능한 고객의 눈에 띄게 제작하도록 하고, 내부에 전등을 설치해 메뉴 샘플이 잘 보이도록 한다.

그림 9-25 **메뉴모형 쇼케이스 사례**

(8) 아이캐처

아이캐처(EyeCatcher)는 점포의 전반적인 이미지업(image up) 전략과 연결되는 촉진도구이다. 고객들은 KFC의 할아버지 형상이나 맥도날드의 황금아치와 같은 상징물만으로도 해당점포를 알 수 있다. 점포의 외관뿐만 아니라 점포 내에 어떤 상징성이 있는 설치물을 제시하는 것 또한 아이캐처에 해당한다.

그림 9-26 **아이캐처 사례**

(9) 플래카드

플래카드에는 점포 개점 1~2개월 전부터 공사 중에 개점을 알리는 내용이나 연말연시에 단체예약을 알리는 내용, 특별히 고객에게 알리고자 하는 내용 등을 담는다. 적은 비용과 단기간의 준비로 사용이 가능하다는 점에서는 유용하지만 관리적인 측면에서

그림 9-27 **운정 렛잇고기 플래카드 사례**   그림 9-28 **북창동 순두부의 테이블 텐트 사례**

문제가 발생할 소지도 많이 있다. 재질과 제작 형태에 따라 차이가 있으나 설치 후 다양한 오염에 의해 손상될 수 있으며, 시간이 지남에 따라 보기 흉해질 경우 오히려 나쁜 인상을 줄 수 있으므로 관리를 철저히 해야 한다.

(10) 테이블 텐트

테이블 위에 설치한 소형(삼각형) 메뉴판으로 고객에게 식욕자극제로서 효과가 있다. 새로운 계절요리 개발이나 이벤트를 실시할 때에 효과가 있다.

4) 인적 판매

인적 판매(personal selling)란 판매를 목적으로 1명 또는 그 이상의 잠재고객과의 대화를 통해 구두로 상호 소통하는 것을 말한다. 판매원이 잠재고객을 대면 접촉하여 수행하는 제품, 서비스 또는 아이디어의 제시로서 전화판매뿐 아니라 모든 유형의 판매원 활동을 지칭하며 산업고객, 중간상인, 최종소비자에 대한 접촉까지를 포괄한다.

판매를 목적으로 1명 또는 그 이상의 잠재고객과의 대화를 통해 구두로 상호 소통하는 것

그림 9-29 **인적 판매의 정의**

인적 판매는 소비자가 제품에 대한 모든 정보를 충분하게 갖고 있을 때 구매결정을 하도록 설득시키는 데 가장 영향력 있는 촉진 수단이다. 구매를 효과적으로 촉진하기 위해 자사 상품의 경쟁적 차별점을 효과적으로 설명할 때에 필요한 커뮤니케이션 수단이 된다. 또한 판매원은 필요, 욕구, 동기 또는 각 고객의 행동에 알맞은 판매 제시(sales presentation)를 할 수 있으며 다른 촉진방법보다 훨씬 효과적으로 표적시장에 접근하는 기회를 갖는다.

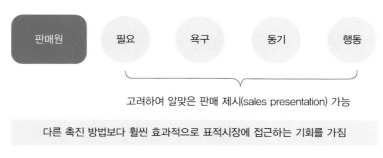

고려하여 알맞은 판매 제시(sales presentation) 가능

다른 촉진 방법보다 훨씬 효과적으로 표적시장에 접근하는 기회를 가짐

그림 9-30 **인적 판매의 장점**

5) 스폰서십 마케팅

스폰서십 마케팅(sponsorship marketing)이란 외식업체나 외식업체의 브랜드를 사회공헌활동이나 다른 기관의 이벤트와 연결시킴으로써 소비자들로 하여금 외식업체에 대한 관심을 제고시키는 커뮤니케이션 활동이다.

스폰서십 마케팅

외식업체나 외식업체의 브랜드를 사회공헌활동이나 다른 기관의 이벤트와 연결시킴으로써 소비자들로 하여금 외식업체에 대한 관심을 제고시키는 커뮤니케이션 활동

그림 9-31 **스폰서십 마케팅의 정의**

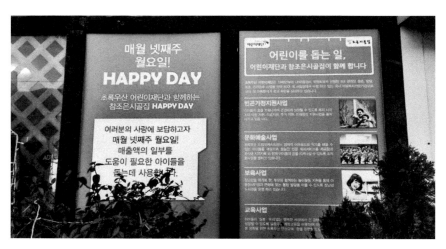

그림 9-32 **순천 참조은시골집 스폰서십 마케팅 사례**

6) 구매시점 커뮤니케이션

구매시점 커뮤니케이션(point of purchase communication)은 구매시점에서 소비자의 구매의사 결정에 영향을 미칠 목적으로 외식업체들이 사용하는 커뮤니케이션 도구를 의미한다. 예를 들면 매장 내의 POP, 디스플레이, 포스터, 각종 사진 등이 대표적이다.

구매시점 커뮤니케이션

구매시점에서 소비자의 구매의사 결정에 영향을 미칠 목적으로 외식업체들이 사용하는 커뮤니케이션 도구

그림 9-33 **구매시점 커뮤니케이션의 정의**

그림 9-34 **성심당의 POP 사례**

지금까지 외식업체의 촉진을 위해 사용할 수 있는 6가지 수단에 대한 구체적인 내용을 살펴보았다. 각각의 특징과 세부적인 방법들을 정리하면 〈표 9-1〉과 같다. 촉진을 마케팅 커뮤니케이션이라고 하는 이유는 다양한 마케팅 활동 중에서 외식업체와 소비

표 9-1 **다양한 메뉴 마케팅의 특징과 방법**

구분	특징	방법
광고	외식업체가 많은 비용을 부담하여 단시간에 큰 시장을 대상으로 알리는 데 효과적인 활동	TV, 라디오, 신문, 잡지 광고
판매촉진	특정 목적에 의한 일방적 커뮤니케이션으로, 단기적 인센티브로 강하고 신속한 반응을 얻을 수 있는 활동	쿠폰, 할인, 경품 등
인적 판매	판매원을 매개로 하는 촉진수단으로 면대면 판매 활동	영업사원에 의한 판매 활동
홍보	외식업체의 비용 부담이 없으며, 제품이나 서비스에 대한 내용을 보도자료 형식으로 매체에 알리는 활동	라디오, TV, 신문 등의 기사, 강연활동 등
구매시점 커뮤니케이션	구매시점에서 소비자의 구매의사 결정에 영향을 미칠 목적으로 외식업체들이 사용하는 커뮤니케이션 도구	POP, 디스플레이, 포스터, 각종 사진
스폰서십 마케팅	사회공헌활동이나 타 기관의 이벤트와 연결시킴으로써 관심을 제고시키는 커뮤니케이션 활동	사회공헌활동, 다른 기관의 이벤트 연계

자가 상호 소통하는데 가장 적극적인 역할을 하는 도구들의 집합이기 때문이다. 그리고 그러한 커뮤니케이션은 한두 개의 수단을 이용하기보다는 통합적으로 활용할 때 최고의 효과를 낼 수 있다. 외식업체의 마케터들은 촉진믹스를 구성하는 다양한 도구를 자신들이 수립한 마케팅 목표를 달성할 수 있는 최적의 결합으로 만들어서 활용해야 한다.

학습요약

1 메뉴 마케팅이란 외식업체가 메뉴 계획, 개발, 평가 결과 판매가 확정된 메뉴를 대상으로 목표고객의 시험 구매를 유도하고 지속적인 재구매가 이루어지도록 만드는 총체적인 활동을 의미한다. 여기서 총체적인 활동이란 홍보, 광고, 판매촉진, 인적 판매, 스폰서십 마케팅, 구매시점 커뮤니케이션과 같은 촉진(promotion) 활동을 의미한다.

2 메뉴 마케팅에서 광고란 소비자를 대상으로 제품과 서비스의 판매 또는 기업이나 단체의 이미지 증진 등을 목적으로 이에 필요한 정보를 비인적매체를 통하여 유료로 전달하는 커뮤니케이션 행위를 의미한다.

3 홍보는 비용 부담이 없으면서 제품이나 서비스에 대한 내용을 보도자료 형식으로 매체에 알리는 활동을 의미한다.

4 판매촉진이란 구매자의 즉각적이고 행동 유발이나 단기적인 매출 증대를 위한 모든 형태의 마케팅 커뮤니케이션 활동을 의미한다.

5 메뉴 마케팅에서 구매시점 커뮤니케이션이란 구매시점에서 소비자의 구매의사 결정에 영향을 미칠 목적으로 외식업체들이 사용하는 커뮤니케이션 도구를 의미하고, 스폰서십 마케팅은 사회공헌활동이나 타 기관의 이벤트와 연결시킴으로써 관심을 제고시키는 커뮤니케이션 활동을 의미한다.

연습문제

1 메뉴 마케팅에 대해 정의하고 본인이 운영하는 음식점(없는 경우 관심 있는 음식점)에서 진행하고 있는 메뉴 마케팅의 총체적 활동의 사례를 정리한 후 효과성 여부를 평가해 보기 바랍니다.

2 학습한 메뉴 마케팅을 위한 촉진 중 판매촉진 방법 10가지를 항목별로 실제 사례를 조사하고 사진을 찍어서 정리한 후, 촉진의 효과성 여부를 평가해 보기 바랍니다.

3 구매시점 커뮤니케이션 사례를 5가지 이상 현장에서 직접 조사하고 사진으로 정리한 후, 효과성 여부를 평가해 보기 바랍니다.

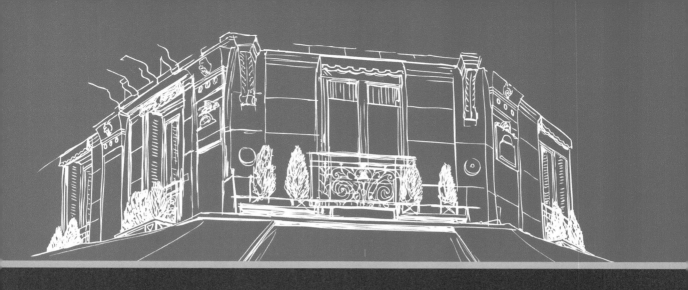

10장

메뉴 인터넷 마케팅

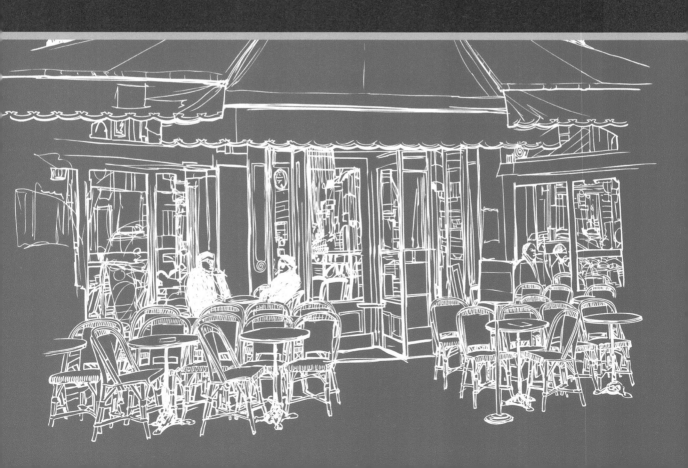

학습내용

1. 인터넷 마케팅의 개요
2. 메뉴 인터넷 마케팅을 위한 매체의 이해
3. 메뉴 인터넷 마케팅 사례

학습목표

● 인터넷 마케팅의 개념과 특징을 설명할 수 있다.
● 메뉴 인터넷 마케팅을 위하여 활용 가능한 인터넷 매체의 유형과 특징
  을 설명할 수 있다.
● 메뉴 인터넷 마케팅 활용 사례를 이해하고 직접 활용할 수 있는 능력을
  갖춘다.

1 인터넷 마케팅의 개요

1) 인터넷 마케팅의 정의

인터넷 마케팅이란 그동안 미디어 매체나 오프라인 공간에서 주로 이루어지던 기업들의 마케팅 활동이 인터넷이라는 온라인 공간에서 이루어지는 것을 의미한다. 그런데 외식업체들의 인터넷 마케팅 활동을 살펴보면, 인터넷 마케팅 대행회사에 의뢰하여 블로그에 후기를 올리거나 페이스북에서 이벤트를 실시하는 정도가 인터넷 마케팅의 전부라고 생각하는 경우가 많다는 사실을 발견하게 된다.

인터넷 마케팅

외식업체가 수익창출을 목적으로 SNS와 같은 다양한 인터넷 매체를 이용하여 제품과 서비스에 대한 정보를 전략적으로 소통하는 활동

그림 10-1 **인터넷 마케팅의 정의**

또한 현재 현장에서 행해지고 있는 인터넷 마케팅을 보면 그 공간이 오프라인에서 온라인으로 변경되었다는 것 외에는 주로 기업이 전달하고자 하는 메시지를 일방적으로 소비자에게 푸시(push)하는 프로세스로 이루어졌다는 점에서 기존의 오프라인 마케팅과 별다른 차이가 없어 보인다.

2) 인터넷 마케팅의 특징

인터넷 마케팅은 단순히 오프라인에서 하던 활동을 온라인으로 공간만 변경하는 마케팅 활동이 아니다. 오프라인이라는 공간과 온라인이라는 공간의 특성이 큰 차이를 가지고 있기 때문이다. 이러한 차이점을 좀 더 세부적으로 이해하기 위하여 최근의 인터넷 마케팅 환경의 변화와 특징을 살펴보면 다음과 같다.

첫째, 사람들의 관심이 TV, 신문과 같은 대중 미디어나 기업의 홈페이지 등에서 블로그, 페이스북, 카카오스토리, 인스타그램과 같은 SNS(social network service)로 옮겨가고 있다.

둘째, 기업들의 브랜드를 대중에게 알리려는 브랜드 커뮤니티가 오프라인에서 온라인 공간으로 집중되고 있으며, 온라인 공간은 일방적으로 보여주고 검색에 의존하던 형태에서 SNS(social network service)로 이동하고 있다.

셋째, 온라인 공간에서의 마케팅 활동은 오프라인 공간에서의 활동에 비하여 중소기업이나 소상공에게도 낮은 비용으로 큰 기회를 만들어 낼 수 있게 해준다. 즉 인터넷 마케팅을 이용하면 시간과 공간을 초월하여 많은 사람들에게 쉽게 정보를 확산시킬 수 있다.

넷째, 이미지나 동영상 등을 이용하여 자신만의 차별화된 콘텐츠로 많은 사람들로부터 관심을 받고 인기를 얻을 수 있다.

다섯째, 인터넷 마케팅의 핵심적인 성공요인은 진정성과 지속성이며, 정보를 생산하여 저장하는 형태의 블로그를 기반으로 카카오 시리즈, 페이스북, 트위터, 인스타그램 등을 이용하여 효율적으로 정보를 유통시킬 수 있다.

이처럼 급변하는 인터넷 환경 속에서 마케터들이 관심을 기울이고 활용해야 하는 인터넷 마케팅을 정리하여 보기로 한다.

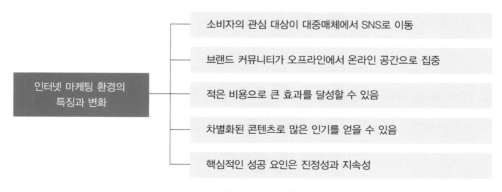

그림 10-2 **인터넷 마케팅 환경의 특징**

3) 인터넷 마케팅을 위한 시장세분화와 타깃

오프라인 마케팅에서와 같이 인터넷 마케팅에서도 시장을 세분화한 후에 목표고객을 설정하는 과정이 가장 먼저 이루어져야 한다. 목표고객은 하나의 집단만을 선택하는 경우도 있지만 다양한 계층을 선정해야 하는 경우도 있으므로 각각의 목표고객들이 주로 활동하는 인터넷 공간을 확인하는 작업과 해당 매체를 활용하는 내역 확인 작업이 선행되어야 한다. 〈표 10-1〉은 인터넷 마케팅을 위하여 목표고객을 설정하고 고객별 활용 매체와 주로 이용하는 인터넷 매체에서 하는 활동을 파악하는 양식이다.

표 10-1 **인터넷 마케팅 목표고객별 활용 매체와 내용**

목표고객	주요 활용 매체	주요 활동 내용
평일 점심 : 30~40대 주부	네이버 통합검색 네이버 블로그 네이버 카페 다음 카페	• 단순 맛집 검색 • 지역 맘 카페 검색과 의견 개진 • 차별화된 음식점에 대한 소극적인 포스팅
평일 저녁 : 30대 직장인	네이버 통합검색 네이버 블로그 페이스북	• 단순 맛집 검색 • 차별화된 음식점에 대한 소극적인 포스팅 • 페이스북 체크인 등
주말 점심 : 20대 연인	네이버 통합검색 네이버 블로그 페이스북 인스타그램 망고플레이트 등 앱	• 적극적인 맛집 검색 • 방문 음식점에 대한 적극적인 포스팅 • 페이스북 체크인 등 • 인스타그램 검색 및 사진 올리기
주말 저녁 : 30~50대 가족	네이버 통합검색 네이버 블로그 페이스북 인스타그램	• 적극적인 맛집 검색 • 차별화된 음식점에 대한 소극적인 포스팅 • 페이스북 체크인 등 • 인스타그램 검색 및 사진 올리기

자료 : 이상배(2013). 마키디어의 소셜 마케팅 정석. p.24 재구성

인터넷 마케팅은 기업의 존폐가 걸린 행위이며 지속가능하게 유지해야 할 전략 활동임을 반드시 인지해야 한다. 따라서 온라인 마케팅에 관한 근본적인 이해가 없이 단순히 파워 블로거 또는 영향력 있는 이익집단의 콘텐츠를 구매하는 일은 지양해야 한다.

인터넷 마케팅을 담당하는 직원들은 기존의 틀에 박힌 프로세스에서 벗어나 스스로 콘텐츠를 기획하고 생산하는 역할에 많은 비중을 두어야 한다. 또한 인터넷 마케팅은 외부의 자원을 활용하기보다는 내부자원을 활용해야 한다. 그래서 인터넷 마케팅은 최소 6개월에서 1년까지의 초기 투자기간이 필요하다. 이 기간은 기업의 브랜드 이미지를 강력하게 구축을 위한 최소의 기간이라고 보아야 한다.

인터넷 마케팅 담당 직원

단순히 기획을 하고 전달하는 업무를 하기보다는 스스로 콘텐츠를 기획하고 생산하는 역할에 많은 비중을 두어야 함

그림 10-3 **인터넷 마케팅 직원의 역할**

4) 인터넷 마케팅 목표 설정

외식업체들은 마케팅 목표 설정에 있어서 오프라인 매체를 통해서 달성할 수 있는 부분과 온라인을 통해서 달성할 수 있는 부분으로 구분하여야 한다.

외식기업의 마케터는 〈표 10-2〉와 같이 기업차원의 마케팅 목표를 중심으로 인터넷 마케팅 목표를 설정하고 이를 바탕으로 각각의 인터넷 채널별 목표고객을 감안한 세

그림 10-4 **마케팅 목표 설정**

표 10-2 **인터넷 마케팅 목표 설정 방법**

구분		내용
전사적 마케팅 목표	통합	자신의 음식점을 이용하는 고객의 평일과 주말의 점심, 저녁 고객 특성을 파악하고 목표고객을 설정한 후 고객의 이용목적에 따른 선택속성을 감안하여 음식점의 차별된 정체성, 가치 등을 명확히 확립한다. 경영자는 물론이고 직원들이 음식점의 차별화된 가치를 어떻게 전달할 것인지를 계획하고 실천, 평가하며 완성도를 높여 나간다.
	오프라인	자신들이 설정한 차별화 요소가 고객들에게 어떻게 전달되고 있는지 고객경험관리 차원에서 모니터링하며 완성도를 높인다. 각 접점별로 5점 만점을 기준으로 목표점수를 설정하여 관리한다.
	인터넷	매일, 매주 SNS에서 이루어지는 바이럴과 포스팅을 모니터링하며 음식점에서 전달하고자 했던 요소들이 잘 전달되고 있는지, 수정 보완할 점은 없는지를 파악하고 SNS 채널에 맞는 전략·전술을 계획, 실천하고 평가한다.
채널별 마케팅 목표	블로그	기존고객(이웃) 및 잠재고객(맛집 검색 이용자)이 음식점의 정체성, 가치, 차별성을 인식하여 시험구매와 반복구매를 할 수 있도록 만드는 진정성 있는 소통하기 • 1일 모바일 검색 수 : 300건 • 1일 고객들의 블로그 글 수 : 2건 이상
	페이스북	• 페이스북 친구들과 가망고객이 음식점(개인 브랜딩)의 정체성, 가치, 차별성을 알 수 있도록 지속적으로 콘텐츠를 업로드하기 • 1일 음식점에서 일어난 에피소드 글, 이미지 올리기 • 1일 블로그 글 링크하여 올리기 • 1일 인스타그램 이미지 2건 이상 링크하여 올리기 • 1일 페이스북 이웃 5명 이상 추가하기 • 1일 페이스북 지역 그룹에서 1건 이상의 지역정보 공유하기 • 음식점의 페이스북 페이지 개설 후 블로그, 인스타그램에 글 링크하여 올리기 • 가까운 장소 찾기에서 점포와 브랜드가 상위에 노출되는지 확인하기
	카카오톡	매우 폐쇄적인 매체이기 때문에 충성고객을 만드는 목적으로 운영하며, 충성고객의 고객관계관리 기준을 수립하고 List up한 후 별도의 이벤트 등을 통해 친구 수 늘리기
	카카오스토리	친구 맺기 이벤트 등을 통해 매월 100명(1일 3명) 이상 친구 만들기
	인스타그램	• 점포와 브랜드가 적절한 검색 키워드에서 상위에 노출되는지 확인하기 • 음식점 관련 일상과 음식 사진 콘텐츠를 일 2회 이상 업로드 하기 • 주요 공략 해시태그를 선정하고 활용하기
	카카오 플레이스	• 점포가 적절한 검색 키워드에서 상위에 노출되는지 확인하기 • 위치 기반을 중심으로 새롭게 버전업되었으므로 인스타그램 이미지 업로드와 같은 형식으로 매일 리뷰 글을 올리기 • 카카오톡 친구들에게 음식점의 차별성을 자연스럽게 인식시키기
	다이닝코드	• 다이닝코드에 자신의 음식점 등록 및 정확한 정보 여부를 음식점 가치 및 차별성을 다이닝코드 평가 이벤트 등을 통해 알리기 • 맛집 코드를 활용하여 주요 키워드를 확인하고, 다른 콘텐츠 등에 적용하기 • 점포가 적절한 검색 키워드에서 상위에 노출되는지 확인하기
	핀터레스트	• 음식점 또는 경영자 계정에 음식점 브랜드 보드 만들기 • 이미지로 음식점을 찾는 이용자 또는 음식점과 관련된 이미지 정보를 찾는 이용자에게 음식점의 가치와 차별성을 제시하여 방문 의도가 발생하도록 만들기 • 음식점을 소개하는 블로그 글 중에서 사진 품질이 좋은 글 링크하기

부목표를 설정해야 한다.

외식기업의 마케팅 활동이 대중매체 중심의 오프라인에서 개인별 커뮤니티 중심의 온라인으로 변화하고 있음은 주지의 사실이다. 다만 인터넷 커뮤니티 매체가 하루가 다르게 변화하고 새로운 프로그램들이 지속적으로 출시되다 보니 기업들의 마케팅 활동도 어려움이 가중되고 있다. 특히 낮은 비용이 가장 큰 장점으로 언급되는 인터넷 매체 활용 마케팅이 오히려 더 높은 비용을 유발시키는 경우도 발생하게 되는데, 예를 들면 블로그 상위 노출 경쟁이 뜨거워지면서 포탈의 제재가 증가하고 파워 블로거나 대행업체에 지불하는 비용이 높아지는 것 등이 이에 해당한다.

또한 비용은 증가하면서 효과는 오히려 떨어지는 비효율적인 상황이 연출되기도 한다. 인터넷 마케팅은 누구나 할 수 있고, 비용도 적게 든다는 환상이 하나씩 사라지는 요인이다. 따라서 인터넷 마케팅을 잘 이해하고 지속적으로 변화하는 매체의 환경을 잘 활용하는 능력이 지속적으로 강화되어야 한다. 그러기 위해서 외식업체들은 전사적인 마케팅 목표를 오프라인 목표와 온라인 목표로 구분하고, 세부적으로는 블로그, 페이스북, 카카오스토리, 인스타그램과 같은 각각의 매체별 특징에 따른 세부목표를 설정해야 한다.

> **POINT** 전사적인 마케팅 목표를 오프라인 목표와 온라인 목표로 구분하고, 세부적으로는 블로그, 페이스북, 카카오스토리, 인스타그램과 같은 각각의 매체별 특징에 따른 세부목표를 설정해야 함

2 메뉴 인터넷 마케팅을 위한 매체의 이해

1) 소셜 미디어의 개념

최근 뉴미디어로 급부상하고 있는 소셜 미디어는 SNS(social network service)를 포함

SNS(Social Network Service)를 포함하는 포괄적인 신개념의 미디어

그림 10-5 **소셜 미디어의 개념**

하는 포괄적인 신개념의 미디어를 의미한다.

소셜 미디어는 개인의 사적인 소통은 물론이고 비즈니스에서의 커뮤니케이션에도 많은 변화를 일으키고 있다. TV, 라디오, 신문, 전단지와 같은 전통적인 매체를 이용하는 광고와 홍보를 포함한 마케팅 방식은 점진적으로 블로그, 카페, 페이스북, 인스타그램, 포스퀘어, 핀터레스트, 플리커, 카카오스토리, 카카오플레이스와 같은 소셜 미디어 매체를 이용하는 방식으로 진화하고 있다.

그림 10-6 **다양한 소셜 미디어 매체 사례**

2) 소셜 미디어의 중요성과 특성

소셜 미디어의 중요성은 미국 기업의 활용현황을 정리한 보고서에서도 확인할 수 있다. 예를 들면, NIPA(정보통신산업진흥원)의 '최근 ICT 동향—2015년 소셜 미디어 마케팅의 8가지 트렌드 전망' 보고서에 따르면, 글로벌 마케팅 조사기관 이마케터(eMarketer)는 2013년 87%에 달하는 미국 기업이 소셜 미디어를 마케팅 채널로 활용했으며, 2016년이 되면 89.5%까지 확대할 것으로 예상했다. 그중 기업들의 페이스북 활용 비중은

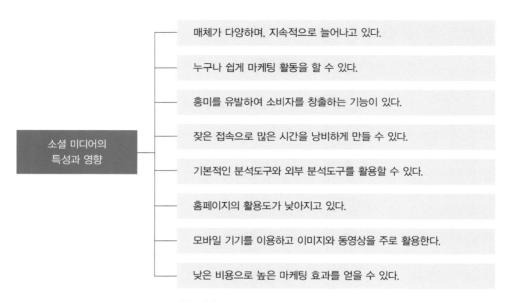

	매체가 다양하며, 지속적으로 늘어나고 있다.
	누구나 쉽게 마케팅 활동을 할 수 있다.
	흥미를 유발하여 소비자를 창출하는 기능이 있다.
소셜 미디어의 특성과 영향	잦은 접속으로 많은 시간을 낭비하게 만들 수 있다.
	기본적인 분석도구와 외부 분석도구를 활용할 수 있다.
	홈페이지의 활용도가 낮아지고 있다.
	모바일 기기를 이용하고 이미지와 동영상을 주로 활용한다.
	낮은 비용으로 높은 마케팅 효과를 얻을 수 있다.

그림 10-7 **기존 미디어와 다른 소셜 미디어의 특성과 영향력**

81.9%(2013년 기준)에서 2016년에는 89.5%까지 늘어날 것이라고 했다.

물론 이런 추세가 국내에도 충분히 반영되고 있는 것은 사실이다. 다만 아쉽게도 그에 대한 구체적인 현황과 특성은 통계적으로 파악되지 않았다. 따라서 본서에서는 소셜 미디어 활용법을 필수적으로 이해해야 하는 당위성과 활용 내용을 위주로 살펴보고자 한다.

첫째, 소셜 미디어 매체는 무궁무진하며, 지속적으로 신규 서비스가 출시되고 있다. 지금 이 순간 여러분이 알고 있는 소셜 미디어 매체는 매우 한정적일지 모른다. 소셜 미디어 중 국내에서 가장 많이 활용하고 있는 매체는 블로그임에 틀림없다. 하지만 최근 들어서 페이스북과 인스타그램과 같은 외국계 소셜 미디어 서비스의 사용자가 급증하면서 시장의 판도가 변화할 수도 있다는 의견이 분분하다. 그래서인지 최근 네이버에서 인스타그램과 유사한 이미지 기반의 소셜 네트워크 서비스 폴라(PHOLAR)를 출시하기도 했다. 서비스를 제공하는 기업들의 상황이 어떻게 변화하든 이용자 입장에서는 반가운 일이다. 다만 너무 많은 소셜 미디어가 나타나면서 어떤 서비스를 어떻게 이용해야 하는지에 대한 고민은 계속 늘게 된다. 한두 가지에 집중해야 할지 아니면 모든 서비스를 두루 활용해야 할지에 대한 의사결정이 어렵게 된다.

둘째, 소셜 미디어의 최대 장점은 무료라는 점이다. 프랜차이즈 본부와 외식업체들이 홍보를 비롯한 다양한 마케팅 활동에 사용할 수 있는 모든 소셜 미디어는 무료이다. TV, 라디오, 신문, 전단지와 같은 기존의 미디어 매체들이 소비자에 대한 영향력이 강할수록 많은 비용을 지불해야 하는 구조인 데 반해, 소셜 미디어 매체는 영향력의 정도와 관계없이 대부분 무료로 서비스를 이용할 수 있다. 다만 소비자에게 노출되는 수준에 차이를 두고 유료서비스를 이용하도록 유도하는 정책은 존재하기 때문에 자신의 노력에 비하여 더 많은 효익을 얻으려면 유료 서비스를 이용해야 한다. 그러나 이러한 유료 서비스를 이용하지 않고도 충분히 자신이 원하는 효과를 낼 수 있다는 측면에서 일반적으로 무료라고 강조할 수 있다.

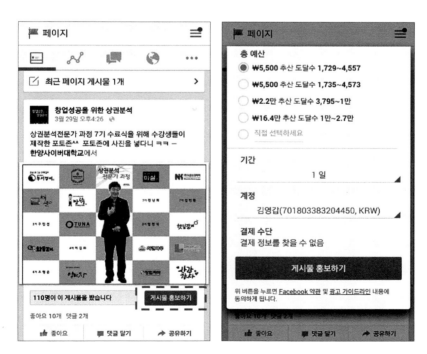

그림 10-8 **페이스북 페이지에서의 게시물 홍보 사례**

셋째, 소셜 미디어는 당사자간의 상호작용으로 흥미를 유발하여 소비자를 창출하는 기능이 있다. 소셜 미디어의 최대 장점은 실시간 커뮤니케이션이 이루어진다는 점이다. 프랜차이즈 본부나 외식업체가 글이나 이미지 또는 동영상을 올리는 순간 친구나 이웃으로 등록되어 있는 사람들은 즉시 내용을 볼 수 있다. 과거와 같이 컴퓨터를 이용하여 확인해야 하는 경우와 달리 최근에는 모든 소셜 미디어가 모바일 환경에서 접근할 수 있어서 가능한 일이다. 특히 전송된 글이나 이미지에 글을 쓰지 않고도 간단한 조작으로 의사표시를 할 수 있고 이모티콘 등을 이용하여 다양한 감정을 표시함으로써 상호간에 흥미를 유발하고 재미를 배가시키는 작용이 지속적으로 일어난다.

넷째, 소셜 미디어는 많은 장점에도 불구하고 자칫 사용자의 많은 시간을 낭비하게 만들 수 있다. 즉 소셜 미디어를 이용하여 얻게 되는 마케팅 효과에 비하여 그것을 이용하기 위하여 투자하는 시간적 비용이 더 클 수 있다. 스마트폰이 대중화되면서 그동안 주로 PC에서 이용하던 소셜 미디어를 모바일 환경에서 사용하게 되었다. 그래서 사람들은 여유만 생기면 스마트폰을 이용하여 소셜 미디어에 접속하고 다양한 커뮤니케이션 활동을 한다. 과거 지하철에서 사람들이 주로 신문을 보았다면 요즘은 대부분 스마트폰을 보고 있다. 따라서 소셜 미디어를 통합적으로 활용할 수 있는 방법을 강구해

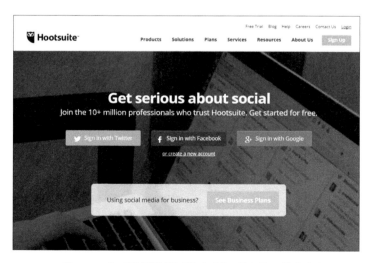

그림 10-9 SNS를 통합 관리할 수 있는 훗스위트 홈페이지

야 한다. 예를 들면 네이버 블로그에 글을 올리면서 트위터와 페이스북에 동시에 글이 올라가도록 연동을 한다거나 인스타그램에 이미지를 올리면서 페이스북에 동시에 이미지가 올라가도록 연동하는 것이다. 또한 여러 개의 소셜 미디어를 동시에 쓸 수 있는 훗스위트(Hootsuite) 같은 앱을 사용하는 것도 좋은 대안이다.

다섯째, 소셜 미디어는 기본적인 분석도구를 포함하고 있으며, 외부분석 툴을 사용하여 마케팅 효과를 측정할 수도 있다. 예를 들면 페이스북의 '페이지 관리자' 앱을 이용하면 다양한 인사이트를 확인할 수 있다.

이 외에도 외부의 다양한 분석 툴을 이용할 수도 있다. 〈그림 10–11〉은 소셜 미디어 마케팅 전문회사인 이노버즈미디어가 제공하는 페이스북 분석 내용의 일부이다. 대표적인 분석 내용으로 '좋아요' 수를 기준으로 정렬된 국내 주요 페이스북 페이지의 랭킹을 확인할 수 있다.

여섯째, 소셜 미디어 활용은 증가하는 반면, 홈페이지의 활용도는 낮아지고 있음을 인지해야 한다. 굳이 홈페이지를 만들어야 하는 시대는 끝났다. 물론 홈페이지의 필요성이 완전히 없어졌다는 의미는 아니다. 그만큼 정적인 홈페이지가 동적인 소셜 미디어로 인하여 효용성이 줄고 있다는 뜻이다. 국내 프랜차이즈 기업들의 홈페이지 방문자

그림 10–10 **페이스북 페이지 관리자 앱 사례**

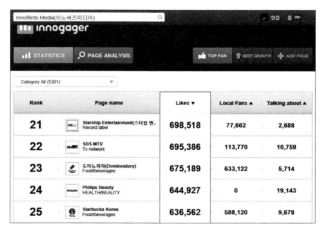

그림 10–11 **이노버즈미디어 페이스북 페이지의 분석도구**

그림 10-12 **버즈피드 홈페이지**

와 소셜 미디어 방문자를 비교해도 이런 결과는 쉽게 드러난다. 또는 소비자 입장에서 프랜차이즈 기업의 홈페이지를 방문한 경험이 있는지 생각해 보자. 소셜 미디어를 통해서는 자주 만나는 브랜드라고 하더라도 그 브랜드의 홈페이지를 방문한 경험은 거의 없을 것이다.

매달 수천만 명이 방문하는 버즈피드의 페레티 CEO는 "스마트폰 같은 모바일 기기가 계속 확산되는 상황에서 자체 홈페이지는 큰 의미가 없다."고 말한 바 있다. 그가 이렇게 말한 이유는 간단하다. 지속적으로 성장하는 소셜 미디어를 이용해서 자신들이 생산한 콘텐츠를 배포하는 활동이 더 중요하다는 뜻이다.

다만 홈페이지의 활용도가 떨어진다고 홈페이지 자체를 만들지 않거나 관리를 소홀히 하라는 의미는 아니다. 홈페이지가 정보의 창고 역할을 하고 이 창고에 저장된 콘텐츠를 소셜 미디어 매체를 활용하여 배포하고 유통되도록 만든다면 외식업체의 홈페이지는 콘텐츠의 보고로서의 역할을 충분히 할 수 있다. 예를 들면, 도미노피자 홈페이지는 단순히 광고나 홍보를 하기 위한 목적보다는 소셜 미디어와의 연계성을 고려하여 제작된 대표적인 사례이다. 한눈에 들어오는 콘텐츠로의 접근성을 위해 단순하게 구성한 점, 그리고 콘텐츠 창고로서의 역할에 충실해야 한다는 점이 잘 반영되어 있다.

그림 10-13 **소셜 미디어 시대를 위한 홈페이지 구성 사례**

일곱 번째, PC보다는 스마트폰에서, 글보다는 이미지와 동영상을 활용해야 한다. 최근 국내에서 가장 각광을 받고 있는 소셜 미디어 매체로 '인스타그램, 핀터레스트, 폴라'가 있다. 이른바 이미지 SNS로 유명한 이 매체들의 인기가 급상승하는 이유는 간단하다. 사람들은 글보다 이미지나 동영상에 더 큰 매력을 느끼기 때문이다. 또한 스마트폰의 카메라 성능이 좋아지면서 사람들이 언제 어디서나 사진을 찍을 수 있고 그 사진을 쉽게 소셜 미디어에 올릴 수 있는 모바일 환경이 갖추어졌다는 점도 큰 의미를 갖는다.

외식업체 직원은 언제 어디서든 자신의 모바일 기기를 이용하여 점포나 음식의 이미지와 동영상을 쉽게 소셜 미디어에 올릴 수 있다. 그리고 이미지를 올릴 때 간단한 해시태그만으로도 상당한 구전효과를 얻을 수 있다.

여덟 번째, 소셜 미디어는 낮은 비용으로 큰 마케팅 효과를 얻을 수 있다. 스타벅스와 도미노피자는 새로운 메뉴가 출시되면 소셜 미디어를 이용하여 이벤트를 실시한다.

그림 10-14 **이미지 SNS인 폴라와 인스타그램**

그림 10-15 **도미노피자의 페이스북 이벤트 사례**

소셜 미디어를 이용한 이벤트 효과는 생각보다 큰 효과를 발휘한다. 예를 들어 최근에 도미노피자가 페이스북에서 실시한 '무료시식 체험단 모집' 이벤트에는 이벤트 첫날에만 1,700건이 넘는 '좋아요'와 비슷한 숫자의 덧글이 달리면서 그 효과를 실감케 했다. 이 외에도 많은 프랜차이즈 기업들이 소셜 미디어를 이용한 마케팅 활동을 통해 투자 대비 높은 효익을 얻고 있다.

이마케터(eMarketer)에 따르면, 미국 기업들은 대부분의 광고비를 소셜 미디어에 집행하고 있다고 한다. 심지어 광고비의 3분의 2를 페이스북 하나에 집행하는 기업도 많다고 한다. 그들은 미국에서는 "당분간 소셜 미디어 마케팅의 대부분은 페이스북에서 이루어질 것"으로 진단하고 있다. 소셜 미디어가 누구나 쉽게 무료로 마케팅에 활용할 수 있는 매체로 부각되는 것은 사실이지만, 실제로 많은 사용자가 활용하는 매체로 떠오르면서 기업들은 더 큰 효과를 위하여 광고비를 투자하는 데 주저하지 않고 있다는 사실도 반드시 기억해야 한다.

국내에서도 이와 같은 현상은 현실화되고 있다. 이미 많은 외식기업들이 소셜 미디어를 이용한 마케팅에 상당한 예산을 투입하고 관심을 기울이고 있다. 하지만 문제는 효과성과 효율성이다. 단순히 인터넷 마케팅 대행사에 홍보와 광고를 맡기기에 앞서 소셜 미디어의 특성과 가치를 잘 이해하고 활용능력을 키우는 노력이 선행되어야 한다.

3 메뉴 인터넷 마케팅 사례

메뉴 마케팅을 위하여 외식업체들이 관심을 가져야 하는 인터넷 매체는 무엇이고 어떻게 활용해야 할까? 최근 인터넷 마케팅을 위한 통합적 커뮤니케이션을 주도하는 매체로 SNS(social network service)가 급부상하고 있다. 간단한 몇 마디의 이야기와 사진 등의 이미지만으로 고객의 관심을 끌 수 있다는 측면에서 누구나 편하고 재미있게 이용할 수 있는 소셜 미디어의 시대가 도래했기 때문이다.

인터넷을 이용하여 메뉴 마케팅을 할 때는 가장 먼저 마케팅 목표를 설정해야 한다. 다만 목표는 채널별로 다르게 설정해야 한다. 블로그, 페이스북, 카카오톡, 카카오스토리, 카카오플레이스, 인스타그램, 포스퀘어 등의 SNS 서비스는 사용자가 다르고 프로그램의 성격도 달라서 획일적으로 접근하면 매우 비효율적인 활용에 그칠 가능성이 높다. 각각의 특징을 살펴보고 인터넷에서의 메뉴 마케팅을 위해 어떻게 활용하는 것이 좋을지 함께 고민해 보기로 한다.

1) 블로그

누구나 상업적, 비상업적인 글을 자유롭게 올릴 수 있고, 포털사이트에서는 많은 사람들이 검색기능을 이용해 쉽게 접할 수 있는 구조를 제공하면서 대안언론의 자리를 굳혀가고 있는 블로그. 초기에는 주로 일방적인 전달에 국한하였지만 최근에는 커뮤니티 기능을 하는 수준으로 발전하고 있으며, 특히 일상적인 이야기를 하던 공간에서 전문성이 강화되는 공간으로 변모하고 있다.

블로그가 마케팅의 도구로 인식되기 시작한 것은 그리 오래되지 않았다. 초기에는 전문성 있는 콘텐츠를 지속적으로 올려서 방문자가 많은 파워 블로거들을 마케팅 활동에 활용하는 수준이 전부였다. 하지만 블로거가 늘어나고 블로그의 콘텐츠 생산량도 기하급수적으로 늘어나면서 누구나 마케팅 활동에 참여하는 시대가 되었다. 약간의 노력만 기울이면 1개월 이내에 인터넷 마케팅 활동을 할 수 있는 블로거가 될 수 있다. 즉 블로그 마케팅 대중화시대가 열린 것이다.

인터넷을 이용한 메뉴 마케팅에서 블로그는 콘텐츠를 생산하고 보관하여 언제든지 고객들과 커뮤니케이션할 수 있는 공장과 창고의 역할을 한다. 블로그의 내용은 흥미

그림 10-16 네이버 블로그 사례

자료 : 어쭈 백신성 대표 블로그(http://blog.naver.com/b2203)

롭고 전문적이면서도 진정성이 있는 콘텐츠로 가능한 하루도 거르지 않고 채울 수 있어야 한다. 종종 마케팅대행사나 디자인 회사에 블로깅과 관리를 맡기는 사례가 있는데, 그런 경우 블로그의 생명은 오래가기 힘들다. 블로그는 미적인 디자인이 중요한 것이 아니라 실용성이 더 중요하다. 내부의 직원들이 업체의 일상을 편하게 전달하면서 고객에게 호감을 주는 콘텐츠가 가장 이상적일지 모른다.

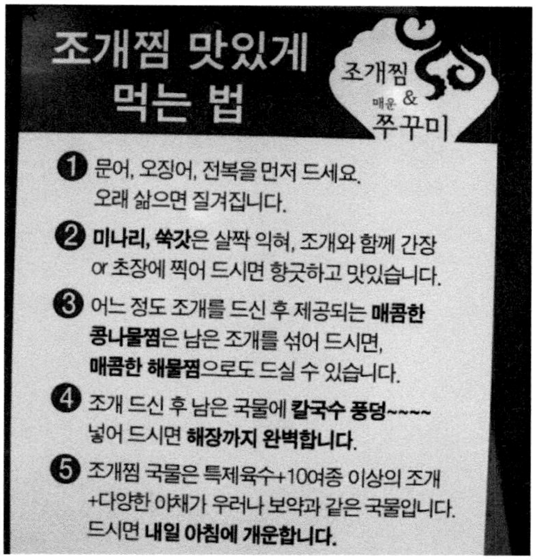

그림 10-17 **네이버 블로그를 이용한 메뉴 마케팅 사례**
자료 : 어쭈 블로그(http://uhzzu.com/220449804910?Redirect=Log&from=postView)

2) 페이스북

페이스북은 인터넷상에서 인맥을 형성하고 교류할 수 있는 대표적인 SNS이다. 전세계적으로 가장 성공한 소셜 네트워크 서비스로 누구나 쉽고 간편하게 회원으로 가입할 수 있다. 특히 '친구 맺기'를 통하여 다른 사람들과 인터넷상에서 만나 다양한 관심사와 정보를 교환하고, 자료를 공유할 수 있다는 장점 때문에 급속한 성장을 하였다.

2004년 마크 저커버그(Mark Zuckerberg)가 19세의 나이에 하버드대학교 기숙사에서 사이트를 개설하며 창업하였으며, 초기에는 하버드 학생만 이용할 수 있도록 제한된 사이트였지만 지금은 전 세계인이 이용하는 사이트로 발전하였다.

페이스북은 누구나 쉽게 글을 올릴 수 있는 뉴스피드 기능부터, 페이지 기능, 그룹 기능 등을 보강하면서 사용자를 넓혀가고 있다. 그리고 상업적인 활용도를 높이기 위한 다양한 업그레이드가 이루어지면서 최근에는 검색기능까지 보강하고 있어서 향후 귀추가 주목된다.

페이스북은 업체들이 마케팅에 활용할 수 있는 다양한 기능을 제공한다. 대표적인

그림 10-18 **페이스북 사례**

자료 : 서면어쭈 페이스북(https://www.facebook.com/uhzzu/)

기능으로 이벤트를 들 수 있다. 특정인을 지정하여 일정과 내용을 전달하고 이벤트에 초대하는 구성이 가능하다. 하지만 페이스북을 너무 직접적인 마케팅 도구로 사용하는 것은 피해야 한다. 친구관계가 끊어질 가능성이 높기 때문이다. 페이스북은 블로그와 마찬가지로 콘텐츠를 생산하고 공유하는 기능으로 사용할 수도 있지만 가능하면 블로그에서 생성된 차별화된 정보의 유통채널로 활용해야 더 큰 효과를 볼 수 있다. 다만 체크인이나 기타 소소한 기능을 통해 인맥을 형성하고 관리하는 일도 지속적으로 해야 한다.

3) 카카오 패밀리

글로벌 무료 메시지 서비스인 카카오톡을 필두로 카카오스토리, 카카오플레이스 등을 카카오 패밀리로 통칭한다. 최근 카카오는 다음과 합병하면서 다양한 서비스를 출시하고 공격적인 활동을 펼치고 있다. 특히 대기업들의 마케팅 활동을 지원하는 '카카오 플러스 친구'에 이어서 소상공인들의 마케팅 활동을 지원하기 위한 '카카오톡 옐로아이디'를 출시하였다.

그림 10-19 **카카오톡 옐로아이디**

자료 : 카카오 홈페이지(http://www.kakao.com/services/39)

카카오톡 옐로아이디는 불특정 다수에게 무작정 일방적 메시지를 전송하는 것이 아닌 자발적으로 '친구 추가'한 고객만을 대상으로 소통함과 동시에 필요한 경우 점포의 마케팅 활동을 자연스럽게 할 수 있는 공간을 만들었다는 점에서 의미를 부여할 수 있다. 무엇보다도 카카오톡 플러스 친구처럼 고액의 비용을 지불하지 않고도 소상공인들이 유용하게 활용할 수 있는 여지가 있다.

카카오 패밀리의 핵심은 뭐니 뭐니 해도 카카오톡이다. 카카오톡은 국민 모바일메신저로 자리잡았고 대부분의 사람들은 지인들과의 소통에 카카오톡을 이용한다. 그렇다면 사업자가 고객과 소통을 하는데도 카카오톡을 활용할 수 있을까? 쉬운 일은 아니다. 특별한 관계가 형성되지 않은 상태에서 비즈니스 관계만으로 카카오톡을 이용해 상호소통은 어렵다. 따라서 가능한 고객의 일방적인 주문이나 기타 요청을 받는 용도로 활용하는 아이디어를 개발해야 한다. 전화보다는 카카오톡을 이용한 메시지 전달이 고객 입장에서도 편할 수 있기 때문이다.

4) 인스타그램

인스타그램의 특징은 커뮤니케이션을 글보다는 사진과 동영상을 중심으로 한다는 점이다. 인스타그램에 올리는 사진은 다양한 필터 효과를 적용할 수 있다. 특히 모바일 기기에서 사용하는 사진과 달리 폴라로이드 모양(정사각형)의 사진 크기를 사용하는 차별성이 있다. 인스타그램은 사진찍기, 올리기, 글쓰기 등의 모든 작업이 스마트폰에서만 가능하다. 회원 가입도 스마트폰에서만 가능하다. PC에서는 단순히 보기만 가능하다고 보면 된다.

그림 10-20 **서면어쭈의 인스타그램**

자료 : 인스타그램 서면어쭈(https://www.instagram.com/uhzzu/서면어쭈)

모든 SNS가 지속적으로 타 서비스 기능을 벤치마킹하고 업데이트 되면서 사진의 공유 기능도 매우 정교해지고 있어서 인스타그램의 강점은 갈수록 줄어들지 모른다. 하지만 인스타그램처럼 사진공유에 특화된 SNS의 묘미는 여전히 높은 인기를 구가하고 있다. 사진으로 자신의 브랜드를 알리는 것이 훨씬 효율적이라고 생각한다면 인스타그램의 사용을 추천한다.

이상의 SNS 외에도 포스퀘어, 씨온 등 다양한 서비스가 지속적으로 출시되고 있다. SNS 홍수라고 해도 과언이 아닐 정도이다. 향후 인터넷 마케팅을 위해서 더 많은 서비스를 익히고 활용해야 할지 모른다. 다만 모든 서비스를 다 활용하겠다는 욕심은 버리는 것이 좋다. 자신의 상황에 가장 적합한 매체를 찾고 그 매체의 특성을 잘 활용하려는 효율적인 접근이 필요하다. 예를 들어 블로그가 콘텐츠의 생성과 보관을 담당하는 역할을 하고 페이스북은 콘텐츠를 유통하는 역할을 한다고 가정하면, 인터넷 마케터는 블로그와 페이스북을 동시에 활용할 수 있어야 한다.

학습요약

① 인터넷 마케팅이란 "미디어 매체나 오프라인 공간에서 주로 이루어지던 기업들의 마케팅 활동이 인터넷이라는 온라인 공간으로 변경되어 이루어지는 것"을 의미한다.

② 최근 인터넷 마케팅 환경의 변화와 특징을 살펴보면, 첫째, 사람들의 관심이 대중 미디어에서 SNS(social network service)로 옮겨가고 있다. 둘째, 기업들의 브랜드 커뮤니티가 오프라인에서 온라인 공간으로 집중되고 있다. 온라인 공간은 일방적으로 보여주고 검색에 의존하던 형태에서 SNS로 이동하고 있다. 셋째, 온라인 공간에서의 마케팅 활동은 오프라인 공간에서의 활동에 비하여 중소기업이나 소상공인도 낮은 비용으로 큰 기회를 만들어 낼 수 있다. 넷째, 이미지나 동영상 등을 이용하여 자신만의 차별화된 콘텐츠로 많은 사람들로부터 관심을 받고 인기를 높일 수 있다. 다섯째, 인터넷 마케팅의 핵심적인 성공 요인은 진정성과 지속성이며, 정보를 생산하여 저장하는 형태의 블로그를 기반으로 카카오 시리즈, 페이스북, 트위터, 인스타그램 등을 이용하여 정보를 유통시키는 형태로 이루어지는 것이 효율적이다.

③ 인터넷을 이용하여 메뉴 마케팅을 할 때는 가장 먼저 마케팅 목표를 설정해야 한다. 다만 목표는 채널별로 다르게 설정해야 한다. 블로그, 페이스북, 카카오톡, 카카오스토리, 카카오플레이스, 인스타그램, 포스퀘어 등의 SNS 서비스는 사용자가 다르고 프로그램의 성격도 달라서 획일적으로 접근하면 안 된다.

연습문제

1 기존 미디어와 다른 소셜 미디어의 특성과 영향력을 정리해 보기 바랍니다.

2 메뉴를 알리기 위하여 인터넷 SNS 매체를 활용하는 사례를 다양하게 조사하고 가장 이상적이라 생각되는 사례의 유형과 내용을 제시하여 보기 바랍니다.

3 각각의 SNS 매체를 활용한 성공사례를 제시하고 매체별 활용방안을 정리하여 보기 바랍니다.

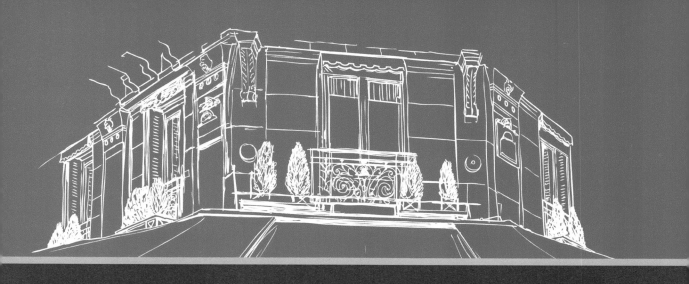

11장

메뉴 서비스

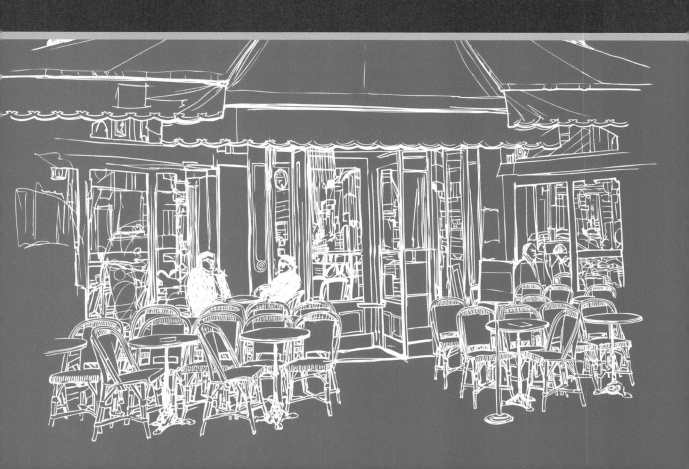

학습내용

1. 메뉴 제공을 위한 서비스 프로세스
2. 서비스 프로세스와 고객 참여
3. 고객의 구매과정 관리

학습목표

• 메뉴를 제공하기 위한 외식업체의 서비스 프로세스 개념과 서비스 청사
  진을 설명할 수 있다.
• 서비스 프로세스에 고객을 참여시켜서 효율화와 고객 만족을 증대시킬
  수 있는 다양한 관리법을 설명할 수 있다.
• 고객의 구매과정을 대기 관리, MOT 관리, 구매후 관리로 구분하여 설
  명할 수 있다.

제조 기업에 '생산 관리'가 있다면, 외식업체에는 '프로세스 관리'가 존재한다. 생산 관리는 유형적인 제품을 대상으로 한다는 점과 고객의 참여가 거의 이루어지지 않는다는 점에서 프로세스 관리와 큰 차이가 있다. 서비스 프로세스 관리(service process management)는 외식업체와 같은 무형의 서비스를 제공하는 점포에 적용되는 관리기법이다. 또한 고객이 관리활동 내에 직접 참여한다는 점에서 생산 관리와 커다란 차이가 있다. 이처럼 외식업체의 서비스 프로세스 관리는 생산 관리에 비하여 막연하고 추상적인 면이 더 크기 때문에 관리가 어렵다. 그러나 여러 가지 차이점에도 불구하고 생산 관리와 서비스 프로세스 관리 모두 최종 목표는 고객 만족에 있다. 그리고 생산 관리가 과학적이고 효율적인 수단을 통하여 제품의 목표품질을 달성하려는 것과 같이 프로세스 관리 역시 보다 높은 서비스 품질을 달성하는 데 목표를 둔다.

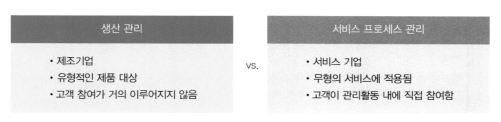

그림 11-1 **생산 관리와 서비스 프로세스 관리의 비교**

표준화된 서비스를 제공하는 것이 유리한 외식업체일수록 프로세스 관리는 매우 중요한 사업목표가 되는데, 이러한 외식업체들은 서비스 프로세스 관리를 위한 '대기 관리, MOT 관리, 서비스 청사진 기법, 고객경험 관리, 피쉬본 다이어그램'과 같은 효과적이고 합리적인 수단을 개발하여 활용하고 있다.

1 메뉴 제공을 위한 서비스 프로세스

1) 서비스 프로세스의 정의

외식업체의 서비스 프로세스(service process)는 '서비스와 함께 메뉴가 전달되는 과정'을 의미한다. 구체적으로는 서비스와 메뉴가 전달되는 절차나 구조 또는 활동들의 흐름(flow)이며, 고객에게 제공되는 서비스는 택배나 전자제품의 수리 등과 같이 일정한 결과물이 있는 경우도 있지만 대부분의 서비스는 일련의 과정(process)이며 흐름의 형태로 전달된다. 따라서 서비스 프로세스는 서비스 상품 자체를 의미하기도 하지만, 서비스 전달과정인 유통의 성격을 갖는다. 그리고 그것은 실무에서나 학문적으로 '서비스 프로세스' 또는 '서비스 전달 시스템' 등으로 불린다.

> **서비스 프로세스**
> • 서비스와 함께 메뉴가 전달되는 과정
> • 서비스가 전달되는 절차나 구조 또는 활동들의 흐름(flow)

서비스는 생산과 소비가 동시에 일어나는 고유한 특성(동시성, 비분리성)을 가지고 있다. 이러한 특성으로 인하여 고객은 메뉴의 생산 현장에서 과정을 관찰하거나 참여하는 역할을 하게 된다. 따라서 서비스 과정은 고객과 분리하여 생각할 수 없다. 예를 들면 전자제품과 같은 유형의 제품을 생산하는 현장에는 절대로 고객이 참여하는 일이 없다. 하지만 외식업체와 같은 서비스 업종은 메뉴를 제조하는 현장을 고객이 지켜본다거나 심지어 고객이 직접 고기를 굽는 등의 조리 활동을 한다.

이와 같이 메뉴를 구매하는 고객은 단순히 수혜자의 입장을 넘어서서 서비스 프로세스에 직접 참여하는 것이 일반적이므로 서비스 생산의 흐름은 제품 마케팅에서보다 더 중요하고 적극적인 통제가 필요하다. 예를 들면, 자동차를 구매하는 고객은 자동차가 만들어지는 과정에 대하여 특별한 관심을 두지 않지만 음식점에서 식사를 하려는

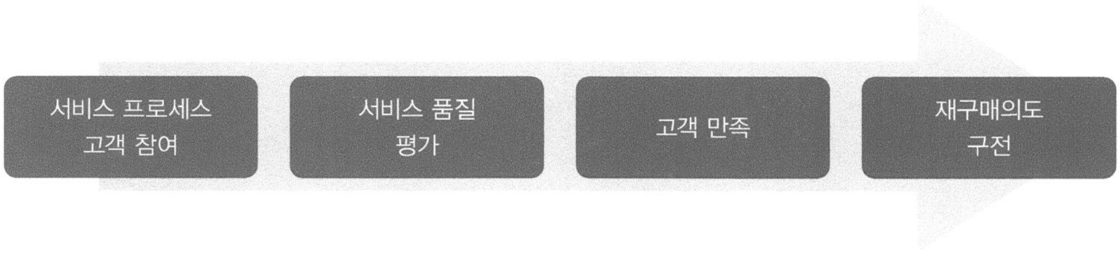

| 서비스 프로세스
고객 참여 | 서비스 품질
평가 | 고객 만족 | 재구매의도
구전 |

그림 11-2 **서비스 프로세스의 중요성**

고객은 다르다. 그들은 음식점에 도착하여 자리에 앉아 안락한 분위기를 즐기며 주문을 하고, 메뉴를 받아 식사를 하는 과정과 거기서 얻는 경험을 더 중요하게 생각한다. 음식점에서 고객이 경험하는 많은 서비스 단계와 제공자의 처리 능력은 고객의 눈으로 확인 가능하다. 즉 직접적으로 참여하면서 관찰이 가능하다는 의미이다. 그러므로 이 것들은 서비스 품질을 결정하는 데 큰 영향을 주게 되어 구매 후 고객 만족과 재구매 의사에 결정적인 영향을 미친다.

이상 살펴본 바와 같이 제조업에 비하여 외식업체에서 서비스 프로세스의 중요성은 아무리 강조해도 지나치지 않다. 때문에 외식업체와 같은 서비스업의 경영자와 관리자 그리고 직원은 프로세스의 계획, 실행, 통제에 심혈을 기울여야 한다.

> **POINT** 외식업체와 같은 서비스업의 경영자와 관리자, 직원은 프로세스의 계획, 실행, 통제에 심혈을 기울여야 함

2) 서비스 프로세스 설계

외식업체를 위한 서비스 프로세스를 설계하기 위해서는 '서비스 프로세스의 분류, 설계 시 고려사항, 설계 과정'을 충분히 이해해야 한다.

(1) 표준화와 개인화의 선택

외식업체는 자신들이 제공하게 될 서비스와 메뉴에 대한 콘셉트를 기획하는 과정에서 표준화된 서비스를 제공하는 것이 좋은지, 아니면 개인화된 서비스를 제공하는 것이 유리한지에 대한 의사결정을 해야 한다. 외식업체의 서비스 프로세스와 서비스 처리능력은 고객이 점포의 서비스 품질을 평가하는 데 큰 영향을 미친다. 따라서 서비스의 일관성과 품질을 향상시키기 위한 서비스 프로세스의 표준화는 물론이고, 서비스 프로세스의 개인화까지도 각각의 점포에서 수행해야 하는 필수 과업이다.

다만, 여기서 표준화라는 의미는 주로 제품의 생산과정에서 많이 사용되는 것으로 과연 서비스에서도 표준화가 가능한 것인지에 대한 의문이 들 수 있다. 서비스의 표준화가 불가능하다는 견해는 결과적으로 서비스가 과학적인 측정과 피드백이 어렵다는 인식에 기초한다.

우리가 메뉴를 제공하는 과정을 포함하여 설계하게 될 대부분의 서비스 프로세스는 체계적인 규칙과 기준에 의하여 표준화가 가능하다. 예를 들어 패스트푸드 또는 테이크아웃 업종에서는 저렴한 가격으로 최소한의 서비스만을 제공하는 표준화된 프로세스를 구축하는 것을 목표로 한다. '맥도날드'는 비교적 저렴한 가격으로 한정된 종류의 메뉴와 음료를 판매한다. 고객들은 직접 카운터에서 주문하고 계산한 후에 햄버거와 음료를 받아서 자신이 원하는 자리에서 음식을 섭취하게 되며, 식사가 끝나면 직접 쓰레기와 쟁반을 처리한다. 이러한 과정을 검토해 보면, '맥도날드'는 매우 표준화된 프로

표 11-1 **서비스 프로세스의 핵심과제**

구분		표준화	개인화
특징		모든 고객에게 동일한 프로세스의 서비스를 제공하는 것으로 주로 제품의 생산과정에서 많이 활용되고 대량생산에 유용함	고객의 취향에 따라 각기 차별적인 서비스를 제공하는 것으로 직원에게 많은 권한이 위임되어야 가능함
		서비스는 과학적인 측정과 피드백이 어렵다는 인식이 표준화를 가로막기도 함	많은 유연성과 판단력이 요구되므로 서비스 제공자의 능력 수준이 높아야 함
외식업체 유형		패스트푸드 레스토랑 (fast food restaurant)	고급 음식점(fine dining)

세스만을 제공하고 있다.

반면에 고급 음식점과 같이 풀 서비스를 제공하는 음식점에서는 높은 가격으로 개별화된 메뉴와 서비스로 차별화를 시도한다. 직원들은 매우 친절하며 많은 권한을 위임받아 고객들의 취향에 맞는 차별적인 서비스를 제공하는 프로세스를 가지고 있다. 호텔 내 고급 레스토랑은 개인화된 서비스를 제공하는 대표적인 사례이다. 다만, 대부분의 음식점에서 서비스 프로세스의 표준화와 개인화는 적절하게 혼합되어 있다. 실제로도 무조건 표준화만을 고집하거나 개인화만을 추구하기보다는 최적의 효과와 효율성을 위하여 적절하게 조합하는 경우가 많다. 예를 들면, 최근 인기를 얻고 있는 한식뷔페는 표준화된 서비스를 기본으로 하면서도 개인화된 서비스를 가미하여 고객 만족도를 높이고 있다.

(2) 서비스 프로세스 설계 시 고려사항

외식업체가 메뉴를 제공하기 위한 서비스 프로세스 설계를 할 때에 가장 먼저 표준화와 개인화 수준을 결정하였다면 다음 단계에서는 프로세스 설계 시 고려해야 할 사항을 확인해야 한다. 예를 들어 점포 내 시설 등을 배치할 때 표준화 서비스를 제공하기로 결정한 경우에는 '생산자 중심'으로 모든 기구와 설비 등을 배치해야 하고, 개인화 서

표 11-2 **서비스 프로세스 분류에 따른 고려사항**

구분	표준화 서비스 프로세스	개인화 서비스 프로세스
설비 위치 및 배치	생산자 중심 배치	고객 중심 배치
디자인	규격화, 신속성 위주	다양화, 고객 요구 위주
일정 계획	완료 시점 중시	과정 중시
생산 계획	예측 생산	주문 생산
직원의 능력	기능적 측면 중시	커뮤니케이션 능력 중시
품질 통제	표준화, 고정적	주관성, 변동적
시간 표준	시간 표준의 준수	시간 표준이 엄격하지 않음

비스를 제공하기로 결정한 경우에는 '고객 중심'으로 배치해야 한다.

디자인 관점에서는 표준화된 서비스 프로세스의 경우 규격화를 통해 신속한 서비스에 초점을 맞추는 반면, 개인화된 서비스를 추구하는 경우에는 고객의 욕구 수준에 따른 다양화가 중요하다. 이 외에 일정 계획, 생산 계획, 직원의 능력, 품질 통제, 시간 표준 등에 있어서도 〈표 11-2〉와 같이 표준화와 개인화에 적합하도록 세부적인 내용을 고려해야 한다.

(3) 서비스 프로세스를 설계하는 과정

외식업체를 위한 서비스 프로세스 분류가 확정되고 해당 분류에 따른 고려사항을 충분히 검토하였다면, 실질적인 서비스 프로세스 설계 과정에 따라 서비스 디자인 작업을 다음과 같이 진행한다.

첫째, 서비스 과정의 모든 접점(MOT, 진실의 순간)을 검토하고 분석한다.

둘째, 해당 외식 점포를 이용하는 고객의 목적에 따라 서비스를 세분화한다.

셋째, 세분화된 서비스 유형에 따라서 서비스 청사진을 그린다.

넷째, 제작된 서비스 청사진을 토대로 모든 서비스 접점에 대한 매뉴얼을 제작하여

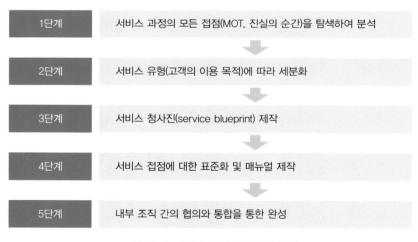

1단계	서비스 과정의 모든 접점(MOT, 진실의 순간)을 탐색하여 분석
2단계	서비스 유형(고객의 이용 목적)에 따라 세분화
3단계	서비스 청사진(service blueprint) 제작
4단계	서비스 접점에 대한 표준화 및 매뉴얼 제작
5단계	내부 조직 간의 협의와 통합을 통한 완성

그림 11-3 **서비스 프로세스 설계 과정**

표준화한다.

　다섯째, 모든 내부 이해관계자의 협의를 거쳐서 서비스 청사진과 매뉴얼을 완성한다.

　이상 서비스 프로세스의 개념과 분류 기준 그리고 서비스 프로세스 설계 과정을 살펴보았다. 외식업체가 제공하는 유형의 메뉴는 갈수록 대동소이해지고 있다. 즉 차별화된 경쟁력을 확보하기 어려울 만큼 비슷비슷한 점포가 늘고 있다. 결국 경쟁력의 차이는 메뉴를 제공하는 서비스에서 발생할 가능성이 높다. 그리고 서비스는 프로세스의 구분, 설계, 관리에 의해서 높은 성과로 연결될 것이 확실하다. 따라서 단순히 친절한 서비스에 치중해 왔던 지금까지의 서비스 관행을 돌아보고, 이후에는 좀 더 체계적이고 과학적인 서비스를 개발해야 한다.

3) 서비스 청사진

외식업체의 서비스는 매우 과학적으로 설계해야 하는 프로세스이다. 서비스는 즉흥적이거나 개인의 능력에 의해 좌우되지 않도록 표준화시켜야 한다. 이를 설계도면처럼 만들어서 각각의 접점과 과정을 정의하고 그 과정 속에서 고객 만족을 극대화시키는 핵심 포인트를 찾아 실행해야 한다. 만약 외식업체의 서비스 공간에서 어떤 일이 어떻게 이루어져야 하는지 경영자가 명확하게 정의 내리고 설계하지 못한다면 서비스를 고객이 원하는 수준으로 제공하기 힘들 뿐 아니라 순간적으로는 가능해도 지속적으로 유지하기 어렵다. 〈그림 11-4〉는 매우 단순하게 설계한 외식업체의 서비스 프로세스의 사례이다. 고객행동과 직원행동 그리고 후방지원활동을 구분하고 고객과 직원의 접점, 직원과 후방지원 조직과의 접점을 세부적으로 설계함으로써 외식업체의 서비스가 실패하는 포인트(service fail point)를 찾아 개선하고 관리할 수 있다.

　이런 설계도면이 만들어지면 외식업체는 더욱 높은 만족도를 얻을 수 있는 접점을 특별 관리하는 시스템을 개발할 수도 있다. 예를 들면 식사를 전달하는 과정에서 고객 만족을 위한 행동을 하는 것이 가장 이상적이라는 조사 결과가 나왔다면 직원은 다른 행동보다 음식을 전달하는 과정에서 더 많은 노력을 기울일 필요가 있다. 이와 같이 모

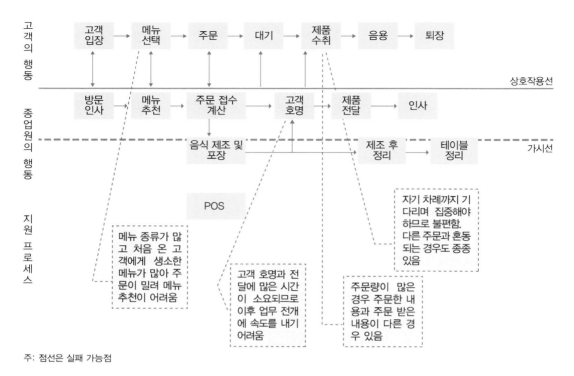

그림 11-4 **커피 전문점의 서비스 청사진 사례**
자료 : 박인정(2012), 한양사이버대학교 대학원 호텔프랜차이즈MBA

든 과정을 정밀하게 조사하고 분석하여 서비스 청사진을 만든다면 좋은 건물이 좋은 설계도면에 의해 지어지듯이 외식업에서도 좋은 서비스를 제공할 수 있게 될 것이다.

POINT 좋은 건물이 좋은 설계에 의해 가능하듯이 외식업도 모든 과정을 정밀하게 조사하고 분석하여 서비스 청사진을 만든다면 좋은 서비스가 가능해짐

외식업체의 규모와 메뉴 가격에 관계없이 모든 외식업체의 경영자는 자신의 점포를 구성하는 서비스를 다차원적 패키지라는 개념으로 정의할 수 있어야 한다. 그리고 이 패키지를 어떤 시점에 어떻게 제공해야 최상의 고객 만족을 달성할 수 있을지를 설계할 수 있어야 한다.

아울러 외식업체 경영자는 서비스 프로세스를 지속적으로 점검하고 관리함으로써 고객접점에서의 서비스 실패(service fail)를 줄이려고 노력해야 한다. 또한 언제라도 발생할지 모르는 서비스 실패를 어떤 시점에서 어떻게 복구(service recovery)할 수 있을지 연구하고 실천해야 한다.

4) 서비스 프로세스 설계 사례

앞서 매우 간단한 서비스 청사진을 보았다. 이번에는 실제 외식업체에서 서비스 청사진을 제작하여 활용한 사례를 살펴본다. 〈그림 11-5〉부터 〈그림 11-7〉은 삼겹살 전문

그림 11-5 **메뉴북 사례**

점의 서비스 청사진 사례이다. 이곳은 매일매일 직접 제작한 메뉴북을 출력하여 사용하는 곳으로 유명하다. 가장 최근의 메뉴북을 통해 메뉴 구성과 가격을 확인한 결과는 〈그림 11-5〉와 같다. 고기, 후식, 알코올로 구성된 메뉴 카테고리 외에 삼겹 세트가 있으며, 가장 인기 있는 메뉴 카테고리는 '삼겹 세트'로 알려져 있다. 해당업체 대표와의 인터뷰 결과에 따르면, 렛잇고기는 고객에게 최고의 가치를 제공하면서 직원도 행복하게 일하는 메뉴와 서비스 구성을 고려하여 점포의 모든 구성을 다음과 같이 정비하였다.

첫째, 점포의 평면 구성은 고객 동선과 직원의 동선을 동시에 고려하여 〈그림 11-6〉과 같이 구성하였다. 과거와 가장 크게 달라진 점은 2개의 테이블을 줄였다는 점이다.

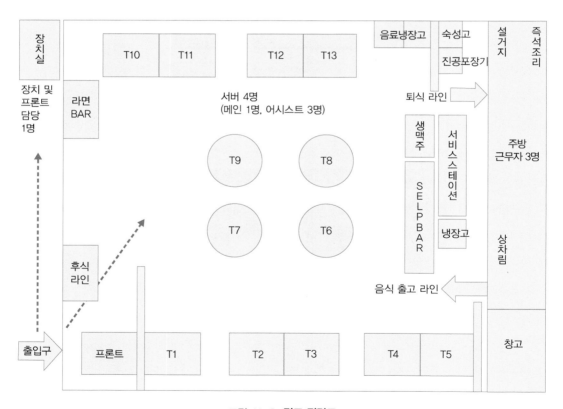

그림 11-6 **점포 평면도**

자료 : 박상훈(2016), 상권분석전문가과정

테이블은 곧 매출과 직결되는 핵심 요소임에도 고객 편의와 직원의 원활한 서비스 활동을 위해 과감하게 테이블의 수를 줄였다. 특히 위에 제시된 세트 메뉴를 제공하기에 가장 편리한 배치를 만들기 위해 직원들과 브레인스토밍은 물론이고 여러 번 롤플레잉을 통해 검증을 거쳤다.

〈그림 11-6〉과 같은 매장의 평면도가 완성되기 위해서는 동시에 〈그림 11-7〉과 같은 서비스 청사진 설계가 이루어져야 한다는 사실이다. 렛잇고기는 홀에서 최적의 서비스를 중심으로 모든 요소를 맞추었다. 즉 홀에서의 서비스 프로세스를 먼저 정리한 다

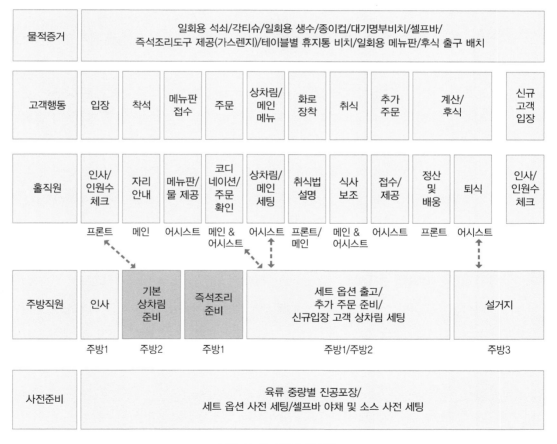

그림 11-7 **서비스 청사진**

자료 : 박상훈(2016). 상권분석전문가과정

음, 이를 기초로 주방의 활동을 정의했다. 렛잇고기의 서비스 청사진은 지속적으로 업데이트되고 있다. 따라서 중간에 발생하는 비효율과 서비스 실패를 최소화하기 위한 수정도 정기적으로 이루어진다.

2 서비스 프로세스와 고객 참여

서비스 프로세스의 개념과 분류 기준 그리고 서비스 프로세스 설계 과정을 살펴보았다. 외식업체 간의 경쟁이 치열해지면서 소비자에게 판매하는 유형의 제품은 큰 차이를 느끼기 힘든 수준에 이르고 있다. 즉 제품을 활용한 차별화된 경쟁력은 갈수록 찾기 어려운 데 반해 서비스에 의한 성과 차이는 늘어나는 추세이다. 결국 경쟁력의 차이는 서비스에서 발생하고 있다. 즉 서비스는 프로세스를 어떻게 구분, 설계, 관리하느냐에 따라서 외식업체의 고객 만족과 매출 성장으로 연결된다. 이제 외식업체는 지금까지 친절한 서비스에 치중해 왔던 관행을 타파하고 서비스 프로세스 관리에 집중해야 한다.

1) 고객 참여의 중요성

외식업체의 서비스에서 고객은 프로세스에 직접 참여한다. 즉 고객은 서비스 프로세스 측면에서 보면 내부 요인이다. 그런데 많은 외식업체들이 아직도 외식업을 제조업과 같은 형태인 서비스 생산구조로 인식하고 있다. 고객을 외부 요인으로 인식한다는 의미이다. 실제로 외식업체를 이용하는 고객은 생산구조 내에서 서비스 생산요소의 하나로 프로세스에 포함되어야 한다. 물론 서비스 프로세스에 고객이 참여하는 정도는 외식업체의 유형이나 콘셉트에 따라서 많은 차이가 있다.

예를 들어 패스트푸드 레스토랑에서 고객은 직접 주문하고 그 메뉴가 전달되면 자리로 가지고 가서 식사를 하며, 식사 후 잔여물을 직접 치우는 일까지 수행하게 된다. 다른 외식업체에 비하여 노동의 측면에서 많은 참여를 하는 편이지만 복잡하지 않은 단순한 참여가 주를 이룬다. 이와는 달리 고객의 참여 노력이 좀 더 부가되어야만 서비스가 효과적으로 생산, 전달되는 경우도 있다.

패밀리 레스토랑이나 풀코스(full-course)의 고급 음식점에서의 식사과정은 좀 더 높은 차원의 고객 참여가 이루어진다. 고객은 패스트푸드 레스토랑보다 더 다양한 종류의 메뉴를 선택해야 하고 선택한 메뉴를 위한 소스와 고기의 굽는 정도도 직접 선택해야 한다. 패스트푸드 레스토랑에 비하여 육체적 노동 참여도는 낮지만 정신적으로 생산 활동에 참여하는 정도가 높아짐으로써 결과적으로 서비스 품질 관리에 미치는 영향, 고객의 관여도, 애착은 커진다.

서비스에 직접 참여하는 고객 이외에 직접 서비스에 참여하지 않는 다른 고객에 의해서도 서비스의 결과나 과정은 영향을 받는다. 예를 들면, 외식업체의 방문자가 많은 경우 장시간 대기해야 하는 고객은 서비스에 부정적인 이미지를 가질 수 있다. 어린이 고객의 시끄러운 행동, 다른 테이블 고객들의 불쾌한 행동 등은 서비스 경험에 부정적인 작용을 한다. 반면에 고급 음식점에서 고객들의 세련된 매너와 조용한 식사 분위기는 다른 고객들에게 긍정적인 영향을 주기도 한다. 고객들은 환상적인 서비스 환경에 직접 참여하는 것에 자부심을 가지게 되어 충성도가 높아진다.

POINT 외식업체를 이용하는 고객은 생산구조 내에서 서비스 생산요소의 하나로 프로세스에 포함되어야 함

2) 서비스 프로세스에서 고객의 역할

외식업체의 서비스 프로세스에서 고객은 임시직원, 정규직원, 정보와 노하우 제공자, 혁신자와 같은 네 가지의 역할을 한다.

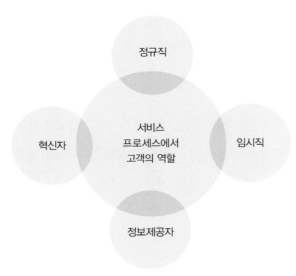

그림 11-8 **서비스 프로세스에서 고객의 역할**

이를 정리하면 〈그림 11-8〉과 같다. 각각의 역할에 대하여 구체적으로 살펴보면 다음과 같다.

첫째, 외식업체의 고객은 서비스 프로세스의 참여 정도에 따라 '임시직원'의 역할을 한다. 이것은 외식업체 구성원의 범위를 고객까지 확장한 경우이다. 고객은 직원과 같이 서비스 프로세스에서 적극적인 역할을 수행하기 때문에 임시직원처럼 인식할 필요가 있다. 다만, 고객은 외식업체의 직원처럼 직접적인 교육과 관리가 불가능하다. 따라서 참여에 따른 결과의 불확실성이 매우 크다. 외식업체는 이러한 불확실성을 충분히 고려한 후, 고객의 프로세스 참여를 설계해야 한다. 그래야만 고객은 부담을 느끼지 않으면서 서비스 품질을 높이는 쪽으로 자연스럽게 행동할 수 있다.

둘째, 외식업체의 서비스 프로세스에서 고객이 최상의 능력을 발휘하는 '정규직원'의 역할을 하는 경우가 있다. 외식업체에서 고객에게 최적의 역할을 부여할 수만 있다면, 고객은 스스로 자신의 역할을 매우 효과적이고 효율적으로 수행한다. 예를 들어 음료를 셀프로 이용하는 경우, 낮은 가격을 받는 외식업체에서 고객들은 저렴한 가격의 셀프서비스를 선택하여 자신이 원하는 종류의 음료를 마음껏 즐기게 된다. 결과적으로 외식업체는 직원의 수를 줄여서 경비를 절감하면서도 고객 만족도는 높이는 결과를 얻는다. 외식업체는 고객을 자연스럽게 생산시스템 내로 유도함으로써 생산성을 높일 수 있으며, 고객의 외식업체에 대한 이해도와 만족도를 높이는 일석삼조의 효과를 얻게 된다.

셋째, 외식업체는 자신들을 중심으로 설계된 서비스 환경을 고객 중심으로 변화시키는 경우 고객들이 정보와 노하우를 제공하는 역할을 하게 만들 수 있다. 소비자들의 외식 상품과 이용 경험에 대한 관심이 증대되면서 주로 외식업체가 독점하던 정보를 고객들이 공유하고 있다. 고객들은 스스로 자신의 소비 경험을 설계하고 실행하며, 개인화된 상호작용을 통하여 스스로 가치를 창출해 나가고 있다. 따라서 외식업체는 이와 같은 고객의 특성을 고려하여 서비스 프로세스를 적절하게 조정해야 한다. 그리고 고객이 직접 서비스 접점을 가장 효율적이고 효과적으로 활용할 수 있도록 개선하려는 노력을 해야 한다. 예를 들어 최근에 스파게티 전문점이나 카레 전문점에서는 주재료의 양과 부재료의 종류를 고객들이 직접 선택함으로써 가격과 중량, 내용물 등을 고객의 취향에 맞게 설계하도록 프로세스를 개선하는 사례가 증가하고 있다.

넷째, 고객은 외식업체의 '혁신자'로서의 역할을 수행한다. 즉, 고객이 새로운 상품과 서비스의 개발에 직접 나서는 것이다. 적극적인 고객들은 선도자의 형태로 외식업체의 혁신 프로세스에 참여하고 있는데, 이들은 시장에 있는 어느 고객보다도 먼저 서비스의 문제점과 해결안에 관심을 가짐으로써 다른 고객에게도 커다란 혜택을 제공한다. 이에 외식업체들은 고객들에게 새로운 환경과 설계를 할 수 있는 제작 도구를 공급하려고 노력한다. 예를 들면, 일부 외식업체들은 고객이 제안한 메뉴를 판매하는 '고객 제안 메뉴' 제도를 실시한다. 이들은 제안메뉴에 대한 시식회 등을 통하여 또 다른 고객의 참여를 유도함과 동시에 채택된 메뉴를 통한 수익금의 일정 부분을 메뉴 제안자에게 돌려준다. 메뉴 제안자들은 간접적으로 회사경영에 참여한다는 점에서 매우 매력적이라는 반응을 보이고 있고, 제안된 메뉴 또한 고객들로부터 높은 호응을 얻고 있다.

3) 셀프서비스 활용

외식업체 입장에서 서비스 프로세스를 설계할 때 가장 바람직한 모델은 고객들이 외식업체가 제공한 시스템이나 장치들을 직접 이용함으로써 스스로 서비스 활동을 수행하게 만드는 것이다. 이런 모델은 외식업체 직원의 업무를 고객들이 자신의 시간과 노력을 들여 직접 해 주기 때문에 외식업체 입장에서는 인건비 절감이라는 커다란 혜택을 얻게 된다. 따라서 과중한 인건비로 인하여 고충을 겪고 있는 외식업체의 입장에서 셀프서비스 확대와 적극적인 이용은 매우 시급한 현안이라 할 수 있다.

> **POINT** 외식업체의 입장에서 셀프서비스 확대와 적극적인 이용은 매우 시급한 현안이라고 할 수 있음

외식업체들의 적극적인 셀프서비스 도입은 경제적 합리성에 기반을 두고 있다. 고객의 입장에서 외식업체의 직원들이 수행해야 할 프로세스를 떠안아야 하는 불합리성이 있지만 고객은 저렴하게 구입하는 혜택을 누리기 때문에 기꺼이 불합리성을 받아들인다. 외식업체 입장에서도 서비스 프로세스의 고객 참여로 인건비 등의 비용을 절감할수 있어서 좋다. 하지만 자칫 잘못하면 프로세스 설계와 관리에 오히려 더 큰 비용이 소요되거나 고객 만족이 감소하여 외식업체의 수익성에 부정적인 영향을 미칠 수도 있다. 따라서 고객 불합리성과 인적자원의 불합리성 또는 이의 적절한 조합 중 어떤 프로세스 설계가 외식업체와 고객 그리고 직원들에게 가장 이상적인지를 판단하고 선택하는 것이 필요하다.

4) 고객 참여의 증대

외식업체의 서비스 프로세스에서 고객의 참여를 증대시키기 위해서는 〈그림 11-9〉와 같은 몇 가지 전제조건이 충족되어야 한다. 외식업체의 현안 문제로 떠오르고 있는 인적자원 문제와 이를 해결하기 위하여 서비스 프로세스에 고객의 참여를 증대시키기 위

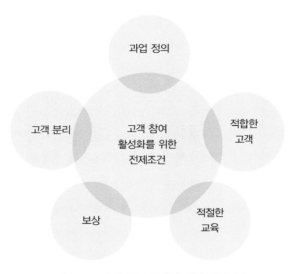

그림 11-9 **고객 참여 증대를 위한 전제조건**

한 전제조건을 구체적으로 살펴본다.

첫째, 외식업체는 업종, 업태 및 콘셉트에 따라서 서비스의 유형이 다르다. 이러한 차이로 인하여 고객이 서비스 과정에 참여하는 수준도 다르기 때문에 고객이 수행해야 할 과업 수준을 설정하는 것이 중요하다. 다만, 여기서 주의해야 할 내용은 고객이 수행해야 할 과업을 결정할 때 모든 고객들이 참여를 원하지 않는다는 점을 기억해야 한다. 예를 들어 일본의 패밀리 레스토랑에서는 음료를 저렴한 가격에 마음껏 먹기를 원하는 고객에게는 셀프서비스로 저가에 제공하는 반면, 직원의 서비스를 원하는 고객에게는 좀 더 높은 가격을 책정함으로써 고객의 과업을 정의함에 있어 고객의 결정권을 배려하고 있다.

둘째, 외식업체에서 고객 참여를 증대시키기 위해서는 자신들이 설정한 서비스 수준에 적합한 고객을 유치하려는 노력이 필요하다. 외식업체에서는 자신들이 제공하는 서비스의 내용을 명확하게 광고 또는 홍보함으로써 고객의 기대를 관리해야 한다. 예를 들면, 풀 서비스를 예상하고 방문한 고객에게 셀프서비스를 제공하면, 실제 서비스 품질과 관계없이 만족도가 낮아진다. 결국 부정적인 구전의 원인이 될 수 있다.

셋째, 고객의 참여를 증대시키기 위해서는 적절한 교육이 선행되어야 한다. 고객들은 자신들의 역할을 효과적으로 수행하기 위하여 교육을 원할 수 있다. 뷔페 음식점에서 고객들에게 음식점을 이용하는 방법을 간략하게 설명하는 것이 그 예이다. TARP(Technical Assistance Research Program) 조사에 따르면 고객 불만의 원인 중 1/3은 고객 자신 때문에 일어나는 문제라고 한다. 다국적 음식을 취급하는 음식점들이 확산되면서 외국음식을 어떻게 먹어야 할지 고민하는 소비자에게 적절한 식사방법을 사전에 알리려는 노력은 고객 만족에 커다란 영향을 미칠 수 있다. 일부 외식업체들은 주문한 음식을 맛있게 먹는 방법을 POP나 테이블 텐트 등을 이용하여 고객을 교육시킨다.

넷째, 외식업체는 서비스에 대한 고객의 공헌도에 따라 적절한 보상을 제공해야 한다. 그것이 금전적이든지 시간적이든지 아니면 심리적이든지 간에 서비스 프로세스에 적극적으로 참여한 고객을 위한 보상은 동기유발 요인으로 작용한다. 그리고 이는 고객의 더욱 적극적인 참여를 유도한다. 예를 들면, 음식점을 방문하기 전에 예약하는 고객을 위한 할인제도나 음식점의 홈페이지, 블로그, 카페 등을 통하여 이용후기를 올린 고객에게 경품을 제공하는 활동 등은 효과적인 보상에 해당한다.

다섯째, 외식업체에서는 고객 믹스 관리를 해야 한다. 즉 고객을 특성별로 구분해야 한다. 일반적으로 고객들은 다른 고객에 의하여 영향을 받는다. 예를 들면, 조용히 식사를 하고 싶어 하는 연인이나 비즈니스맨은 시끄럽게 떠드는 어린이를 동반한 가족 고객과 격리해야 한다. 이와 같이 다양하고 때로는 모순되는 세분시장을 관리하는 전략을 '고객 적합성 관리'라고 한다. 이러한 전략을 위해서는 다양한 방법이 사용된다. 외국의 고급 음식점들이 예약을 하지 않은 고객이나 정해진 드레스 코드를 지키지 않은 고객을 입장시키지 않는 것은 고객을 선별 수용하는 대표적인 사례이다.

외식업체들은 원하는 직원을 채용하는 것이 하늘의 별따기만큼 힘들다고 한다. 많은 시간 감정노동을 해야 하는 직업 특성상 구직자들이 점차 기피하는 현상이 가속화되고 있기 때문이다. 이 문제를 해결할 방법은 고객이 직원의 역할을 하게 만드는 것뿐이다. 그래서 외식업체들은 고객의 서비스 프로세스 참여를 증대시키는 연구에 많은 관심을 기울이고 있다. 그런 차원에서 서비스 프로세스에 고객 참여가 중요한 이유를 비롯하여 고객의 역할, 셀프서비스 도입, 선결조건 등에 대하여 살펴보았다. 외식업체의 지속적인 발전과 글로벌화를 위하여 서비스 프로세스 개발과 개선은 지속되어야 한다.

3 고객의 구매과정 관리

외식업체를 대상으로 한 설문조사에 따르면, 소상공인들이 사업을 지속하는데 가장 큰 애로사항으로 인력채용과 관리를 들고 있다. 더 큰 문제는 인건비의 지속적인 증가이다. 매출이 늘면서 인건비도 함께 늘어난다면 걱정은 크지 않다. 문제는 음식 가격은 올리기 힘든 데 반하여 인건비는 지속적으로 상승하는 것이다. 게다가 구직자들이 음식점에서 일하는 것을 기피하는 현상까지 생기고 있다. 감정노동의 문제가 사회적으로 부각되기 때문이다.

　이러한 문제를 해결한다는 차원에서 고객이 직원의 역할을 하게 만드는 방법을 앞에서 다루었다. 외식업체의 가장 큰 관심사는 고객의 서비스 프로세스 참여를 증대시키는 일이다. 이것이 서비스 프로세스의 고객 참여 중요성, 고객의 역할, 셀프서비스 도입, 선결조건 등에 대하여 자세히 살펴본 이유이다. 그런데 고객의 참여를 늘릴수록 그만큼 문제의 소지가 늘어날 수 있다. 고객 참여에 따라 발생할 수 있는 문제를 최소화하기 위해 외식업체는 '구매전 관리, MOT 관리, 구매후 관리'와 같은 구매과정 관리(그림 11-10)에 관심을 기울여야 한다. 그래서 이러한 세 가지 단계를 관리하는 수단으로써 '대기 관리, MOT 관리, 피쉬본 다이어그램, 고객경험 관리'에 대하여 자세히 살펴보기로 한다.

그림 11-10 **구매과정 관리**

1) 대기 관리의 개념과 방법

대기 관리란 소비자가 상품을 구매하기 전 단계의 관리 중 하나이며, 주로 외식업체에서 발생하는 구매과정의 하나이다. 음식점에서의 대기란 고객에게 음식이 제공되기까지 기다리는 시간을 의미한다. 특히 인기가 높은 외식업체에서 고객들은 소멸성과 비분리성이라는 서비스 업종의 특성 및 소유와 공급의 차이 때문에 종종 많은 시간을 기다려야 한다.

대기는 왜 발생하는 것일까? 이유는 간단하다. 수요에 비하여 공급이 부족하기 때문이다. 즉 서비스를 받으려는 소비자는 많은 반면, 서비스를 제공하는 시설이 부족하면 대기가 발생한다. 결국 고객들은 줄을 서서 기다리게 된다. 대기는 수요와 공급의 불균형으로 인하여 불가피하게 발생하는 상황이지만 모든 고객이 이러한 상황을 이해하고 긍정적으로 받아들이지는 않는다. 일부 고객은 이러한 대기를 매우 부정적인 경험으로 인식할 수 있다. 따라서 고객들이 서비스를 받기 위하여 기다리는 대기시간을 효과적으로 관리하는 것은 고객 만족과 재구매에 큰 영향을 미친다. 이러한 상황에서 필요한 것이 바로 대기 관리이다.

음식점에서 대기 관리를 위해서는 대기수준 파악이 필요하다. 일본을 방문해 본 사람들은 음식점에서 오랜 시간 줄을 서서 기다리는 고객들을 본 경험이 있을 것이다. 그런데 국내 음식점에서의 대기행렬은 많지 않다. 그것은 국민성의 문제일수도 있지만 대기를 하면서까지 식사를 해야 할 만큼의 가치를 고객들이 느끼지 못하기 때문일 수도 있다.

고객들은 그 상황과 서비스의 유형에 따라서 같은 시간과 가치도 다르게 인식한다. 음식점의 입장에서 가장 이상적인 상황은 대기를 만들지 않는 것이다. 하지만 서비스는 소멸성이 있고 공간의 제약이 있어서 고객 만족도가 높은 음식점의 경우 대기는 피할 수 없다. 따라서 이와 같은 대기는 결국 최선의 관리방안을 찾아서 효과적으로 대처하는 길밖에 없다.

대기 관리는 크게 서비스 공급(생산)을 증가시키거나 고객의 인식을 조절하는 두 가지 방법이 있다. 서비스 생산 관리는 서비스 방법을 변화시켜서 실제적인 대기시간을 줄이는 것을 의미한다. 생산 관리를 이용하는 방법이 대기 관리의 가장 바람직한 해결책이지만 많은 투자비가 소요될 수 있어서 가장 어려운 방법이기도 하다. 그래서 가장 쉽게 사용할 수 있는 방법으로 고객 인식의 관리를 선택한다. 대기 관리를 위한 인식관리는 실제적인 대기시간을 줄이지는 못하지만 인지적으로 대기시간을 짧게 느끼게 하거나 즐겁게 기다릴 수 있도록 관리하는 것을 의미한다.

(1) 대기를 줄이기 위한 서비스 공급 늘리기

먼저 실제적인 대기시간을 줄이기 위한 프로세스 관리법을 살펴보면 〈그림 11-11〉과 같다.

그림 11-11 **서비스 공급 증대를 위한 대기 관리법**

예약시스템 도입, 수요분산, 공정한 시스템 구축에 대한 내용을 상세히 살펴보기로 한다.

첫째, 고객에게 예약을 받아서 고객들이 도착하자마자 서비스를 제공할 수 있도록 예약시스템을 이용하면 서비스 공급 증대 효과를 거둘 수 있다. 예약을 활용할 때는 초과예약에 관한 정책을 미리 정하는 것이 중요하다. 실제 현장에서는 예약을 한 고객들이 아무런 연락도 없이 나타나지 않는 'No Show' 상황을 대비하여 초과예약을 받는 것이 보편화되어 있다. 음식점의 관리자는 과거의 예약 불이행률을 참고하여 초과예약을 받지만 경우에 따라서는 가용능력 이상으로 예약고객이 방문하는 상황이 발생하게 된다. 따라서 이와 같은 상황을 고려한 초과예약 고객의 처리방침을 내부적으로 준비하는 것도 필요하다. 다만, 예약시스템은 음식점의 공급능력을 늘리는 게 아니고 오히려 효율성을 저하시킬 수 있다고 생각하여 기피하는 음식점도 있다.

최근 국내에도 외식업체를 위한 다양한 예약시스템이 늘어나고 있다. 특히 네이버 예약 서비스는 소규모 외식업체를 PC는 물론이고 모바일에서도 쉽게 이용할 수 있어 이

그림 11-12 **네이버 예약**

자료 : 네이버 예약 파트너 센터(http://easybooking.naver.com)

그림 11-13 **네이버 예약 활용 사례**

자료 : 네이버 플레이스

용자가 급격하게 증가하고 있다.

둘째, 음식점의 유휴시간에 고객을 유인하기 위한 커뮤니케이션을 할 필요가 있다. 고객에게 혼잡한 시간대와 한가한 시간대를 미리 알리고 가능하다면 한가한 시간대에 방문하여 할인 혜택을 누리도록 유도하는 것이다. 예를 들어 점심시간대에 수요가 없거나 수요가 있더라도 목표고객의 가격민감도가 높다면 저녁시간대보다 할인된 가격으로 판매하는 것이 가장 대표적인 고객 유인 커뮤니케이션 전략이다. 또한 주말 고객이 거의 없는 오피스 상권에서 평소에 주말 할인제도가 있음을 고객들에게 전달하여 주말 수요를 늘리려는 것도 대표적인 커뮤니케이션 전략이다.

셋째, 공정한 대기시스템을 설계하는 것도 매우 중요하다. 먼저 도착한 사람이 먼저 서비스를 받는 원칙이 지켜져야 한다. 다만 이때 한 가지 이슈는 예약과 도착 순서 중 어떤 것을 우선하느냐이다. 만약 예약 손님을 우선하는 경우에 미리 도착한 손님이 예약 손님을 식별할 수 있는 방법이 없으므로 사전에 대기고객에게 이해를 구하고 오해가 없도록 충분히 설명해야 한다.

(2) 대기 관리를 위한 고객인식관리법

앞에서 살펴본 실제적인 대기 관리기법 이외에도 음식점에서는 고객들의 대기에 대한 인식을 관리하는 방법도 적극적으로 활용할 필요가 있다. 시간에 대한 고객의 인식을 개선하는 것은 실제로 기다리는 시간을 줄이는 것과 동일한 효과를 발휘하기 때문이다. 예를 들어 고객들이 대기시간을 30분 정도로 기대하고 있었는데, 25분 만에 서비스를 받았다면 고객은 상당한 시간을 기다렸음에도 불구하고 만족한 서비스를 받았다고 생각할 수 있다. 따라서 음식점은 다음과 같은 대기 관리를 위한 고객의 인식관리기법을 충분히 활용해야 한다.

첫째, 서비스 제공 이전의 대기가 서비스 과정 중의 대기보다 더 길게 느껴지기 때문에 고객에게 서비스가 이미 시작되었다는 인식을 주는 것이 필요하다. 아무 것도 하지 않고 기다리는 것은 무엇인가를 하면서 기다리는 것보다 더 지루하므로 볼거리나 먹을거리를 제공하는 것이 필요하다. 예를 들어 '크리스피 크림 도넛'은 도넛이 생산되는 과

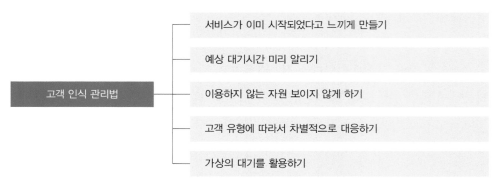

그림 11-14 **고객 인식 관리를 위한 대기 관리법**

정을 고객이 직접 볼 수 있도록 함으로써 대기시간의 지루함을 덜어주고 있다. 그리고 많은 음식점이 대기시간에 간단한 업무를 볼 수 있도록 페이저를 이용한 호출서비스를 제공하는 것도 고객의 지루함을 덜어주는 방법에 해당된다.

대기관리를 위한 솔루션들도 속속 등장하고 있다. 〈그림 11-15〉는 망고플레이트에서 출시한 '망고웨잇'이라는 대기관리 프로그램이다. 이와 같은 솔루션을 이용하면 외식업체는 대기자를 쉽게 관리할 수 있으며, 고객들은 줄을 서지 않고 기다릴 수 있어서 편리하다.

둘째, 예상되는 대기시간을 미리 알려주는 것은 고객이 더 기다려야 할지 아니면 대기를 포기해야 할지를 선택할 수 있는 기회를 제공해 줌과 동시에 기다림의 지루함도 어느 정도 줄이는 효과가 있다. 예를 들어, 전화주문 서비스를 제공하는 외식업체의 경우 대기시간관리의 중요성을 인식하고 대기시간을 정확하게 알려 주는 서비스를 제공하고 있으며, 배달 피자 전문점들의 경우 주문에서 배달까지의 시간을 보증하는 제도를 도입함으로써 고객들이 대기시간을 미리 예측하는 데 도움을 주고 있다.

셋째, 이용되고 있지 않는 자원은 보이지 않도록 하는 것이 고객의 대기에 대한 인식을 관리하는 데 필요하다. 예를 들어 음식점의 직원들이 바쁘게 열심히 일하는 모습을 보이는 상황이라면 고객은 대기시간에 크게 신경 쓰지 않는다. 하지만 직원이 고객에게 관심을 보이지 않으면서 일도 하고 있지 않다면 고객은 화를 낼 것이다. 고객과의 상호

그림 11-15 대기관리 솔루션 사례

자료 : 망고플레이트(https://www.mangoforbiz.com)

작용이 아닌 일을 해야 하는 경우에는 가능하면 보이지 않는 곳에서 처리하는 것이 좋다. 위와 같은 방법 이외에도 고객의 대기시간에 대한 인식을 관리하기 위한 방법은 다양하게 존재할 수 있다. 고객의 성격유형에 따라서 차별적으로 대응한다든가 가상대기를 활용하는 방법 등이 존재한다. 하지만 서비스 기업에서 다양하게 활용되는 관리법이 음식점에서 모두 가능하지는 않다. 따라서 음식점의 마케터는 음식점의 성격에 맞는 다양한 대기에 대한 인식을 관리하는 방안을 개발하려는 노력이 필요하다.

이상의 인식관리법 외에도 마이스터(David Maister)의 대기 관리 기본원칙을 참고하면 도움이 될 것이다.

첫째, 사람들은 무엇인가를 할 때보다 아무것도 하지 않을 때 대기를 더 길게 느낀다. 따라서 고객들이 대기하는 시간을 지루하게 느끼지 않도록 편안한 좌석과 읽을거리나 간단한 차 등을 제공하는 게 좋다.

둘째, 일반적으로 소비자는 구매가 시작되기 전의 대기를 더 길게 느낀다. 가능하면 미리 메뉴북이나 기타 음식점에 대한 소개자료 등을 제공하여 살펴보도록 하면 구매가 시작된 것으로 인식하게 만들 수 있다.

셋째, 근심이 있으면 더 길게 느껴진다. 고객이 대기하는 동안 즐거운 마음을 가질 수 있도록 대기 장소의 분위기를 밝고 경쾌하게 꾸미면 좋다.

넷째, 언제 서비스를 받을지 모른 채 기다리면 더 길게 느껴진다. 따라서 얼마나 기다려야 하는지 고객에게 정확하게 알려주거나, 대기표 등을 제공하여 서비스 받을 시간에 대한 예측이 가능하도록 해주는 것이 좋다.

다섯째, 원인을 알 수 없는 대기는 더 길게 느껴진다. 왜 기다려야 하는지 이유나 근거를 정확히 밝히고 양해를 구하는 직원들의 서비스 정신이 필요하다.

여섯째, 불공정한 대기는 더 길게 느껴진다. 고객의 대기시간은 항상 누구에게나 평등하게 순서대로 지켜져야 한다. 최근에는 VIP 고객과 일반 고객의 대기 장소를 서로 접촉을 할 수 없도록 격리하여 만들기도 한다.

일곱째, 가치가 적을수록 대기는 더 길게 느껴진다. 서비스의 가치를 높여 고객의 대기시간에 대한 불만을 잠재우는 것도 하나의 방법이다. 가령, 맛집으로 소문난 음식점이나 제한된 사람들만 누릴 수 있는 서비스의 경우, 고객들은 대기시간이 길더라도 불평 없이 기다리는 것을 볼 수 있다.

여덟째, 혼자서 하는 대기는 더 길게 느껴진다. 대기고객의 일행, 인원 수를 파악하고 1인 고객일수록 더 관심을 가지는 게 필요하다.

3) MOT(진실의 순간, 결정적 순간) 관리 개념과 방법

스웨덴 학자 리처드 노만(Richard Norman)이 최초로 사용한 MOT(Moments Of Truth)는 '진실의 순간' 또는 '결정적 순간'이라고 하며, '고객이 기업의 직원 또는 특정 자원과 접촉하는 15초의 순간'을 의미한다. 이 순간에 제공되는 서비스는 고객의 품질인식에 절대적인 영향을 미치는 상황으로 정의한다. 진실의 순간은 서비스 품질인식에 결정적인 역할을 하기 때문에 결정적 순간으로도 불린다. 결정적 순간은 서비스 제공자가 고객에게 서비스의 품질을 보여 줄 수 있는 기회로써 지극히 짧은 순간이지만 고객의 서

MOT(Moments of Truth)

- 스웨덴 학자 리처드 노만이 최초로 사용
- '진실의 순간' 또는 '결정적 순간'이라고 함
- 고객이 기업의 직원 또는 특정 자원과 접촉하는 15초의 순간

그림 11-16 **MOT의 정의**

비스에 대한 인상을 결정하는 매우 중요한 순간이 된다.

서비스에서 진실의 순간 개념을 도입함으로써 성공한 스칸디나비아항공사의 얀칼슨(Jan Carlson) 사장은 《고객을 순간에 만족시켜라 : 진실의 순간》이라는 책에서 1년에 1천만 명의 승객이 각각 5명의 스칸디나비아항공사의 직원과 접촉하였음을 강조하였다. 1회의 접촉시간이 평균 15초인 순간순간이 항공사의 성공을 좌우하기 때문에 직원들은 이와 같은 결정적 순간이 항공사의 전체 이미지를 결정한다는 사실을 인식해야 한다고 역설하였고, 실제 결정적 순간 개념을 실무에 도입하여 1년 만에 스칸디나비아항공사를 연 800만 달러의 적자에서 7,100만 달러의 이익을 내는 기업으로 전환시킨 바 있다.

음식점의 직원이나 기타 유형적 요소가 고객과 접촉하는 순간 발생하는 결정적 순간에 고객이 경험하는 서비스 품질이나 만족도는 곱셈의 법칙이 적용되는 것으로 알려져 있다. 이것은 많은 수의 결정적 순간에서 단 한 번이라도 실수를 하면 한순간에 고객을 잃어버리게 된다는 의미이다. 음식점에서는 단순 업무로 여겨져 소홀하게 생각할 수 있는 경비원, 주차원, 전화예약 담당자 등이 한순간의 실수로 전반적으로 높게 인식되었던 서비스 품질을 최저수준으로 떨어뜨릴 수 있다. 서비스의 제공과정에서 지속적으로 발생하는 진실의 순간(MOT), 결정적 순간 또는 서비스 접점 관리는 매우 복잡한 문제이다. 하지만 순간순간의 관리가 최적으로 결합됨으로써 서비스 품질을 높일 수 있다.

일반적으로 서비스 품질은 기술적 품질과 기능적 품질로 구분한다. 기술적 품질은

음식점에서 식사 후 느끼는 포만감 등을 사례로 들 수 있으며, 기능적 품질은 직원의 서비스 능력, 단정한 복장 등으로 표현할 수 있다. 음식점에서 서비스 접점을 효과적으로 관리하게 되면 열악한 기술적 품질이나 기능적 품질에 의하여 부정적인 인상을 가질 수 있는 상황을 극복하는 데 도움이 된다. 예를 들어 음식이 맛이 없거나 직원의 부적절한 서비스, 지저분한 복장으로 인하여 불만족한 고객에게 계산하려는 순간 카운터에서 캐셔가 무료식사의 기회나 할인쿠폰 등을 제공하는 등 고객을 만족시키기 위하여 최선을 다하는 모습을 보인다면 고객은 만족도가 급격하게 높아진다.

실제로 음식점에서 서비스의 제공과정에는 여러 사람이 관여하기 때문에 지각된 품질을 통제하는 것은 매우 어렵다. 따라서 MOT를 충분히 인지하고 마지막까지 주의 깊게 관리할 때에 고품질의 서비스 유지가 가능하다.

4) 피쉬본 다이어그램을 이용한 구매후 관리

인과관계도표로 잘 알려진 요인분석도(fishbone diagram)는 잘못된 결과에 대한 원인을 찾아서 연결하는 일종의 도표이다. 이것은 일본의 품질 관리 전문가인 카오루 이시가와에 의하여 개발되었으며, 기업이 고객의 불만을 직접 추적하는 도구로도 활용한다. 물고기의 뼈 구조 형태에 문제점을 기술하는 형태의 도표로 구성되는 이것은 물고기의 머리에 해당되는 부분에는 직면하고 있는 문제점을 기술하고, 다음으로 머리에서 꼬리까지의 중심 뼈를 그린 후 여기서 갈라져 나온 뼈들에 문제를 일으키는 중요 요소를 표시한다. 그리고 마지막으로 각 원인에 대한 상세한 이유를 뼈에 가지를 치듯이 기술한다.

이처럼 요인분석도를 이용하면 서비스 과정에서 문제를 일으킨다고 의심이 되는 요인과 그에 관계되는 부수적인 요인들을 함께 검토하여 이 중 어떤 것이 문제를 야기하는지 확인할 수 있다.

지금까지 음식점과 같은 서비스 업체를 중심으로 고객이 방문해서 구매를 하고 돌아가기까지의 구매 관리를 살펴보았다. 구매 관리는 '구매전 관리, MOT 관리, 구매후 관

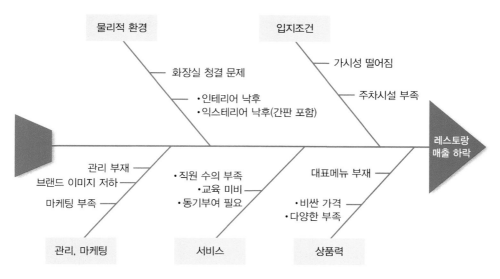

그림 11-17 **음식점의 피쉬본 다이어그램 사례**

리'로 크게 나누어지며 각각의 단계에서 물리적인 방법과 인식을 관리하는 방법에 어떤 것이 있으며 어떻게 활용해야 하는지에 대하여 정의하고 사례를 통해 적용방법을 제시하였다. 본서에서 언급된 내용이 모든 기업에 동일하게 적용될 수는 없다. 자신의 브랜드와 점포의 상황을 고려하여 응용하고 새로운 프로그램 개발을 위해 노력해야 한다. 최근에는 구매 관리를 효율적으로 처리해 주는 다양한 프로그램이 개발되어 출시되고 있다는 점도 기억해 둘 필요가 있다.

5) 고객경험 관리

서비스 기업에 대한 고객의 충성도는 다양한 경험을 통하여 높아지기도 하고 일순간에 높았던 충성도가 낮아지기도 한다. 따라서 서비스 기업은 수많은 접점에서 일관성 있는 고객경험을 제공하도록 서비스 품질을 총체적으로 관리할 필요가 있다. 서비스를 경험하기 전부터 경험한 이후까지의 모든 고객접점을 분석하고 개선하는 노력은 고객 만족의 관리 측면에서 반드시 필요하며 이는 서비스 청사진 기법을 이용해서도 가능하지만 '고객경험 관리(CEM: Customer Experience Management)'를 통해서도 가능하다.

고객경험 관리란 제품이나 서비스에 관한 고객의 전반적인 경험을 체계적으로 관리하는 프로세스를 말한다. 이것은 고객관리(CRM: Customer Relationship Management)의 다음 단계로 고객의 거래 단계를 제품탐색에서부터 구매사용 단계에 이르기까지 파악하여 고객이 무엇을 보고 느끼는지를 분석하고 문제점을 개선하여 보다 나은 고객경험을 창출하는 것을 일컫는다.

CEM에 대한 기업들의 관심이 점점 높아지는 데에는 복잡해지는 고객의 요구와 더불어 구매결정에 있어 제품이나 서비스 품질뿐만 아니라 고객들의 감정적인 특성과 같은 주관적인 면 역시 부각되고 있다는 점이 강하게 작용한다. 따라서 고객 정보의 효율적인 활용이 비즈니스 가치를 결정짓는다는 공감대를 형성하여 고객관계 관리(CRM)의 보완재로서 CEM의 중요성은 더욱 커지고 있다. CEM의 범위는 고객 세분화와 타깃 고객의 선정, 고객 혁신, 고객 포지셔닝, 브랜딩 전략 및 서비스 등 다양한 영역에서 적용 가능하다.

> **POINT** 기업 차별화의 포인트 : 제품(양) < 서비스(질) < 경험(감성)으로 이동

고객경험 관리를 위한 절차를 살펴보면 다음과 같다. 첫째, 고객의 입장에서 부정적 서비스, 표준 서비스, 긍정적 서비스가 구체적으로 어떤 것인지를 확인할 수 있도록 서비스 표준을 마련해야 한다. 둘째, 고객 접점의 모든 프로세스를 분리하여 문제점을 찾아서 집중적으로 개선한다. 셋째, 고객의 경험을 개별적이 아닌 총체적인 극적경험으로 구성해야 한다.

고객경험지도(Customer Experience Map)를 이용하여 고객경험 관리(CEM)를 하는 고객경험지도의 실전적 사례를 살펴본다. 〈그림 11-18〉은 고객이 매장에 들어와서 퇴점할 때까지의 전 과정을 세부적으로 나누어 고객경험지도를 그리고, 이를 기초로 문

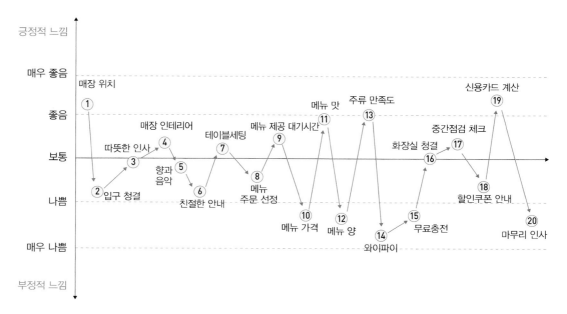

그림 11-18 **고객경험지도 사례**

자료 : 조제도(2016), 외식사업콘셉터 과정

제점에 대한 개선대책을 수립, 시행하고 있다. 이는 서비스 청사진과 유사하지만 각 접점의 고객 만족도를 구체화시킴으로써 현재 상태를 알 수 있도록 구성하였다.

학습요약

① 서비스 프로세스는 서비스가 전달되는 과정을 의미한다. 구체적으로 서비스가 전달되는 절차나 구조 또는 활동들의 흐름(flow)이며, 고객에게 제공되는 서비스는 택배나 전자제품의 수리 등과 같이 일정한 결과물이 있는 경우도 있지만 대부분의 서비스는 일련의 과정(process)이며 흐름의 형태로 전달된다. 따라서 서비스 프로세스는 서비스 상품 자체를 의미하기도 하지만 서비스 전달과정인 유통의 성격을 갖는다. 그리고 그것은 실무에서나 학문적으로 서비스 프로세스 또는 서비스 전달 시스템 등으로 불린다.

② 외식업체의 서비스에서 고객은 서비스 프로세스에 직접 참여한다. 즉 고객은 서비스 프로세스 측면에서 내부 요인이다. 그런데 많은 외식업체들이 아직도 외식업을 제조업과 같은 형태로 서비스 생산구조를 인식하고 있다. 고객을 외부 요인으로 인식한다는 의미이다. 실제로 외식업체를 이용하는 고객은 생산구조 내에서 서비스 생산요소의 하나로 프로세스에 포함되어야 한다. 물론 서비스 프로세스에 고객이 참여하는 정도는 음식점의 유형이나 콘셉트에 따라서 많은 차이가 있다.

③ 서비스 프로세스의 구매과정 관리는 구매전 관리, MOT 관리, 구매후 관리로 이루어진다. 이러한 세 가지 단계를 관리하는 수단으로써 대기 관리, MOT 관리, 고객경험 관리, 피쉬본 다이어그램 등이 활용된다.

연습문제

1 본인이 경영하는 음식점(없는 경우 관심이 있는 음식점)의 서비스 프로세스를 서비스 청사진으로 작성한 후 서비스 실패요인을 찾아서 개선해 보기 바랍니다.

2 서비스 프로세스의 구매과정 관리에 활용되는 방법을 이용하여 위에서 조사한 음식점의 서비스 개선방안을 제시하여 보기 바랍니다.

3 자주 이용하는 외식업체를 대상으로 점심과 저녁에 각각 서비스경험지도를 작성한 후 어떤 MOT에서 어떤 문제가 발생하는지 찾아내고, 문제의 개선방안을 제시해 보기 바랍니다.

참 고 문 헌

권순자·이준현(2010). 인천지역 일부 외식업체의 메뉴북 디자인 실태조사. 한국식생활문화학회지, 25(2), pp.179-188

김동훈 외(2003). 촉진관리. 학현사

김성혜·김미정·김현주·송영옥(2013). 초등학교 급식용 김치 메뉴 개발 및 평가. 김치의 과학과 기술, 16(0), 1-9

김수도·이윤정·윤성민·조환규(2016). 레시피 연결망에서 요리 난이도 및 유사성 분석. 한국콘텐츠학회논문지, 16(8), 160-168

김영갑 외(2015). 카페창업론. 교문사

김영갑 외(2016). 카페창업론. 교문사

김영갑(2009). 외식경영연구 12권 4호.

김영갑(2016). 성공하는 식당에는 이유가 있다. 교문사. p.85

김은미·서상희·곽창근·이은정·위승희(2013). 국내인과 미국인 대상 기호도 조사를 통한 불고기의 표준 레시피 설정에 관한 연구. 한국식품조리과학회지, 29(5), 463-468

박범진·송은주·김근아(2014). 메뉴북 디자인 유형 중 사진과 설명 유무에 따른 고객 선호도에 관한 연구. 식공간연구. 9(2), pp.53~67

아오키 준(2004). 한양심 옮김. 프라이싱. 한스미디어.

안양군포의왕과천 내일신문(제1134호)

이상배(2013). 마키디어의 소셜 마케팅 정석. 이지스퍼블리싱. p.24

이상우·전현모(2012). 외식기업의 메뉴분석 방법을 이용한 메뉴판매 전략 사례 연구. 외식경영연구. 15(2), pp.219~240

이승익·고재윤(2009). 레스토랑 식공간 연출과 메뉴품질이 소비자의 내적반응과 외적행동에 미치는 영향. 외식경영연구

이정실(2006). AHP를 이용한 호텔 레스토랑 선택속성의 우선순위 분석. 관광연구. 21(3), 81-95

이준환·김용주·성정연(2010). 희소성 메시지와 조절초점을 활용한 레스토랑 판촉전략에 관한 연구. 호텔경영학연구. 19(6), pp.77-97

장정빈(2009). 리마커블 서비스. p.166

조춘봉·김영갑·김선희(2008). 레스토랑 메뉴경영론. 교문사

최정길·이병우(2008). 메뉴판 위에서의 시선 이동과 메뉴 선택에 관한 실험 연구. 호텔경영학연구. 17(2), 83-100

한국은행 기업경영분석자료(2014)

헤럴드경제(2015.7.30)

홍상필·김영호·이남혁·허영욱(2013). 양념 소갈비의 조리과정에서의 물리화학적 특성 평가. 한국식생활문화학회지, 28(1), 78-88

홍성태(2012). 모든 비즈니스는 브랜딩이다. 쌤앤파커스. p.90

KBS 2TV 생생정보(2016.7.21)

Michael O'Mahony, Hye Seong Lee(2005). 목적에 맞는 관능검사 방법의 이해. 식품과학과산업, 38(1), 8-14

국립농산물품질관리원 원산지 표시제 주요 문답자료(2016.4), http://www.naqs.go.kr

김영갑 교수 인스타그램, https://www.instagram.com/kimyounggab

네이버 국어사전(2016.3.31), http://krdic.naver.com/detail.nhn?docid=13256300

네이버 블로그, http://section.blog.naver.com

네이버 지식백과 외식용어해설(2010.11.11), http://terms.naver.com/entry.nhn?docId=635203&cid=48195&categoryId=48195

대한민국정부포털, http://www.korea.go.kr

도미노피자 페이스북, https://www.facebook.com/dominostory

도미노피자, http://www.dominos.co.kr/index.do

롯데리아, http://www.lotteria.com

맥도날드, http://www.mcdonalds.co.kr

밸런스버거, http://www.valanceburgers.co.kr

부엉이돈까스, http://www.owlscutlet.co.kr

서면어쭈 인스타그램, https://www.instagram.com/uhzzu

성심당, http://www.sungsimdang.co.kr

스타벅스, http://www.istarbucks.co.kr

시럽앱, http://www.syrup.co.kr

아비꼬카레, http://abiko.kr

어쭈 블로그, http://uhzzu.com/220449804910?Redirect=Log&from=postView

어쭈 페이스북, https://www.facebook.com/uhzzu

원할머니 보쌈·족발, http://bossam.co.kr

이노버즈미디어 페이스북, https://www.facebook.com/InnoBirds/app/390473181077853

인스타그램, https://www.instagram.com

전국맛집TOP1000, http://mtop1000.com

창업 성공을 위한 상권 분석 페이스북, https://www.facebook.com/marketingareabook

카카오스토리, http://www.kakao.com/services/9

카카오톡 옐로아이디, https://yellowid.kakao.com

페이스북, http://www.facebook.com

BuzzFeeD, https://www.buzzfeed.com

Hootsuit, https://hootsuite.com

KFC, http://www.kfckorea.com

pholar, http://www.pholar.co/member/login?rUrl=http%3A%2F%2Fwww.pholar.co%2Fmy%2Ffeed%3F

Pinterest, https://www.pinterest.com

———————

저 자 소 개

김영갑

- 한양사이버대학교 호텔조리외식경영학과 교수
- 한양사이버대학교 대학원 외식프랜차이즈MBA 주임교수
- 사단법인 일자리창출진흥원 원장
- 소상공인시장진흥공단 2016년 가상창업체험서비스 시범사업 자문교수
- (사)한국프랜차이즈협회 한국프랜차이즈대상 심사위원
- 한국직업능력개발원 민간자격 공인 조사연구 위원
- 고용노동부 직업능력개발훈련 사업 심사평가 위원
- 농림축산식품부 외식산업경기전망지수 산출 자문교수
- 글로벌 외식 및 한식산업 조사 자문위원
- 외식 프랜차이즈 매거진 칼럼리스트(월간 호텔&레스토랑, 창업&프랜차이즈, 식품저널)

저서 및 논문
- 저서 외식프랜차이즈경영론(2017), 외식사업창업론(2015), 외식서비스경영론(2014), 창업성공을
  위한 상권분석론(2014), 외식메뉴관리론(2011), 미스터리 쇼핑(2011), 외식마케팅(2009) 외 다수
- 논문 상권분석 방법론을 이용한 외식창업 사례연구(2015), 국내 주요 상권정보시스템의 개요 및
  비교(2015), 외식프랜차이즈 기업의 경영이념에 관한 연구(2015), 외식업체의 미스터리 쇼핑을 위한
  평가척도 개발(2014), 레스토랑에서 소비자가 지각하는 가격인지차원의 타당성 검증(2014) 외 다수

블로그 및 페이스북(문의, 관련 정보, 보고서 양식 등)
- 김영갑 교수의 상권분석, 외식마케팅, 프랜차이즈경영 블로그
  http://blog.naver.com/webkim
- 페이스북 https://www.facebook.com/webkim2

외식사업 메뉴경영론
메뉴 계획부터 메뉴 인터넷 마케팅까지

2017년 8월 7일 초판 인쇄 | 2017년 8월 14일 초판 발행

지은이 김영갑 | **펴낸이** 류제동 | **펴낸곳 교문사**

편집부장 모은영 | **책임진행** 모은영 | **디자인** 김경아 | **본문편집** 우은영

제작 김선형 | **영업** 이진석·정용섭·진경민 | **출력·인쇄** 동화인쇄 | **제본** 과성제책

주소 (10881)경기도 파주시 문발로 116 | **전화** 031-955-6111 | **팩스** 031-955-0955
홈페이지 www.gyomoon.com | **E-mail** genie@gyomoon.com
등록 1960. 10. 28. 제406-2006-000035호
ISBN 978-89-363-1675-4(93320) | 값 22,600원